政府与非营利组织
会计核算知识读本

胡冬鸣 田春丽 王小环 编著

中国财经出版传媒集团
中国财政经济出版社

图书在版编目（CIP）数据

政府与非营利组织会计核算知识读本/胡冬鸣，田春丽，王小环编著.—北京：中国财政经济出版社，2017.9

ISBN 978–7–5095–7651–9

Ⅰ.①政… Ⅱ.①胡… ②田… ③王… Ⅲ.①单位预算会计–高等学校–教材 ②非营利组织–会计–高等学校–教材 Ⅳ.①F810.6

中国版本图书馆CIP数据核字（2017）第193185号

责任编辑：李 冰　　　　　　　　责任校对：李 丽
封面设计：陈宇琰

中国财政经济出版社 出版

URL：http://www.cfeph.cn
E–mail：cfeph@cfeph.cn
（版权所有　翻印必究）

社址：北京市海淀区阜成路甲28号　邮政编码：100142
营销中心电话：88190406　北京财经书店电话：64033436　84041336
北京财经印刷厂印刷　各地新华书店经销
787×1092毫米　16开　17.75印张　316 000字
2017年9月第1版　2017年9月北京第1次印刷
定价：45.00元
ISBN 978–7–5095–7651–9
（图书出现印装问题，本社负责调换）
本社质量投诉电话：010–88190744
打击盗版举报热线：010–88190414　　QQ：447268889

前 言

随着市场经济的不断发展与深入，国家财政体制改革和事业单位改革得到不断推进，民间非营利组织也逐步开始壮大起来。为了适应政府与非营利组织财务管理体制改革的需要，同时也为了与国际准则趋同，计划经济体制下的预算会计开始更名为现在的政府与非营利组织会计。目前我国政府与非营利组织的会计主体主要包括：财政总预算会计、行政单位会计、事业单位会计和民间非营利组织会计。从2013年开始，财政总预算会计、行政单位会计、事业单位会计陆续开始实施新制度，一系列的改革使得政府与非营利组织会计显得越来越重要。2014年8月新修订的《中华人民共和国预算法》对各级政府财政部门按年度编制以权责发生制为基础的政府综合财务报告提出了明确的要求。2014年12月，国务院批准了中华人民共和国财政部（以下简称"财政部"）制定的《权责发生制政府综合财务报告制度改革方案》，确立了政府会计改革的指导思想、总体目标、基本原则、主要任务、具体内容、配套措施、实施步骤及其组织保障等重要内容。2015年10月，财政部对财政总预算会计制度进行全面修订，并宣布新的《财政总预算会计制度》自2016年1月1日起施行。2016年10月，财政部发布了《政府会计准则——基本准则》，并宣布自2017年1月1日起施行。财务会计法规的陆续出台与实施，使得政府会计在确认、计量、记录和报告方面再次处于深刻的变革之中。而2013年1月1日已经施行的《事业单位财务制度》、《行政单位财务规则》、《事业单位会计准则》、《事业单位会计制度》，以及2014年1月1日起施行的《行政单位会计制度》已经在行政事业单位会计核算与财务管理工作中发挥了积极重要作用。而2017版《政府收支分类科目》在收支项目分类上面的调整使得政府会计核算的依据更加科学和合理。基于政府与非营利组织会计核算工作的组织和知识内容更新普及的需要，我们编写了这本知识读本，以向广大读者介绍和普及政府与非营利组织会计核算的基础知识，并向广大读者传授新的会计核算相关规定。

本读本在编写过程中得到了财政部干教中心及中国财政经济出版社相关领导的大力支持和具体指导，编者在此表示衷心的感谢。同时也希望广大读者能够对本书内容的不妥之处给予批评指教。

编　者

2017 年 4 月 10 日

目 录

1. 政府与非营利组织会计、政府与非营利组织会计准则体系 … 1
2. 政府与非营利组织会计信息的质量要求及其会计要素 … 2
3. 总会计体系及其所使用的会计科目 … 4
4. 政府采购与财政国库管理制度 … 6
5. 政府收支的分类及其组织管理 … 9
6. 总会计收入与支出的核算内容 … 16
7. 总会计收入与支出的入账金额与入账时间 … 18
8. 一般公共预算本级收支的核算 … 19
9. 政府性基金预算本级收支的核算 … 22
10. 国有资本经营预算本级收支的核算 … 26
11. 财政专户管理资金收支和专用基金收支的核算 … 28
12. 转移性收支的核算 … 32
13. 动用与安排预算稳定调节基金的核算 … 40
14. 政府举债的核算 … 41
15. 总会计核算的资产的主要内容 … 54
16. 财政存款收付业务的核算 … 55
17. 股权投资的核算 … 58
18. 财政债权债务的核算 … 61
19. 财政预拨经费和借出款项的核算 … 64
20. 总会计核算的负债的主要内容 … 65
21. 应付国库集中支付结余和应付代管资金的核算 … 66
22. 总会计净资产的主要内容 … 68
23. 财政各项收支年末结转核算 … 69

24	财政专户管理资金结余和专用基金结余的核算	72
25	年终非结转净资产的核算	73
26	资产负债表的编制说明	74
27	收入支出表的编制说明	79
28	一般公共预算、政府性基金预算和国有资本经营预算执行情况表的编制说明	83
29	财政专户管理资金和专用基金收支情况表的编制说明	86
30	行政单位会计要素及其会计科目	87
31	行政单位收入的内容及其管理	90
32	行政单位支出的内容及其管理	91
33	行政单位财政拨款收入的核算	92
34	行政单位其他收入的核算	94
35	行政单位经费支出的核算	95
36	行政单位拨出经费的核算	98
37	行政单位收入与支出的年终结转核算	99
38	行政单位库存现金的核算	102
39	行政单位银行存款的核算	104
40	行政单位零余额账户用款额度与财政应返还额度的核算	105
41	行政单位存货的核算	108
42	行政单位应收及预付款项的核算	113
43	行政单位固定资产业务的核算	116
44	行政单位无形资产的核算	124
45	行政单位政府储备物资和公共基础设施的核算	127
46	行政单位受托代理业务的核算	129
47	行政单位应缴财政款和应缴税费的核算	130
48	行政单位应付职工薪酬的核算	132
49	行政单位应付款项和长期应付款的核算	133
50	行政单位财政拨款结转的核算	135
51	行政单位财政拨款结余的核算	137
52	行政单位其他资金结转结余的核算	139

53	行政单位资产基金和待偿债净资产的核算	141
54	行政单位资产负债表的编制说明	143
55	行政单位收入支出表的编制说明	149
56	行政单位财政拨款收入支出表的编制说明	153
57	事业单位会计组织系统与会计制度	155
58	事业单位会计要素及其会计科目	158
59	事业单位收入与支出的内容及其管理	161
60	事业单位收入的核算	162
61	事业单位支出的核算	171
62	事业单位流动资产业务的核算	179
63	事业单位非流动资产业务的核算	190
64	事业单位流动负债业务的核算	206
65	事业单位非流动负债业务的核算	214
66	事业单位净资产业务的核算	216
67	事业单位资产负债表的编制说明	226
68	事业单位收入支出表的编制说明	231
69	事业单位财政补助收入支出表的编制说明	237
70	民间非营利组织的特征及其组织形式	239
71	民间非营利组织的会计要素及其内容	241
72	民间非营利组织会计核算的基本原则及其会计科目设置	243
73	民间非营利组织资产业务的核算	245
74	民间非营利组织负债和净资产业务的核算	248
75	民间非营利组织收入的核算	252
76	民间非营利组织费用的核算	258
77	民间非营利组织资产负债表的编制说明	261
78	民间非营利组织业务活动表的编制说明	266
79	民间非营利组织现金流量表的编制说明	268

1

政府与非营利组织会计、政府与非营利组织会计准则体系

广义的政府可以被看成制定和实施公共决策、实现有序统治的机构，泛指各类国家公共权利机关。它包括一切依法享有制定法律、执行和贯彻法律，以及解释和应用法律的公共权力机构，即通常所指的立法机构、行政机构与司法机构。狭义的政府则仅指国家权力机构中的行政机关，即一个国家政权体系中依法享有行政权力的组织体系。政府会计是从西方国家引进的概念，类似于我国历史上的官厅会计。政府会计还被称作公共部门会计或公共会计。通常认为，政府会计是主要用于确认、计量、记录和报告政府和政府单位财务收支活动及其受托责任履行情况的会计。

与政府会计相近的莫过于预算会计了。从总体上来看，我国现阶段的预算会计仅反映预算资金的拨款和付款阶段，对承诺和核实阶段没有跟踪记录。但是，我国现阶段的预算会计不仅反映政府预算拨款和付款阶段执行实际情况和结果的信息，还反映了与当前预算执行相关的财务收支情况和财务状况。我国现阶段的预算会计在内容上面更接近于政府会计，但还不是真正意义上的政府会计。我国的预算会计包括财政总预算会计、行政单位会计和事业单位会计三个组成部分。

对于政府会计与预算会计的关系，有一种看法认为政府会计包括预算会计。我国2015年10月发布的《政府会计准则——基本准则》第三条规定，政府会计由预算会计和财务会计构成。还有一种看法认为，政府会计与预算会计是两套相对独立的会计系统。法国于2001年8月发布的《财政法组织法》就规定了中央政府必须建立三套会计系统，即现金制为基础的预算会计系统、应计制为基础的财务会计系统和应计制为基础的成本会计系统。

非营利组织分公立和私立两种。公立非营利组织主要以政府拨款运营。我国的事业单位类似于公立非营利组织。公立非营利组织会计被纳入政府会计体系。私立非营利组织主要依靠民间捐款，又被称作民间非营利组织。民间非营利组织会计是民间非营利组织以货币为主要计量单位，运用会计程序和方法，确认、计量、记录和报告民间非营利组织财务状况、运作结果和现金流动情况及结果的一种管理活动。

政府会计与民间非营利组织会计是相对独立的两个系统，两者是并列的关系，不存在从属关系。

我国现行政府与非营利组织会计体系由政府会计和非营利组织会计两大部分组成。政府会计由预算会计和财务会计组成。其中，预算会计是指以收付实现制为基础对政府会计主体预算执行过程中发生的全部收入和全部支出进行会计核算，主要反映和监督预算收支执行情况的会计，包括财政总预算会计、行政单位会计、事业单位会计、国库会计及其拨款会计。而其中的事业单位会计又包括众多行业事业单位会计，如中小学校会计、高等院校会计、医院会计、科学事业单位会计、土地储备会计。财务会计是指以权责发生制为基础对政府会计主体发生的各项经济业务或事项进行会计核算，主要反映和监督政府会计主体财务状况、运行情况和现金流量状况的会计。民间非营利组织会计是指以权责发生制为基础对民间非营利组织发生的各项经济业务或者事项进行会计核算，主要反映和监督民间非营利组织财务状况、运行情况和现金流量的会计。

我国政府与非营利组织会计准则体系由政府会计基本准则、政府会计具体准则、政府会计应用指南、政府会计制度和民间非营利组织会计制度组成。其中，政府会计制度包括《财政总预算会计制度》、《行政单位会计制度》、《事业单位会计准则》、《事业单位会计制度》及其若干行业事业单位会计制度。行业事业单位会计制度又包括有《中小学校会计制度》、《高等院校会计制度》、《医院会计制度》、《科学事业会计制度》和《土地储备资金会计核算办法》。民间非营利组织主要执行《民间非营利组织会计制度》。

2

政府与非营利组织会计信息的质量要求及其会计要素

政府与非营利组织会计核算的基础有收付实现制和权责发生制两种。我国政府预算会计实行收付实现制，但特殊经济业务和事项应按照相关规定采用权责发生制。非营利组织会计核算采用权责发生制作为会计基础。在收付实现制下，只有在收到现金或者支付现金时才确认相应的交易或者事项。换句话说，收付实现制是以款项的实际收付为标准来处理经济业务，确定本期收入和费用，计算本期盈亏的会计处理基础。在现金收付的基础上，凡在本期实际以现款付出的费用，不论其应否在本期收入中获得补偿均应作为本期应计费用处理；凡在本期实际收到的现款收入，不论其是否属于本期均应作为本期应计的收入处理；反之，凡本期还没有以现款收到的收入和没有用现款支付的费用，即使它归属于本期，也不作为本期的收入和费用处理。权责发生制亦称应计基础、应计制原则，是以权利和责任的发生来决定收入和费用归属期的一项原则，是指以实质收入的权利或支付的责任权责的发生为标志来确认本期收入和费用及债权和债务，即收入按现金收入及未来现金收入——债权的发生来确认；费用按现金支出及未来现金支出——债务的发生进行确认。而不是以款项的收入与支付来确认收入费用。按照权责发生制原则，凡是本期已经实现收入和已经发生或应当负担的费用，不论其款项是否已经收付，都应作为当期的收入和费用处理；凡是不属于当期的收入和费用，即使款项已经在当期收付，都不应作为当期的收入和费用。

虽然稍早时期发布的《民间非营利组织会计制度》并未提出会计信息的质量要求，但《政府会计准则——基本准则》规定的政府会计信息质量要求同样适用民间非营利组织会计核算。这七项会计信息的质量要求主要如下：

（1）真实性。真实性是指政府与非营利组织会计主体应当以实际发生的经济业务或者事项为依据进行会计核算，并如实反映各项会计要素的情况与结果，保证会计核算信息的真实可靠。

（2）完整性。完整性是指政府与非营利组织会计主体应当将所发生的各项经济业务或者事项统一纳入会计核算，确保会计信息能够全面反映政府与非营利组织会计主体预算执行情况和财务状况、运行情况和现金流量的详细信息。

（3）相关性。相关性是指政府与非营利组织会计主体所提供的会计信息，应该与反映政府与非营利组织会计主体公共受托责任履行情况以及报告使用者决策或者监督、管理需要相关，有助于报告使用者对政府与非营利组织会计主体的过去、现在和未来的情况做出评价或者预测。

（4）及时性。及时性是指政府与非营利组织会计主体对已经发生的经济业务或者事项，应当及时进行会计核算，不得随意拖延入账时间或报告时间。

（5）可比性。可比性是指政府与非营利组织会计主体提供的会计信息应当具有可比性。具体来讲，同一政府与非营利组织会计主体不同时期发生的相同或者类似的经济业务或者事项，应当采用一致的会计政策且不得随意变更。确实需要变更的，应当将变更的内容、理由及其影响在附注中进行说明。而不同政府与非营利组织会计主体发生的相同经济业务或者事项，应采取一致的会计政策，确保政府与非营利组织会计信息口径一致，相互可比。

（6）可理解性。可理解性是指政府与非营利组织会计主体提供的会计信息应当清晰明了，便于报告使用者理解与把握。

（7）实质重于形式。实质重于形式是指政府与非营利组织会计主体应当按照经济业务或者事项的实质进行会计核算，而不是以经济业务或者事项的法律形式为依据。

政府与非营利组织会计要素主要有资产、负债、净资产、收入和支出。其中的资产是指由于过去的交易或者事项形成的，由政府与非营利组织主体拥有或者控制的，能带来未来服务潜能或经济利益的经济资源。负债是指由过去的交易或者事项形成，由政府与非营利组织会计主体承担的现实义务，该义务将导致未来经济资源的流出。净资产是指资产扣除负债后的余额。政府与非营利组织的净资产没有所有权的归属，不能用于分配。收入是指未来经济利益的流入或者支出的节约，表现为资产的增加或者负债的减少。应该强调的是，政府与非营利组织的部分收入是带有无偿方式取得的，且具有非交易性的特征。收入按照性质分为经常性收入和资本性收入。经常性收入主要是指税费收入，可以用于一般行政性政府开支；资本性收入主要是指资产转让收益，不能用于一般行政性政府开支，而是用于资本性项目支出，如城镇基础设施建设。支出是指政府与非营利组织开展业务及其他活动发生的经济资源流出、资金耗费和损失。主要有日常运营支出、资本支出、长期借款本金的偿还和利息支付、拨款或者补助支出的财务资源金额。

3

总会计体系及其所使用的会计科目

总会计是我国各级政府财政核算、反映和监督政府一般公共预算资金、政府性基金预算资金、国有资本经营预算资金、社会保险基金预算资金以及财政专户管理资金、专用基金和代管资金等资金活动的专业会计。由于我国社会保障基金预算资金会计核算并不适用于《财政总预算会计制度》，而是由财政部另行规定，因而总会计实际是指除了社会保障基金预算资金会计核算之外的一般公共预算资金、政府性基金预算资金、国有资本经营预算资金、社会保险基金预算资金以及财政专户管理资金、专用基金和代管资金等资金活动的会计核算内容。

与我国"统一领导、分级管理"五级政府预算层次相适应，我国的总会计体系包括下列五级：中央政府财政部设立中央总会计；省、自治区、直辖市财政厅（局）设立省（自治区、直辖市）总会计；设区的市、自治州财政局设立市（州）总会计；县、自治县、不设区的市、市辖区财政局设立县（市、市辖区）总会计；乡、民族乡、镇财政所设立乡（镇）总会计。

根据《财政总预算会计制度》的规定，总会计的任务主要是：（1）进行会计核算。具体是指办理政府财政各项收支、资产负债的会计核算工作，反映政府财政预算执行情况和财务状况；（2）严格财政资金收付调度管理。具体是指组织办理财政资金的收付、调拨，在确保资金安全性、规范性、流动性的前提下，合理调度管理资金，提高资金使用效益；（3）规范账户管理，具体是指加强对国库单一账户、财政专户、零余额账户和预算单位银行账户的管理；（4）实行会计监督，参与会计管理。具体是指通过会计核算和反映，进行预算执行情况分析，并对总预算、部门预算和单位预算执行实行会计监督；（5）协调预算收入征收部门、国家金库、国库集中收付代理银行、财政专户开户银行及其他有关部门之间的业务关系；（6）组织本地区财政总决算、部门决算编审和汇总工作；（7）组织和指导下级政府总会计工作。

总会计核算一般采用收付实现制，部分经济业务或者事项应当按照规定采用权责发生制核算。各级总会计应当按照下列规定使用会计科目：各级总会计应当对有关法律法规允许进行的经济活动，按照《财政总预算会计制度》规定使用的会计科目进行核算；各级总会计应当按照《财政总预算会计制度》的规定设置会计科目；在不影响会计处理和编报会计报表的前提下，各级总会计可以根据实际情况自行增设本制度规定以外的明细科目，或者自行减少、合并《财政总预算会计制度》规定的明细科目；各级总会计应当使用《财政总预算会计制度》统一规定的会计科目编号，不得随意打乱或重编。与总会计要素相适应，总会计的会计科目也要分作资产类、负债类、净资产类、收入和支出五大类。其具体的会计科目名称、编码如表1所示。

表1　　　　　　　　　　总会计科目表

类别	编码	科目名称	类别	编码	科目名称
资产类	1001	国库存款	净资产类	308102	应收主权外债转贷款
	1003	库存现金管理存款		308103	股权投资
	1004	其他财政存款		308104	应收股利
	1005	财政零余额账户存款		3082	待偿债净资产
	1006	有价证券		308201	应付短期政府债券
	1007	在途款		308202	应付长期政府债券
	1011	预拨经费		308203	借入款项
	1021	借出款项		308204	应付地方政府债券转贷款
	1022	应收股利		308205	应付主权外债转贷款
	1031	与下级往来		308206	其他负债

续表

类别	编码	科目名称	类别	编码	科目名称
资产类	1036	其他应收款	收入类	4001	一般公共预算本级收入
	1041	应收地方政府债券转贷款		4002	政府性基金预算本级收入
	1045	应收主权外债转贷款		4003	国有资本经营预算本级收入
	1071	股权投资		4005	财政专户管理资金收入
	1081	待发国债		4007	专用基金收入
负债类	2001	应付短期政府债券		4011	补助收入
	2011	应付国库集中支付结余		4012	上解收入
	2012	与上级往来		4013	地区间援助收入
	2015	其他应付款		4021	调入资金
	2017	应付代管资金		4031	动用预算稳定调节基金
	2021	应付长期政府债券		4041	债务收入
	2022	借入款项		4042	债务转贷收入
	2026	应付地方政府债券转贷款	支出类	5001	一般公共预算本级支出
	2027	应付主权外债转贷款		5002	政府性基金预算本级支出
	2045	其他负债		5003	国有资本经营预算本级支出
	2091	已结报支出		5005	财政专户管理资金支出
净资产类	3001	一般公共预算结转余额		5007	专用基金支出
	3002	政府性基金预算结转余额		5011	补助支出
	3003	国有资本经营预算结转余额		5012	上解支出
	3005	财政专户管理资金余额		5013	地区间援助支出
	3007	专用基金结余		5021	调出资金
	3031	预算稳定调节基金		5031	安排预算稳定调节基金
	3033	预算周转金		5041	债务还本支出
	3081	资产基金		5042	债务转账支出
	308101	应收地方政府债券转贷款			

4

政府采购与财政国库管理制度

  政府采购是指国家各级政府为了从事日常的政务活动或者为了满足公共服务的目的,利用国家财政性资金和政府借款购买货物、工程和服务的行为。政府采购制度是在长期的政府采购实践中形成的对政府采购行为进行管理的一系列法律和惯例的总称。政府采购制度包括有：（1）政府采购政策，包括有采购目标和原则；（2）政府采购的方式和程序；（3）政府采购的组织管理。

政府采购的主要当事方包括有：（1）政府采购的管理机关。它是指在财政部门内部设立的，制定政府采购政策、法律和制度、规范和监督政府采购行为的行政管理机构。政府采购管理机关不参与和干涉采购中的具体商业活动；（2）政府采购机关。它是指政府设立的负责本级财政性资金的集中采购和招标组织工作的专门机构；（3）采购主体。它是指使用财政性资金采购物资或者服务的国家机关、事业单位或其他社会组织；（4）政府采购社会中介机构。它是指依法取得招标代理资格，从事招标代理业务的社会中介组织；（5）供应商。它是指与采购人可能或者已经签署采购合同的供应商或者承包商；（6）政府采购资金管理部门。它是指编制政府采购资金预算、监督采购资金的部门，包括财政部门和采购单位的财务部门。

政府采购的内容是依法制定的《政府集中采购目录及标准》以内的货物、工程和服务，或者虽未列入《政府集中采购目录及标准》文件，但是采购金额超过了规定的限额标准的货物、工程和服务。政府采购最低限额标准由国务院和省、自治区、直辖市人民政府规定。目前，国务院办公厅规定的中央预算单位政府预算单位政府采购的最低标准规定：货物和服务单项或批量为50万元，工程为60万元。

政府采购模式分为集中采购模式、分散采购模式和半集中半分散采购模式。其中的集中采购模式是指由一个专门的政府采购机构负责本级政府的全部采购任务；分散采购模式是指由各支出采购单位自行采购；半集中半分散采购模式是指由专门的政府采购机构负责部分项目的采购，而其他的则由各单位自行采购。需要说明的是，集中采购模式占中国政府采购所有模式中最大的比率。列入集中采购目录和达到一定采购金额以上的项目必须进行集中采购。

目前，政府采购的方式主要有公开招标、邀请招标、竞争性谈判、单一来源采购及询价方式。公开招标是目前政府采购的主要模式。公开招标的具体数额标准，若属于中央预算的政府采购项目须由国务院规定；若属于地方预算的政府采购项目，由省、自治区、直辖市人民政府规定；因特殊情况需要采用公开招标以外采购方式的，应当在采购活动开始前获得设区的市、自治州以上人民政府采购监督管理部门的批准。采购人不得将应当以公开招标方式采购的货物或者服务化整为零或者以其他任何方式规避公开招标采购。邀请招标也称作选择性招标，是指由采购人根据供应商或者承包商的资信和业绩，选择不能少于三家的一定数目的法人或者组织并向其发出招标邀请书，邀请这些法人或者组织参加投标竞争，从中选定中标的供应商。单一来源采购也称作直接采购，是指达到了限额标准和公开招标数额标准，但所采购商品的来源渠道单一，或是属于专利、首次制造、合同追加、原有采购项目的后续扩充和发生了不可预见紧急情况而不能从其他供应商处采购的情况。询价则是指采购人向有关供应商发出询价单让其报价，并在对方报价的基础上进行比较并选定最优供应商的一种采购方式。

我国现行财政国库管理制度以国库单一账户体系为基础、资金缴拨以国库集中收付为主要形式。国家金库简称国库，是国家财政资金的出纳、保管机构，负责办理预算收入的收纳、划分、留解、退付和预算支出的拨付。国库作为国家预算执行的重要组成部分，既是办理国家预算收支的机构，同时也是中国人民银行的一个职能部门，担负着执行国家预算收支，管理财政性存款，组织发行及兑付国家债券，反映国家预算收支和国家信用变化的重要任务。我国国库单一账户实行国家统一领导、分级管理的财政体制，原则上一级财政设立一级国库。国库分设总库、分库、中心支库和支库四级。中国人民银行总行经理总库；省、自治区、直辖市中国人民银行分行经理分库；省辖市、自治州和成立一级财政的地区，由市、地（州）中国人民银行分、支行经理中心支库；县（市）中国人民银行支行经理支库。《预算法》第四十八条规定：县级以上各级预算必须设立国库，具备条件的乡、民族乡、镇也应当设立国库。中央国库业务由中国人民银行经理，地方国库业务依据国务院的有关规定办理。各级国库必须按照国家有关规定，及时准确地办理收入的收纳、划分、留解和预算支出的拨付。各级国库库款的支配权属于本级政府财政部门。各级政府应当加强对本级国库的管理和监督。

我国实行国库集中收缴和集中支付制度。所有政府的收支都通过国库单一账户体系进行集中收缴、拨付和清算。全部政府收入应直接缴入国库，对于法律有明确规定或者经国务院批准的特定专用资金，可以依照国务院的规定设立财政专户。财政收入集中收缴分为直接缴库和集中汇缴两种方式。其中，直接缴库的税收收入由纳税人或税务代理人提出纳税申报，经征收机关审核无误后，由纳税人通过开户银行将税款缴入国库单一账户。直接缴库的其他收入比照税收收入程序缴入国库单一账户或财政专户。集中汇缴方式适用小额零散税收和法律另有规定的应缴收入，由征收机关于收缴收入的当日汇总缴入国库单一账户。非税收入中的现金缴款，比照小额零散税收的程序缴入国库单一账户或预算外资金财政专户。

全部政府支出通过国库单一账户体系支付到商品和劳务供应者或用款单位。按照支付主体的不同，政府支出分别实行财政直接支付和财政授权支付。其中，财政直接支付是指由财政部门开具支付令，通过国库单一账户体系直接将财政资金支付到商品和劳务供应者或用款单位账户。实行财政直接支付的款项主要是工资支出、购买支出以及中央对地方的专项转移支付,拨付企业大型工程项目或大型设备采购的资金;转移支出是指除中央对地方专项转移支出以外的中央对地方的一般性转移支付中的税收返还、原体制补助、过渡期转移支付及结算补助。对企业的补贴和未指明购买内容的某些专项支出,则支付到用款单位。财政授权支付是指由预算单位根据财政授权自行开具支付令,通过国库单一账户体系中的单位零余额账户或者财政专户将资金支付到收款人账户。实行财政授权支付的支出包括未实行财政直接支付的购买支出和零星支出。主要是差旅费支出、交通费支出、劳务费支出、咨询费支出、奖励性支出及其他零星现金支出。

国库单一账户体系由六类账户组成。其中,国库单一账户是指财政部门在中国人民银行开设国库单一账户,按照收入和支出设置分类账。收入账按照预算科目进行明细核算,支出账按资金使用性质设立分账册。该类账户属于国库存款账户,用于记录、核算和反映纳入预算管理的财政收入与财政支出活动,并用于与财政部门在商业银行开设的零余额账户进行清算,实现收付。财政零余额账户是指财政部门按照资金使用性质在商业银行开设零余额账户,用于财政直接支付和与国库单一账户支出清算。财政零余额账户与国库单一账户相互配合,构成财政资金支付过程的基本账户。为了保证财政资金在实际支付发生前不流出国库单一账户,须先由代理银行支付,每日终了再由代理银行向国库单一账户进行清算。单位零余额账户按照资金使用性质在商业银行为预算单位开设的零余额账户,用于财政授权支付和清算。财政专户是指财政部门为了履行财政管理职能,在银行开设用于管理核算特定资金的银行结算账户,用于账户记录、核算和反映预算外资金的收入和支出活动,并由财政部门负责管理。代理银行根据财政部门的要求和支付指令,办理财政专项收入和支出业务。预算单位不得将财政专户的资金转入本单位其他账户核算。小额现金账户是指财政部门在商业银行为预算单位开设的小额现金账户,主要是方便预算单位日常发生的一些零星分散、数额小、支付频繁的支出。小额现金账户可用于与国库单一账户清算。特设账户是指经国务院和省级人民政府批准或授权财政部门开设特殊过渡性专户,用于记录、核算和反映预算单位的特殊专项支出活动,并用于与国库单一账户清算。预算单位不得将其他账户资金转入特设账户核算。

5

政府收支的分类及其组织管理

政府收入是指政府财政为了实现政府职能,依据相关法律法规所筹集的资金。根据《预算法》的规定，政府的全部收入和全部支出都应该纳入预算。因而政府收入又称作预算收入，政府支出又称作预算支出。根据《政府收支分类科目》的规定，政府收入分为类、款、项、目四级。其中，类级科目设置了税收收入、社会保障基金收入、非税收入、贷款转贷回收本金收入、债务收入和转移性收入。政府支出分为类、款两级。其中，类级科目设置了工资福利支出、商品和服务支出、对个人和家庭的补助、对企事业单位的补贴、转移性支出、债务利息支出、基本建设支出、其他资本支出和其他支出。

政府收入的组织管理主要是征收、缴库、划分、报解、退库、错误更正、对账和年终决算工作。

（1）征收。政府收入征收部门和单位必须依照法律和行政法规的规定，及时、足额征收应征的政府收入而不得违反法律和行政法规的规定，多征、减征、免征、缓征或提前征收应征的预算收入，不得截留、占用或挪用预算收入。征收部门和单位分别由各级税务机关、财政机关、海关以及政府指定的机关、单位负责组织与管理。国务院税务主管部门主管全国税收征收管理工作，各地国家税务机关和地方税务机关按照国务院规定的税收征收管理范围分别进行征收管理。其中：税务机关负责征收各项税款、国家能源交通重点建设基金、国家预算调节基金和由税务机关负责征收的其他预算收入；海关负责征收的有关税以及代征的进口产品增值税和消费税；财政部门负责征收的有国有股份分配利润收入、土地出让金收入及其他收入；不属于上述范围的预算收入，以政府指定负责征收管理的单位作为征收机关。未经政府批准不得自行增设征收机关。

（2）缴库。各级国库应当按照政府的有关规定，及时足额地办理预算收入的收纳、划分、留解和退付。政府的全部收入应当上缴国库。对于法律有明确规定或者国务院批准的特定专用基金，应依照国务院的规定设立财政专户。缴款单位或缴款人缴纳的各种政府收入解入国库时应当填写缴纳凭证。缴纳凭证是国库办理预算收入收纳的合法凭证，同时还是征收机关、缴款人核算预算收入，检查预算完成情况，进行记账和数据统计的重要原始资料。它分为一般缴款书和税收通用缴款书两种。其中，一般缴款书一式六联。第一联是收据联，由国库经收处盖章后退还缴款单位或缴款人；第二联是付款凭证，由缴款单位的开户银行作付出传票；第三联是收款凭证，由国库作收入传票；第四联是回执联，由国库收款盖章后退给征收机关；第五联是报查联，由国库收款盖章后退给财政机关。但是，若自收汇缴的则退给基层税务机关。一般缴款书的格式如表 2 所示。税收通用缴款书一式六联。第一联是收据联，由国库经收处盖章后退还缴款单位或缴款人；第二联是付款凭证，由缴款单位的开户银行作付出传票；第三联是收款凭证，由国库作收入传票；第四联是回执联，由国库收款盖章后退给征收机关；第五联是报查联，由国库收款盖章后退给基层征收机关；第六联是存根联，由基层税务机关留存。税收通用缴款书的格式如表3所示。

表2　　　　　　　　××政府××一般缴款书

编制单位：　　　　　　　　　年 月 日　执收单位名称：　　执收单位编码：
　　　　　　　　　　　　　　　　　　　　　　　　　　　　　组织机构编码：

付款人	全 称		收款人	全 称	
	账 号			账 号	
	开户银行			开户银行	
币种：	金额（大写）			（小写）	

项目编号	收入项目名称	单位	数量	收缴单位	金额

此款支付给收款人	上列款项已经收妥并划转收款	科　目（借）：
付款人盖章	单位账户	对方科目（贷）：
（盖预留银行印章）	银行盖章	复核：　　　　记账：

表3　　　　　　　　中华人民共和国税收缴款书

隶属关系：
注册类型：　　　　　　　填发日期：　　年 月 日　　　征收机关：

缴款单位（人）	代 码		预算科目	编码	
	全 称			名称	
	开户银行			级次	
	账 户		收款国库		

缴款所属时期　　年 月 日至 年 月 日			缴款限额日期　　年 月 日	
品目名称	课税数量	计税金额或销售收入	税率或单位税额	实缴税额

金额合计（大写）	亿 仟 佰 拾 万 仟 佰 拾 元 角 分	
缴款单位（人）（盖章）	上列款项已收妥并划转收款单位账户	备注：
经办人（章）	国库（银行）盖章　　　　　　　年 月 日	

(3) 划分。目前,我国实行分税制财政管理体制。国库收到预算收入后,按照财政管理体制规定的预算级次和收入划分而将入库款项分别解入各级国库。其中,中央固定收入包括关税以及海关代征的消费税和增值税,海洋石油资源税,消费税,中央企业所得税,中央企业上缴利润,铁道部门、各银行总行、保险总公司集中缴纳的增值税、所得税、利润和城市维护建设税,地方银行、外资银行及非银行金融企业所得税。地方固定收入包括增值税(不含铁道部门、各银行总行及保险公司集中缴纳的增值税),地方企业所得税(不含地方银行、外资银行及非银行金融企业所得税),地方企业上缴利润,个人所得税,城镇土地使用税,城市维护建设税(不含铁道部门、各银行总行、各保险公司集中缴纳的部分),房产税,车船税,印花税,耕地占用税,契税,土地使用税和国有土地有偿使用收入。共享收入包括增值税,企业所得税,证券交易印花税,海洋石油资源以外的资源税。其中,增值税中央分享75%,地方分享25%;资源税按品种划分中央预算和地方预算的分享份额。地方各级财政之间的划分,由上一级财政制定本级与下级之间的财政管理体制,并根据各地情况划分具体的方法。

(4) 报解。政府收入入缴国库并划分后,国库需要对政府收入进行报解。其中的报是指国库要向各级财政机关报告政府收入的收取情况,以便各级财政机关掌握政府收入的收取进度情况;解则是指国库对已划分的财政国库款解缴到各级财政国库存款账户上面。各级预算收入款项应以缴入支库作为正式入库,支库是财政的基层金库。支库应在每日营业终了将缴款书按照预算级次分开,然后分别按照政府预算收支分类科目汇总,编制收入日报表。

(5) 退库。预算收入退库是指各级国库部门根据国家政策及其有关规定,由财政部门或者征收机关签发收入退库凭证,将已经入库的预算收入款项退还给纳税单位或纳税人的行为。可以办理收入退库的款项主要有:由于工作疏忽而发生的技术性差错需要退库的款项;由于企业隶属关系改变而办理结算需要退库的款项;企业按照计划上缴利税,超过应缴税额而需要退库的款项;按规定可以从预算收入中退库的国有企业计划亏损补贴款项;财政部规定或专项批准的其他退库款项。凡是不符合上述规定的收入退库,各级财政机关和税务机关不得办理审批手续,各级国库对不符合规定的退库有权进行拒绝办理。各级预算收入退库的审批权限属于本级财政部门。中央预算收入、中央和地方预算共享收入的退库,由财政部或财政部授权机构批准;地方预算收入的退库,由各级地方财政部门或其授权的机构批准。而对于预算收入款项的退付也应按照预算收入的级次办理。其中,中央预算收入退库从中央级库款中退付;地方各级预算固定收入的退库从地方各级库款中退付;各种分成收入的退库按规定的分成比例分别从上级和本级库款中退付。

办理预算收入退库，由申请退库的单位或个人向财政或征收机关提出书面申请，经财政或征收机关审查批准后填写收入退还书并报送国库退库付款。必须按照规定将退库款直接退给申请单位或者申请个人。任何单位、部门及其个人不得截留和挪用退库款项。各级国库在办理退库时必须要有相关文件依据。同时，各级预算收入的退库原则上通过转账办理。需要支付现金的，财政或征收机关从严审核后应在退还书上面加盖"退付现金"戳记。中外合资经营企业、中外合作经营企业、外国企业、外籍人员原以外币缴纳税款因发生多缴或错缴需退库的，签发退还书时应在上面加盖"可退付外币"戳记，并由经收行按照当日外汇牌价折成外币退还给缴款人或者转入缴款单位的外币存款账户。

收入退还书一式五联。第一联是报查联，由退款国库盖章后退还签发退还书的机关；第二联是付款凭证，由退款国库作借方传票；第三联是收入凭证，由收款单位开户银行作贷方传票；第四联是收账通知联，由开户银行通知收款单位收账；第五联是付款通知联，由国库随收入日报表送退款的财政机关。收入退还书的格式如表4所示。

表4　　　　　　　中华人民共和国税收收入退还书

京国退××号

经济类型：　　　　　填发日期：　　年　月　日　　税务机关：

预算科目	编码		缴款单位（人）	代码	
	名称			全称	
	级次			开户银行	
退款性质				账号	
退库性质	原税款征收品目名称			退款金额	
金额合计（大写）	亿仟佰拾万仟佰拾元角分				
税务机关（盖章）	负责人（盖章）	填票人（盖章）	上列款项已办妥退款手续并划转收款单位账户　国库（银行）盖章　　　　　年　月　日	备注：	

(6) 错误更正。各级财政机关、税务机关、海关、国库和缴款单位,在办理预算收入的收纳、退还和报解时发现有错误事项,按照下列规定办理更正:①属于缴款书预算级次、预算科目填写错误,由征收机关填制更正通知书并送国库更正。更正缴款书一式三联。第一联由征收机关留存;第二联和第三联送国库审核签章更正后,其中的第二联国库留存,凭以更正当日收入的账表,而其中的第三联随着收入日报表送同级财政机关。②国库在编制收入日报表时发生错误,由国库填制更正通知书进行更正。国库更正收入日报表的更正通知书一式三联。第一联国库留存凭以更正当日收入的账表;第二联随收入日报表送财政机关;第三联随收入日报表送交征收机关。国库更正通知书的格式如表5所示。③国库在办理库款分成上解工作中发生的错误由国库编制冲正传票进行更正。各级征收机关和国库在办理错误更正时应在发现错误的当月调整相关账表,不变更以前月份的账表。年终整理期内更正上年度的错误,均应在上年度决算中进行调整。

表5　　　　　　　　财政直接支付退款(更正)通知书

预算单位编码:

预算单位名称:

内容事项	业务类型	支付申请号	日期	金额					退款单位
				小计	预算内	预算外	财政暂存	其他资金	
原列事项									
调整事项									
退款原因									
预算单位					代理银行				
负责人		签章			负责人		签章		
经办人					经办人				

(7) 对账。各级财政、征收机关和国库必须严格遵守预算收入对账制度。各级财政机关对于核对账务工作负有组织和监督的责任。各级财政、征收机关和国库的收入对账应当按月、按年依照预算科目对账。其中,每月终了,支库应在三日内根据预算科目明细账或登记簿的余额编制月份对账单(格式见表6)一式四份并送财政和征收机关,核对完毕并盖章后财政及征收机关各留一份;退回支库的两份中,支库留存一份,报中心支库一份。中央预算和省级预算收入月份对账单直接报分库。若有错误,应在月后6日内通知国库进行更正。中心支库、分库、总库的预算收入对账工作也按照上述办法办理。年度终了后,支库应设置10天库款报解整理期,经收处12月31日以前所收取的款项,应在库款报解整理期内报达支库。

表6　　　　　　　××银行基层预算单位财政授权支付会计对账单

基层预算单位名称：
基层预算单位组织机构代码：　　　　　　　　　　　　　　　　　　　第　页共　页
账号：　　　　　　　　　制表日期：　年　月　日　　　　　　　　　单位：元

预算来源	科目编码	科目名称	本期下达额度	本期支出数 合计	本期支出数 本期支款数	本期支出数 本期退款数	累计下达额度	累计支出数（含退款）	累计退款数	本年未支用额度
总　计				1=2-3 =4+5	2	3				
当年预算支出合计				4						
国库集中支付结余支出合计				5						

上列数据对账结果（是否核对无误）：　　　　　　上列数据核对无误后，请签章退回我行。

对账人：　　　　复核人：　　　　　　　　会计负责人：　　　　填表人：
基层预算单位盖章　　　　　　　　　　　　　基层经办行盖章

（8）年终决算。支库应按照规定编制年度决算表一式四份并报送财政或征收机关核对，财政或征收机关核对后，对账中发现的问题应及时进行纠正并通知编表单位进行更正，无误后进行签章并各自留存一份，退回支库两份，其中一份由支库留存，另一份报中心支库。中心支库根据支库上报的各级年度决算审核无误后，汇总编制全辖各级年度决算一式两份并报送财政或征收机关。财政或征收机关审核无误后盖章并各自留存一份，退回中心支库两份，其中中心支库留存一份，上报分库一份。分库根据中心支库上报的中央和地方年度决算审核无误后，分别汇总编制全辖地方年度决算一式三份。报送财政一份，分库留存一份，上报总库一份。中央年度决算由分库汇总编制一式两份。其中一份分库留存，另一份报总库。总库根据分库上报的中央年度决算汇总编制中央年度总决算一式两份，其中一份留存，另一份报财政部；总库根据地方年度决算汇总编制地方年度总决算一式两份，其中一份留存，另一份报财政部。

总会计应当严格政府支出预算管理，科学预测和调度资金，严格按照批准的年度预算和用款计划办理支出，严格审核拨付申请，严格按照预算管理规定和拨付实际列报支出，不得办理无预算、无用款计划、超预算、超用款计划的支出，不得任意调整预算支出科目。各级政府、各部门、各单位的支出必须以经批准的预算为依据，未列入预算的不得支出。

预算年度开始后，各级预算草案在本级人民代表大会批准前可以安排下列支出：上一年度结转的支出；参照上一年同期的预算支出数额安排必须支付的本年度部门基本支出、项目支出、对下级政府的转移性支出；法律规定必须履行支付义务的支出以及用于自然灾害突发事件处理的支出。

各级国库应当按照国家有关规定及时准确办理预算支出的拨付。对于财政直接支付下的拨付，预算单位按照批复的部门预算和资金使用计划，向财政国库支付执行机构提出支付申请，财政国库支付执行机构根据批复的部门预算和资金使用计划与要求对支付申请审核无误后，向代理银行发出支付令，同时通知中国人民银行国库部门通过代理银行进入全国银行清算系统实时清算，财政资金从国库单一账户划转到收款人银行账户。目前，财政直接支付主要通过转账方式进行，也可以采取国库支票支付。财政国库支付执行机构根据预算单位的用款要求签发支票，并将签发给收款人的支票交给预算单位，由预算单位转给收款人。收款人持支票到开户银行办理入账，收款人开户银行再与代理银行进行清算。每日营业终了前由国库单一账户与代理银行进行清算。

对于财政授权支付下的拨付，预算单位按照批复的部门预算和资金使用计划，向财政国库支付执行机构申请授权支付的月度用款限额，财政国库支付执行机构将批准后的限额通知代理银行和预算单位，同时通知中国人民银行国库部门。预算单位在月度用款限额内自行开具支付令，通过财政国库支付执行机构转由代理银行向收款人付款并与国库单一账户清算。财政国库支付执行机构或预算单位的支付令转到代理银行后，代理银行通过现行银行清算系统向收款人付款，并在每日轧账前与国库单一账户进行清算。

6

总会计收入与支出的核算内容

按照《财政总预算会计制度》的规定，收入是指政府财政为实现政府职能，根据法律法规等所筹集的资金。总会计核算的收入包括一般公共预算本级收入、政府性基金预算本级收入、国有资本经营预算本级收入、财政专户管理资金收入、专用基金收入、转移性收入、债务收入、债务转贷收入等。其中：

一般公共预算本级收入是指政府财政筹集的纳入本级一般公共预算管理的税收收入和非税收入。

政府性基金预算本级收入是指政府财政筹集的纳入本级政府性基金预算管理的非税收入。

国有资本经营预算本级收入是指政府财政筹集的纳入本级国有资本经营预算管理的非税收入。

财政专户管理资金收入是指政府财政纳入财政专户管理的教育收费等资金收入。

专用基金收入是指政府财政根据法律法规等规定设立的各项专用基金（包括粮食风险基金等）取得的资金收入。

转移性收入是指在各级政府财政之间进行资金调拨以及在本级政府财政不同类型资金之间调剂所形成的收入，包括补助收入、上解收入、调入资金和地区间援助收入等。其中，补助收入是指上级政府财政按照财政体制规定或因专项需要补助给本级政府财政的款项，包括上级税收返还、转移支付等。上解收入是指按照财政体制规定由下级政府财政上交给本级政府财政的款项。调入资金是指政府财政为平衡某类预算收支、从其他类型预算资金及其他渠道调入的资金。地区间援助收入是指受援方政府财政收到援助方政府财政转来的可统筹使用的各类援助、捐赠等资金收入。

债务收入是指政府财政根据法律法规等规定，通过发行债券、向外国政府和国际金融组织借款等方式筹集的纳入预算管理的资金收入。

债务转贷收入是指本级政府财政收到上级政府财政转贷的债务收入。

按照《财政总预算会计制度》的规定，支出是指政府财政为实现政府职能，对财政资金的分配和使用。总会计核算的支出包括一般公共预算本级支出、政府性基金预算本级支出、国有资本经营预算本级支出、财政专户管理资金支出、专用基金支出、转移性支出、债务还本支出、债务转贷支出等。其中：

一般公共预算本级支出是指政府财政管理的由本级政府使用的列入一般公共预算的支出。

政府性基金预算本级支出是指政府财政管理的由本级政府使用的列入政府性基金预算的支出。

国有资本经营预算本级支出是指政府财政管理的由本级政府使用的列入国有资本经营预算的支出。

财政专户管理资金支出是指政府财政用纳入财政专户管理的教育收费等资金安排的支出。

专用基金支出是指政府财政用专用基金收入安排的支出。

转移性支出是指在各级政府财政之间进行资金调拨以及在本级政府财政不同类型资金之间调剂所形成的支出,包括补助支出、上解支出、调出资金、地区间援助支出等。其中,补助支出是指本级政府财政按财政体制规定或因专项需要补助给下级政府财政的款项,包括对下级的税收返还、转移支付等。上解支出是指按照财政体制规定由本级政府财政上交给上级政府财政的款项。调出资金是指政府财政为平衡预算收支、从某类资金向其他类型预算调出的资金。地区间援助支出是指援助方政府财政安排用于受援方政府财政统筹使用的各类援助、捐赠等资金支出。

债务转贷支出是指本级政府财政向下级政府财政转贷的债务支出。

债务还本支出是指政府财政偿还本级政府承担的债务本金支出。

7

总会计收入与支出的入账金额与入账时间

对于总会计收入的入账金额与入账时间,《财政总预算会计制度》规定,一般公共预算本级收入、政府性基金预算本级收入、国有资本经营预算本级收入、财政专户管理资金收入和专用基金收入应当按照实际收到的金额入账。转移性收入应当按照财政体制的规定或实际发生的金额入账。债务收入应当按照实际发行额或借入的金额入账,债务转贷收入应当按照实际收到的转贷金额入账。

已建乡(镇)国库的地区,乡(镇)财政的本级收入以乡(镇)国库收到数为准。县(含县本级)以上各级财政的各项预算收入(含固定收入与共享收入)以缴入基层国库数额为准。未建乡(镇)国库的地区,乡(镇)财政的本级收入以乡(镇)总会计收到县级财政返回数额为准。

对于总会计支出的入账金额与入账时间,《财政总预算会计制度》规定,一般公共预算本级支出、政府性基金预算本级支出、国有资本经营预算本级支出一般应当按照实际支付的金额入账,年末可采用权责发生制将国库集中支付结余列支入账。从本级预算支出中安排提取的专用基金,按照实际提取金额列支入账。财政专户管理资金支出、专用基金支出应当按照实际支付的金额入账。转移性支出应当按照财政体制的规定或实际发生的金额入账。债务转贷支出应当按照实际转贷的金额入账。债务还本支出应当按照实际偿还的金额入账。凡是属于预拨经费的款项,到期转列支出时,应当按上述规定列报口径转列支出。

对于收回当年已列支出的款项，应冲销当年支出。对于收回以前年度已列支出的款项，除财政部门另有规定外，应冲销当年支出。

地方各级财政部门除国库集中支付结余外，不得采用权责发生制列支。权责发生制列支只限于年末采用，平时不得采用。除国库集中支付结余外，所有的总会计支出均应于拨付时入账。

8

一般公共预算本级收支的核算

一般公共预算本级收入是指政府财政筹集的纳入本级一般公共预算管理的税收收入和非税收入。一般公共预算本级支出是指政府财政管理的由本级政府使用的列入一般公共预算的支出。一般公共预算结转结余是指一般公共预算收支的执行结果。根据《政府收支分类科目》规定的类、款、项、目四级分类科目设置要求，预算收支需要按照规定的明细科目使用并进行明细核算。

举例来讲，对于一般公共预算本级收入，设置税收收入和非税收入类级科目。税收收入类级科目下设置增值税、消费税、企业所得税、企业所得税退税、个人所得税、资源税、城市维护建设税、房产税、印花税、城镇土地使用税、土地增值税、车船税、船舶吨税、车辆购置税、关税、耕地占用税、契税、烟叶税和其他税收收入。其中的增值税款级科目下设置国内增值税、进口货物增值税、出口货物增值税、出口货物退增值税、改征增值税和改征增值税出口退税。其中的国内增值税项下设置国有企业增值税、集体企业增值税、股份制企业增值税、联营企业增值税、港澳台和外商投资企业增值税、私营企业增值税、其他增值税、增值税税款滞纳金和罚款收入、残疾人就业增值税退税、软件增值税退税、宣传文化单位增值税退税、森工综合利用增值税退税、核电站增值税退税、水电增值税退税、成品油增值税退税、其他增值税退税、免抵调增增值税、成品油税费改革增值税划出、成品油税费改革增值税划入。

而对于一般公共预算本级支出，根据《政府收支分类科目》规定的类、款、项、目四级分类科目设置要求，类级科目设置一般公共服务支出、外交支出、国防支出、公共安全支出、教育支出、科学技术支出、文化体育与传媒支出、社会保障和就业支出、医疗卫生与计划生育支出、节能环保支出、城乡社区支出、农林水支出、交通运输支出、资源勘探信息等支出、商业服务业等支出、金融支出、援助其他地区支出、国土海洋气象等支出、住房保证支出、粮油物资储备支出、预备费、其他支出、转移性支出、债务还本支出、债务付息支出、债务发行费用支出。其中的一般公共服务支出类级科目下面设置人大事务、政协事务、政府办公厅（室）及相关机构事务、发展与改革事务、统计信息事务、财政事务、税收事务、审计事务、海关事务、人力资源事务、纪检监察事务、商贸事务、知识产权事务、工商行政管理局事务、质量技术监督与检验检疫事务、民族事务、党委办公厅（室）及相关机构事务、组织事务、宣传事务、统战事务、对外联络事务、其他共产党事务支出和其他一般事务公共服务支出款级科目。其中的人大事务款级科目下面设置行政运行、一般行政管理事务、机关服务、人大会议、人大立法、人大监督、人大代表履职能力提升、代表工作、人大信访工作、事业运行和其他人大事务支出项级科目。

一般公共预算本级收入应设置"一般公共预算本级收入"科目，核算政府财政筹集的纳入本级一般公共预算管理的税收收入和非税收入。本科目应当根据《政府收支分类科目》中"一般公共预算收入科目"规定进行明细核算。结转后，本科目无余额。本科目平时贷方余额反映一般公共预算本级收入的累计数。

一般公共预算本级支出使用"一般公共预算本级支出"科目，核算政府财政管理的由本级政府使用的列入一般公共预算的支出。本科目应当根据《政府收支分类科目》中支出功能分类科目设置明细科目。同时，根据管理需要，按照支出经济分类科目、部门等进行明细核算。结转后，本科目无余额。本科目平时借方余额反映一般公共预算本级支出的累计数。

一般公共预算结转结余使用"一般公共预算结转结余"科目，核算政府财政纳入一般公共预算管理的收支相抵形成的结转结余。本科目年终贷方余额反映一般公共预算收支相抵后的滚存结转结余。

本级财政收到款项时，根据当日预算收入日报表所列一般公共预算本级收入数，借记"国库存款"等科目，贷记"一般公共预算本级收入"科目。年终转账时，"一般公共预算本级收入"科目贷方余额全数转入"一般公共预算结转结余"科目，借记"一般公共预算本级收入"科目，贷记"一般公共预算结转结余"科目。

实际发生一般公共预算本级支出时，借记"一般公共预算本级支出"科目，贷记"国库存款"、"其他财政存款"等科目。年度终了，对纳入国库集中支付管理的、当年未支而需结转下一年度支付的款项（国库集中支付结余），采用权责发生制确认支出时，借记"一般公共预算本级支出"科目，贷记"应付国库集中支付结余"科目。年终转账时，"一般公共预算本级支出"科目借方余额应全数转入"一般公共预算结转结余"科目，借记"一般公共预算结转结余"科目,贷记"一般公共预算本级支出"科目。

年终转账时,将一般公共预算的有关收入科目贷方余额转入"一般公共预算结转结余"科目的贷方,借记"一般公共预算本级收入"、"补助收入——一般公共预算补助收入"、"上解收入——一般公共预算上解收入"、"地区间援助收入"、"调入资金——一般公共预算调入资金"、"债务收入(一般债务收入)"、"债务转贷收入(地方政府一般债务转贷收入)"、"动用预算稳定调节基金"等科目,贷记"一般公共预算结转结余"科目;将一般公共预算的有关支出科目借方余额转入"一般公共预算结转结余"科目的借方,借记"一般公共预算结转结余"科目,贷记"一般公共预算本级支出"、"上解支出——一般公共预算上解支出"、"补助支出——一般公共预算补助支出"、"地区间援助支出"、"调出资金——一般公共预算调出资金"、"安排预算稳定调节基金"、"债务转贷支出(地方政府一般债务转贷支出)"、"债务还本支出(一般债务还本支出)"等科目。设置和补充预算周转金时,借记"一般公共预算结转结余"科目,贷记"预算周转金"科目。

例题 1:某市财政部门收到国库报来一般预算收入日报表。其中,"税收收入——增值税——国内增值税——国有企业增值税"明细科目下金额 3 000 000 元;"税收收入——企业所得税——国有冶金企业所得税"明细科目下金额 750 000 元;"税收收入——个人所得税——个人所得税"明细科目下金额 700 000 元;"非税收入——行政事业性收费收入——工商行政事业性收费收入——企业注册登记费"明细科目下金额 410 000 元。同日,收到财政国库支付执行机构报来的预算支出结算清单,财政国库支付执行机构以财政直接支付方式通过财政零余额账户支付"一般公共服务支出——人大事务——一般行政管理事务"明细科目下金额 250 000 元;"公共安全支出——公安——经济犯罪侦查"明细科目下金额 350 000 元;"医疗卫生与计划生育支出——医疗卫生与计划生育管理事务——机关服务"明细科目下金额 550 000 元。分别编制会计分录如下:

```
借:国库存款                                    4 860 000.00
    贷:一般公共预算本级收入——税收收入——增值税——国内增值税
            ——国有企业增值税      3 000 000.00
            ——税收收入——企业所得税——国有冶金
            企业所得税             750 000.00
            ——税收收入——个人所得税——个人所得
            税                     700 000.00
            ——非税收入——行政事业性收费收入——
```

　　　　　　　　　　　　工商行政事业性收费收入——企业注册登记
　　　　　　　　　　　费　　　　　　　　　　410 000.00
　　借：一般公共预算本级支出——一般公共服务支出——人大事务——一般行
　　　　　　政管理事务　　　　　250 000.00
　　　　　　——公共安全支出——公安——经济犯罪侦查
　　　　　　　　　　　　　　　　350 000.00
　　　　　　——医疗卫生与计划生育支出——医疗卫生与计
　　　　　　划生育管理事务——机关服务
　　　　　　　　　　　　　　　　550 000.00
　　　　贷：国库存款　　　　　　　　　　　1 150 000.00

例题2：某市财政年终结清"一般公共预算本级收入——建设行政事业性收费收入——考试考务费"明细科目贷方余额 6 000 000 元，"一般公共预算本级支出——科学技术支出——科学技术管理事务——机关服务"明细科目借方余额5 710 000 元。分别编制会计分录如下：

　　借：一般公共预算本级收入——建设行政事业性收费收入——考试考务费
　　　　　　　　　　　　　　　　　　6 000 000.00
　　　　贷：一般公共预算结转结余　　　　　6 000 000.00
　　借：一般公共预算结转结余　　　　　　5 710 000.00
　　　　贷：一般公共预算本级支出——科学技术支出——科学技术管理事务
　　　　　　——机关服务　　　　　　　　5 710 000.00

9

政府性基金预算本级收支的核算

　　政府性基金预算本级收入是指政府财政筹集的纳入本级政府性基金预算管理的非税收入。政府性基金预算本级支出是指政府财政管理的由本级政府使用的列入政府性基金预算的支出。政府性基金预算结转结余是指政府性基金预算收支的执行结果。根据《政府收支分类科目》规定的类、款、项、目四级分类科目设置要求，政府性基金预算本级收入与政府性基金预算本级支出也应按照规定设置四级明细科目。

　　政府性基金预算本级收入设置的类级科目有非税收入、债务收入、转移性收入三个。非税收入下面设置政府性基金收入款级科目；债务收入下面设置地方政府债务收入款级科目；转移性收入下面设置政府性基金转移收入、上年结余收入、调入资金、债务转贷收入四个款级科目。

政府性基金预算本级支出设置的类级科目有科学技术支出、文化体育与传媒支出、社会保障和就业支出、节能环保支出、城乡社区支出、农林水支出、交通运输支出、资源勘探信息等支出、商业服务业等支出、金融支出、其他支出、转移性支出、债务还本支出、债务付息支出、债务发行费用支出。同样，在类级科目下面设置款级科目，像科学技术支出类级科目下面设置核电站乏燃料处理处置基金支出款级科目；文化体育与传媒支出类级科目下面设置国家电影事业发展专项基金及对应专项债务收入安排的支出；社会保障和就业支出类级科目下面设置大中型水库移民后期扶持基金支出、小型水库移民扶持基金及对应专项债务收入安排的支出款级科目；节能环保支出类级科目下面设置可再生能源电价附加收入安排的支出、废弃电器电子产品处理基金支出款级科目；城乡社区支出类级科目下面设置国有土地使用权出让收入及对应专项债务收入安排的支出、城市公用事业附加及对应专项债务收入安排的支出、国有土地收益基金及对应专项债务收入安排的支出、农业土地开发基金及对应专项债务收入安排的支出、新增建设用地土地有偿使用费及对应专项债务收入安排的支出、城市基础设施配套费及对应专项债务收入安排的支出、污水处理费及对应专项债务收入安排的支出款级科目；农林水支出类级科目下面设置新菜地开发建设基金及对应专项债务收入安排的支出、大中型水库库区基金及对应专项债务收入安排的支出、三峡水库库区基金支出、南水北调工程基金及对应专项债务收入安排的支出、国家重大水利工程建设基金及对应专项债务收入安排的支出款级科目；交通运输支出类级科目下面设置海南省高等级公路车辆通行附加费及对应专项债务收入安排的支出、车辆通行费及对应专项债务收入安排的支出、港口建设费及对应专项债务收入安排的支出、铁路建设基金支出、船舶油污损害赔偿基金支出、民航发展基金支出款级科目。资源勘探信息等支出类级科目下面设置散装水泥专项基金及对应专项债务收入安排的支出、新型墙体材料专项基金及对应专项债务收入安排的支出、农网还贷资金支出款级科目；商业服务业等支出类级科目下面设置旅游发展基金支出；金融支出类级科目下面设置金融调控支出款级科目；其他支出类级科目下面设置其他政府性基金及对应专项债务收入安排的支出、彩票发行销售机构业务费安排的支出、彩票公益金及对应专项债务收入安排的支出、烟草企业上缴专项收入安排的支出款级科目；转移性支出类级科目下面设置政府性基金转移支付、调出资金、年终结余、债务转贷支出款级科目；债务还本支出类级科目下面设置地方政府专项债务还本支出款级科目；债务付息支出类级科目下面设置地方政府专项债务付息支出款级科目；债务发行费用支出类级科目下面设置地方政府专项债务发行费用支出款级科目。

政府性基金预算本级收入使用"政府性基金预算本级收入"科目进行核算。本科目核算政府财政筹集的纳入本级政府性基金预算管理的非税收入。本科目应当根据《政府收支分类科目》中"政府性基金预算收入科目"规定进行明细核算。结转后，本科目无余额。本科目平时贷方余额反映政府性基金预算本级收入的累计数。

政府性基金预算本级支出使用"政府性基金预算本级支出"科目进行核算。本科目核算政府财政管理的由本级政府使用的列入政府性基金预算的支出。本科目应当按照《政府收支分类科目》中支出功能分类科目设置明细科目。同时，根据管理需要，按照支出经济分类科目、部门等进行明细核算。结转后，本科目无余额。本科目平时借方余额反映政府性基金预算本级支出的累计数。

政府性基金预算结转结余使用"政府性基金预算结转结余"科目进行核算。本科目核算政府财政纳入政府性基金预算管理的收支相抵形成的结转结余。本科目应当根据管理需要，按照政府性基金的种类进行明细核算。本科目年终贷方余额反映政府性基金预算收支相抵后的滚存结转结余。

本级财政收到款项时，根据当日预算收入日报表所列政府性基金预算本级收入数，借记"国库存款"等科目，贷记"政府性基金预算本级收入"科目。年终转账时，"政府性基金预算本级收入"科目贷方余额全数转入"政府性基金预算结转结余"科目，借记"政府性基金预算本级收入"科目，贷记"政府性基金预算结转结余"科目。

实际发生政府性基金预算本级支出时，借记"政府性基金预算本级支出"科目，贷记"国库存款"科目。年度终了，对纳入国库集中支付管理的、当年未支而需结转下一年度支付的款项（国库集中支付结余），采用权责发生制确认支出时，借记"政府性基金预算本级支出"科目，贷记"应付国库集中支付结余"科目。年终转账时，"政府性基金预算本级支出"科目借方余额应全数转入"政府性基金预算结转结余"科目，借记"政府性基金预算结转结余"科目，贷记"政府性基金预算本级支出"科目。

年终转账时，应将政府性基金预算的有关收入科目贷方余额按照政府性基金种类分别转入"政府性基金预算结转结余"科目下相应明细科目的贷方，借记"政府性基金预算本级收入"、"补助收入——政府性基金预算补助收入"、"上解收入——政府性基金预算上解收入"、"调入资金——政府性基金预算调入资金"、"债务收入——专项债务收入"、"债务转贷收入——地方政府专项债务转贷收入"等科目,贷记"政府性基金预算结转结余"科目;将政府性基金预算的有关支出科目借方余额按照政府性基金种类分别转入"政府性基金预算结转结余"科目下相应明细科目的借方,借记"政府性基金预算结转结余"科目,贷记"政府性基金预算本级支出"、"上解支出——政府性基金预算上解支出"、"补助支出——政府性基金预算补助支出"、"调出资金——政府性基金预算调出资金"、"债务还本支出——专项债务还本支出"、"债务转贷支出——地方政府专项债务转贷支出"等科目。

例题3:某市财政部门收到国库报来基金预算收入日报表。表中"政府性基金收入——非税收入——政府性基金收入——农网还贷基金收入"明细科目项下金额14 000 000元;"政府性基金收入——转移性收入——调入专项收入——彩票公益金调入专项收入"明细科目项下金额16 100 000元。同日国库报来的预算支出结算清单中,"政府性基金支出——交通运输支出——车辆通行费及对应的专项债务收入安排的支出——政府还贷公路养护"明细科目项下金额17 000 000元。分别编制会计分录如下:

  借:国库存款   30 100 000.00
    贷:政府性基金收入——非税收入——政府性基金收入——农网还贷基金收入   14 000 000.00
      ——转移性收入——调入专项收入——彩票公益金调入专项收入   16 100 000.00
  借:政府性基金支出——交通运输支出——车辆通行费及对应的专项债务收入安排的支出——政府还贷公路养护 17 000 000.00
    贷:国库存款   17 000 000.00

例题4:某市财政年终结清"政府性基金收入——非税收入——政府性基金收入——农网还贷基金收入"明细科目贷方余额66 070 000元,"政府性基金支出——交通运输支出——车辆通行费及对应的专项债务收入安排的支出——政府还贷公路养护"明细科目借方余额35 640 000元。分别编制会计分录如下:

  借:政府性基金收入——非税收入——政府性基金收入——农网还贷基金收入   66 070 000.00
    贷:政府性基金预算结转结余   66 070 000.00
  借:政府性基金预算结转结余   35 640 000.00
    贷:政府性基金支出——交通运输支出——车辆通行费及对应的专项债务收入安排的支出——政府还贷公路养护 35 640 000.00

10

国有资本经营预算本级收支的核算

国有资本经营预算本级收入是指政府财政筹集的纳入本级国有资本经营预算管理的非税收入。国有资本经营预算本级支出是指政府财政管理的由本级政府使用的列入国有资本经营预算的支出。国有资本经营预算结转结余是指国有资本经营预算收支的执行结果。

国有资本经营预算本级收入应设置的类级科目有非税收入和转移性收入。其中的非税收入类级科目下面设置国有资本经营收入款级科目;转移性收入类级科目下面设置国有资本经营预算转移支付收入款级科目。

国有资本经营预算本级支出应设置的类级科目有社会保障和就业支出、国有资本经营预算支出、转移性支出。其中的社会保障和就业支出类级科目下面设置补充全国社会保障基金款级科目;国有资本经营预算支出类级科目下面设置解决历史遗留问题及改革成本支出、国有企业资本金注入、国有企业政策性补贴、金融国有资本经营预算支出、其他国有资本经营预算支出款级科目;转移性支出类级科目下面设置国有资本经营预算转移支付、调出资金款级科目。

国有资本经营预算本级收入使用"国有资本经营预算本级收入"科目进行核算。本科目核算政府财政筹集的纳入本级国有资本经营预算管理的非税收入。本科目应当根据《政府收支分类科目》中"国有资本经营预算收入科目"规定进行明细核算。结转后,本科目无余额。本科目平时贷方余额反映国有资本经营预算本级收入的累计数。

国有资本经营预算本级支出使用"国有资本经营预算本级支出"科目进行核算。本科目核算政府财政管理的由本级政府使用的列入国有资本经营预算的支出。本科目应当按照《政府收支分类科目》中支出功能分类科目设置明细科目。同时,根据管理需要,按照支出经济分类科目、部门等进行明细核算。结转后,本科目无余额。本科目平时借方余额反映国有资本经营预算本级支出的累计数。

国有资本经营预算结转结余使用"国有资本经营预算结转结余"科目进行核算。本科目核算政府财政纳入国有资本经营预算管理的收支相抵形成的结转结余。本科目年终贷方余额反映国有资本经营预算收支相抵后的滚存结转结余。

本级财政收到款项时,根据当日预算收入日报表所列国有资本经营预算本级收入数,借记"国库存款"等科目,贷记"国有资本经营预算本级收入"科目。

年终转账时,"国有资本经营预算本级收入"科目贷方余额全数转入"国有资本经营预算结转结余"科目,借记"国有资本经营预算本级收入"科目,贷记"国有资本经营预算结转结余"科目。

实际发生国有资本经营预算本级支出时,借记"国有资本经营预算本级支出"科目,贷记"国库存款"科目。年度终了,对纳入国库集中支付管理的、当年未支而需结转下一年度支付的款项(国库集中支付结余),采用权责发生制确认支出时,借记"国有资本经营预算本级支出"科目,贷记"应付国库集中支付结余"科目。年终转账时,"国有资本经营预算本级支出"科目借方余额应全数转入"国有资本经营预算结转结余"科目,借记"国有资本经营预算结转结余"科目,贷记"国有资本经营预算本级支出"科目。

年终转账时,应将国有资本经营预算的有关收入科目贷方余额转入"国有资本经营预算结转结余"科目贷方,借记"国有资本经营预算本级收入"等科目,贷记"国有资本经营预算结转结余"科目;将国有资本经营预算的有关支出科目借方余额转入"国有资本经营预算结转结余"科目借方,借记"国有资本经营预算结转结余"科目,贷记"国有资本经营预算本级支出"、"调出资金——国有资本经营预算调出资金"等科目。

例题5:某市财政部门收到国库报来基金预算收入日报表。表中"国有资本经营预算收入——非税收入——国有资本经营收入——电力企业利润收入"明细科目项下金额10 000 000元;"国有资本经营预算收入——非税收入——产权转让收入——国有独资企业产权转让收入"明细科目项下金额36 000 000元。同日国库报来的预算支出结算清单中,"国有资本经营预算支出——国有资本经营预算支出——解决历史遗留问题及改革成本支出——国有企业改革成本支出"明细科目项下金额10 000 000元。分别编制会计分录如下:

借:国库存款 30 100 000.00
　　贷:国有资本经营预算收入——非税收入——国有资本经营收入——电力企业利润收入 14 000 000.00
　　　　——非税收入——产权转让收入——国有独资企业产权转让收入 16 100 000.00
借:国有资本经营预算支出——国有资本经营预算支出——解决历史遗留问题及改革成本支出——国有企业改革成本支出 10 000 000.00
　　贷:国库存款 10 000 000.00

例题6:某市财政年终对纳入国库集中管理、当年未支而需要结转下一年度的"国有资本经营预算支出——国有资本经营预算支出——解决历史遗留问题及改革成本支出——国有企业办公共服务机构移交补助支出"明细科目项下金额5 131 000元。同时结清"国有资本经营预算收入——非税收入——国有资本经营收入——贸易企业利润收入"明细科目贷方余额54 500 000元,"国有资本经营预算支出——国有资本经营预算支出——解决历史遗留问题及改革成本支出——国有企业办职教幼教支出"明细科目借方余额11 646 000元。分别编制会计分录如下:

　　借:国有资本经营预算支出——国有资本经营预算支出——解决历史遗留问题及改革成本支出——国有企业办公共服务机构移交补助支出
　　　　　　　　　　　　　　　　　　　　5 131 000.00
　　　贷:应付国库集中支付结余　　　　　5 131 000.00
　　借:国有资本经营预算收入——非税收入——国有资本经营收入——贸易企业利润收入　　　　　　　　　　　54 500 000.00
　　　贷:政府性基金预算结转结余　　　　54 500 000.00
　　借:政府性基金预算结转结余　　　　　11 646 000.00
　　　贷:国有资本经营预算支出——国有资本经营预算支出——解决历史遗留问题及改革成本支出——国有企业办职教幼教支出
　　　　　　　　　　　　　　　　　　　　11 646 000.00

11

财政专户管理资金收支和专用基金收支的核算

　　财政专户管理资金收入是指政府财政纳入财政专户管理的教育收费等资金收入。财政专户管理资金支出是指政府财政用纳入财政专户管理的教育收费等资金安排的支出。财政专户管理资金结余是指纳入财政专户管理的教育收费等资金收支的执行结果。按照《政府收支分类科目》中收入分类科目规定,教育收费是指非税收入中的各个行业及部门行政事业性收费款级科目中的教育收费。

　　财政专户管理资金收入使用"财政专户管理资金收入"科目进行核算。本科目核算政府财政纳入财政专户管理的教育收费等资金收入。本科目应当按照《政府收支分类科目》中收入分类科目规定进行明细核算。同时,根据管理需要,按部门(单位)等进行明细核算。本科目平时贷方余额反映财政专户管理资金收入的累计数。结转后,本科目无余额。

　　财政专户管理资金支出使用"财政专户管理资金支出"科目进行核算。本科目核算政府财政用纳入财政专户管理的教育收费等资金安排的支出。本科目应当按照《政府收支分类科目》中支出功能分类科目设置相应明细科目。同时，根据管理需要，按照支出经济分类科目、部门（单位）等进行明细核算。结转后，本科目无余额。本科目平时借方余额反映财政专户管理资金支出的累计数。

财政专户管理资金结余使用"财政专户管理资金结余"科目进行核算。本科目核算政府财政纳入财政专户管理的教育收费等资金收支相抵后形成的结余。本科目应当根据管理需要，按照部门（单位）等进行明细核算。本科目年终贷方余额反映政府财政纳入财政专户管理的资金收支相抵后的滚存结余。

本级财政收到财政专户管理资金时，借记"其他财政存款"科目，贷记"财政专户管理资金收入"科目。年终转账时，"财政专户管理资金收入"科目贷方余额全数转入"财政专户管理资金结余"科目，借记"财政专户管理资金收入"科目，贷记"财政专户管理资金结余"科目。

本级财政发生财政专户管理资金支出时，借记"财政专户管理资金支出"科目，贷记"其他财政存款"等有关科目。年终转账时，"财政专户管理资金支出"科目借方余额全数转入"财政专户管理资金结余"科目，借记"财政专户管理资金结余"科目，贷记"财政专户管理资金支出"科目。

年终转账时，将财政专户管理资金的有关收入科目贷方余额转入"财政专户管理资金结余"科目贷方，借记"财政专户管理资金收入"等科目，贷记"财政专户管理资金结余"科目；将财政专户管理资金的有关支出科目借方余额转入"财政专户管理资金结余"科目借方，借记"财政专户管理资金结余"科目，贷记"财政专户管理资金支出"等科目。

专用基金收入是指政府财政根据法律法规等规定设立的各项专用基金（包括粮食风险基金等）取得的资金收入。专用基金支出是指政府财政用专用基金收入安排的支出。专用基金结余是指专用基金收支的执行结果。

专用基金收入使用"专用基金收入"科目进行核算。本科目核算政府财政按照法律法规和国务院、财政部规定设置或取得的粮食风险基金等专用基金收入。本科目应当按照专用基金的种类进行明细核算。结转后，本科目无余额。本科目平时贷方余额反映取得专用基金收入的累计数。

专用基金支出使用"专用基金支出"科目进行核算。本科目核算政府财政用专用基金收入安排的支出。本科目应当根据专用基金的种类设置明细科目。同时，根据管理需要，按部门等进行明细核算。结转后，本科目无余额。本科目平时借方余额反映专用基金支出的累计数。

专用基金结余使用"专用基金结余"科目进行核算。本科目核算政府财政管理的专用基金收支相抵形成的结余。本科目应当根据专用基金的种类进行明细核算。本科目年终贷方余额反映政府财政管理的专用基金收支相抵后的滚存结余。

本级财政通过预算支出安排取得专用基金收入转入财政专户的，借记"其他财政存款"科目，贷记"专用基金收入"科目；同时，借记"一般公共预算本级支出"等科目，贷记"国库存款"、"补助收入"等科目。退回专用基金收入时，借记"专用基金收入"科目，贷记"其他财政存款"科目。通过预算支出安排取得专用基金收入仍存在国库的，借记"一般公共预算本级支出"等科目，贷记"专用基金收入"科目。年终转账时，"专用基金收入"科目贷方余额全数转入"专用基金结余"科目，借记"专用基金收入"科目，贷记"专用基金结余"科目。

本级财政发生专用基金支出时，借记"专用基金支出"科目，贷记"其他财政存款"等有关科目。退回专用基金支出时，做相反的会计分录。年终转账时，"专用基金支出"科目借方余额全数转入"专用基金结余"科目，借记"专用基金结余"科目，贷记"专用基金支出"科目。

年终转账时，将专用基金的有关收入科目贷方余额转入"专用基金结余"科目贷方，借记"专用基金收入"等科目，贷记"专用基金结余"科目；将专用基金的有关支出科目借方余额转入"专用基金结余"科目借方，借记"专用基金结余"科目，贷记"专用基金支出"等科目。

专用基金收支业务的会计核算涉及收入、支出及其结转。通过预算支出安排取得专用基金收入转入财政专户时，借记"其他财政存款"科目，贷记"专用基金收入"科目；同时，借记"一般公共预算本级支出"科目，贷记"国库存款（通过班级预算安排的支出）"科目或"补助收入（通过上级预算安排的支出）"科目。退回专用基金收入时，借记"专用基金收入"科目，贷记"其他财政存款"科目。对于通过财政预算支出安排取得的专用基金收入仍存在国库的，借记"一般公共预算本级支出"科目，贷记"专用基金收入"科目。

本级财政实际发生专用基金支出时，借记"专用基金支出"科目，贷记"其他财政存款"科目。

年度终了转账时，收入科目贷方余额及支出科目借方余额应全额分别转入"专用基金结余"科目，借记"专用基金收入"科目，贷记"专用基金结余"科目；同时，借记"专用基金结余"科目，贷记"专用基金支出"科目。

例题7：某市财政部门根据"财政专户管理资金收入——非税收入——行政事业性收费收入——教育行政事业性收费收入——公办幼儿园保育费"明细科目项下金额3 000 000元、"财政专户管理资金支出——教育支出——普通教育——

中学教育"明细科目项下金额 1 000 000 元。编制会计分录如下：

借：其他财政存款　　　　　　　　　　　　　3 000 000.00
　　贷：财政专户管理资金收入——非税收入——行政事业性收费收入——
　　　　教育行政事业性收费收入——公办幼儿园保育费　3 000 000.00
借：财政专户管理资金支出——教育支出——普通教育——中学教育
　　　　　　　　　　　　　　　　　　　　　　1 000 000.00
　　贷：其他财政存款　　　　　　　　　　　　1 000 000.00

若年终"财政专户管理资金收入——非税收入——行政事业性收费收入——教育行政事业性收费收入——公办幼儿园保育费"明细科目项下贷方余额 19 000 000 元、"财政专户管理资金支出——教育支出——普通教育——中学教育"明细科目项下借方余额 41 000 000 元。编制会计分录如下：

借：财政专户管理资金收入——非税收入——行政事业性收费收入——教育
　　行政事业性收费收入——公办幼儿园保育费　19 000 000.00
　　贷：财政专户管理资金结余　　　　　　　　19 000 000.00
借：财政专户管理资金结余　　　　　　　　　　41 000 000.00
　　贷：财政专户管理资金支出——教育支出——普通教育——中学教育
　　　　　　　　　　　　　　　　　　　　　　41 000 000.00

例题 8：某市财政部门根据"专用基金收入——粮食风险基金收入"明细科目项下金额 1 400 000 元，其中从省级财政部门直接支付获得 1 000 000 元，市级财政安排粮油储备风险基金拨入 400 000 元；"专项基金支出——粮食风险基金支出"明细科目项下金额 1 000 000 元。编制会计分录如下：

借：其他财政存款　　　　　　　　　　　　　1 400 000.00
　　贷：专用基金收入——粮食风险基金收入　　1 400 000.00
借：一般公共预算本级支出——农林水支出——农业——农产品加工与促销
　　　　　　　　　　　　　　　　　　　　　　1 400 000.00
　　贷：国库存款　　　　　　　　　　　　　　1 000 000.00
　　　　补助收入——一般公共预算补助收入　　　400 000.00
借：专项基金支出——粮食风险基金支出　　　　1 000 000.00
　　贷：其他财政存款　　　　　　　　　　　　1 000 000.00

若年终"专用基金收入——粮食风险基金收入"明细科目项下贷方余额 31 000 000 元、"专项基金支出——粮食风险基金支出"明细科目项下借方余额 17 100 000 元。编制会计分录如下：

借：专用基金收入——粮食风险基金收入　　　31 000 000.00

贷：专用基金结余　　　　　　　　　　　31 000 000.00
　　借：专用基金结余　　　　　　　　　　　17 100 000.00
　　　贷：专项基金支出——粮食风险基金支出　17 100 000.00

12 转移性收支的核算

在分税制下，为了推进地区间基本公共服务均等化，国家实行规范、公平、公开的财政转移支付制度。转移性支付包括有一般性转移性支付和专项转移性支付。其中，一般性转移性支付是为了均衡区间基本财力而由下级政府统筹安排使用的转移支付；专项转移支付则是按照法律、行政法规和国务院的规定设置，用于办理特定事项的转移支付，通过市场竞争机制能够有效调节的事项不得设立专项转移支付。我国目前以一般性转移支付为主，包括中央对地方的转移支付和地方上级政府对下级政府的转移支付。

就转移支付形成的转移性收入和转移性支出来看，转移性收入是指在各级政府财政之间进行资金调拨以及在本级政府财政不同类型资金之间调剂所形成的收入，包括补助收入、上解收入、调入资金和地区间援助收入等。转移性支出是指在各级政府财政之间进行资金调拨以及在本级政府财政不同类型资金之间调剂所形成的支出，包括补助支出、上解支出、调出资金、地区间援助支出等。

（1）补助收支的核算。

补助收入是指上级政府财政按照财政体制规定或因专项需要补助给本级政府财政的款项，包括上级税收返还、转移支付等。其中，"上级税收返"包括款级科目"返还性收入"下面设置的"增值税税收返还收入、消费税税收返还收入、所得税基数税收返还收入、成品油税费改革税收返还收入、其他税收返还收入"五个项级科目。"转移支付"包括其"转移性收入"下面设置的"一般性转移支付收入、专项转移性支付收入、政府性基金转移收入、国有资本经营预算转移支付收入"四个款级科目。

一般性转移支付收入款级科目下面设置：体制补助收入、均衡性转移支付收入、县级基本财力保障机制奖补资金收入、结算补助收入、资源枯竭型城市转移支付补助收入、企业事业单位划转补助收入、成品油税费改革转移支付补助收入、基层公检法司转移支付收入、城乡义务教育转移支付收入、基本养老金转移支付收入、城乡居民医疗保险转移支付收入、农村综合改革转移支付收入、产粮

（油）大县奖励基金收入、重点生态功能区转移支付收入、固定数额补助收入、革命老区转移支付收入、民居地区转移支付收入、边疆地区转移支付收入、贫困地区转移支付收入、其他一般性转移支付收入共20个项级科目。

专项转移性支付收入款级科目下面设置：一般公共服务、外交、国防、公共安全、教育、科学技术、文化体育与传媒、社会保障与就业、医疗卫生与计划生育、节能环保、城乡社区、农林水、交通运输、资源勘探信息等、商业服务等、金融、国土海洋气象等、住房保障、粮油物资储备、其他收入共20个项级科目。

政府性基金转移收入款级科目下面设置政府性基金补助收入项级科目。

国有资本经营预算转移支付收入款级科目下面设置国有资本经营预算转移支付收入项级科目。

补助支出是指本级政府财政按财政体制规定或因专项需要补助给下级政府财政的款项，包括对下级的税收返还、转移支付等。其中："对下级的税收返还"包括款级科目"返还性政策"下面设置的"增值税税收返还支出、消费税税收返还支出、所得税基数税收返还支出、成品油税费改革税收返还支出、其他税收返还支出"五个项级科目。"转移支付"包括"一般性转移支付支出、专项转移性支付支出、政府性基金转移支出、国有资本经营预算转移支付支出"四个款级科目。

一般性转移支付支出款级科目下面设置：体制补助支出、均衡性转移支付支出、县级基本财力保障机制奖补资金支出、结算补助支出、资源枯竭型城市转移支付补助支出、企业事业单位划转补助支出、成品油税费改革转移支付补助支出、基层公检法司转移支付支出、城乡义务教育转移支付支出、基本养老金转移支付支出、城乡居民医疗保险转移支付支出、农村综合改革转移支付支出、产粮（油）大县奖励基金支出、重点生态功能区转移支付支出、固定数额补助支出、革命老区转移支付支出、民居地区转移支付支出、边疆地区转移支付支出、贫困地区转移支付支出、其他一般性转移支付支出共20个项级科目。

专项转移性支付支出款级科目下面设置：一般公共服务、外交、国防、公共安全、教育、科学技术、文化体育与传媒、社会保障与就业、医疗卫生与计划生育、节能环保、城乡社区、农林水、交通运输、资源勘探信息等、商业服务等、金融、国土海洋气象等、住房保障、粮油物资储备、其他支出共20个项级科目。

政府性基金转移支出款级科目下面设置政府性基金补助支出项级科目。

国有资本经营预算转移支付支出款级科目下面设置国有资本经营预算转移支付支出项级科目。

补助收入使用"补助收入"科目进行核算。本科目核算上级政府财政按照财政体制规定或因专项需要补助给本级政府财政的款项，包括税收返还、转移支付等。本科目下应当按照不同的资金性质设置"一般公共预算补助收入"、"政府性基金预算补助收入"等明细科目。结转后,本科目无余额。本科目平时贷方余额反映补助收入的累计数。

补助支出使用"补助支出"科目进行核算。本科目核算本级政府财政按财政体制规定或因专项需要补助给下级政府财政的款项,包括对下级的税收返还、转移支付等。本科目下应当按照不同资金性质设置"一般公共预算补助支出"、"政府性基金预算补助支出"等明细科目,同时还应当按照补助地区进行明细核算。结转后,本科目无余额。本科目平时借方余额反映补助支出的累计数。

本级财政收到上级政府财政拨入的补助款时,借记"国库存款"、"其他财政存款"等科目,贷记"补助收入"科目。发生补助支出或从"与下级往来"科目转入时,借记"补助支出"科目,贷记"国库存款"、"其他财政存款"、"与下级往来"等科目。

例题9:某市财政收到国库报来一般预算收入日报表所列省财政部门拨入"转移性收入——返还性收入——所得税基数返还收入"明细科目项下金额800 000元;"转移性收入——一般性转移支付收入——体制补助收入"明细科目项下金额456 000元。同时收到基金预算收入日报表所列省财政部门拨入"转移性收入——政府性基金转移收入"明细科目项下金额71 800 000元。编制会计分录如下:

借:国库存款　　　　　　　　　　　　　　　73 056 000.00
　　贷:补助收入——一般公共预算补助收入——返还性收入
　　　　　　　　　　　　　　　　　　　　　　800 000.00
　　　　　　　——一般性转移支付收入　　　　456 000.00
　　　　　　　——政府性基金预算补助收入　71 800 000.00

省级财政部门编制会计分录如下:

借:补助支出——一般公共预算补助支出——返还性支出
　　　　　　　　　　　　　　　　　　　　　　800 000.00
　　　　　　　——一般性转移支付支出　　　　456 000.00
　　　　　　　——政府性基金预算补助支出　71 800 000.00
　　贷:国库存款　　　　　　　　　　　　　73 056 000.00

专项转移支付资金实行特设专户管理的,政府财政应当根据上级政府财政下达的预算文件确认补助收入。年度当中收到资金时,借记"其他财政存款"科目,贷记"与上级往来"等科目;年度终了,根据专项转移支付资金预算文件,借记"与上级往来"科目,贷记"补助收入"科目。从"与上级往来"科目转入"补助收入"科目时,借记"与上级往来"科目,贷记"补助收入"科目。专项转移支付资金实行特设专户管理的,本级政府财政应当根据本级政府财政下达的预算文件确认补助支出,借记"补助支出"科目,贷记"国库存款"、"与下级往来"等科目。

例题10:某市财政通过财政特设账户向下属某县支付"专项转移支出——社会保障和就业"明细科目项下金额305 000元。该县财政部门编制会计分录如下:

借:其他财政存款 305 000.00
　　贷:与上级往来 305 000.00

年终,该县财政部门编制会计分录如下:

借:与上级往来 305 000.00
　　贷:补助收入———一般公共预算补助收入———专项转移支付收入
　　　　　　　　　　　　　　　　　　　　　　　　305 000.00

有主权外债业务的财政部门,贷款资金由本级政府财政同级部门(单位)使用,且贷款的最终还款责任由上级政府财政承担的,本级政府财政部门收到贷款资金时,借记"其他财政存款"科目,贷记"补助收入"科目;外方将贷款资金直接支付给供应商或用款单位时,借记"一般公共预算本级支出",贷记"补助收入"科目。有主权外债业务的财政部门,贷款资金由下级政府财政同级部门(单位)使用,且贷款最终还款责任由本级政府财政承担的,本级政府财政部门支付贷款资金时,借记"补助支出"科目,贷记"其他财政存款"科目;外方将贷款资金直接支付给用款单位或供应商时,借记"补助支出"科目,贷记"债务收入"、"债务转贷收入"等科目;根据债务管理部门转来的相关外债转贷管理资料,按照实际支付的金额,借记"待偿债净资产"科目,贷记"借入款项"、"应付主权外债转贷款"等科目。

例题11:某省政府向世界银行直接贷款4 000 000元用于农业支持服务项目,期限25年,由省财政安排专项资金偿还,进行财政特设专户管理。相关款项已经通过财政支付拨入相关市县财政特设账户。收到外债款项市县财政部门编制会计分录如下:

借:其他财政存款 4 000 000.00
　　贷:补助收入———一般公共预算补助收入———专项转移支付收入
　　　　　　　　　　　　　　　　　　　　　　　　4 000 000.00

省级财政部门编制会计分录如下:

借:补助支出———一般公共预算补助支出———专项转移支付支出
　　　　　　　　　　　　　　　　　　　　　　　　4 000 000.00

　　　　贷：其他财政存款　　　　　　　　　　　　　4 000 000.00
　　若该项贷款直接拨付到农业支持项目的用款单位，则受援外债款项市县财政部门编制会计分录如下：
　　　　借：一般公共预算本级支出　　　　　　　　4 000 000.00
　　　　　　贷：补助收入———一般公共预算补助收入———专项转移支付收入
　　　　　　　　　　　　　　　　　　　　　　　　4 000 000.00
　　省级财政部门编制会计分录如下：
　　　　借：补助支出———一般公共预算补助支出———专项转移支付支出
　　　　　　　　　　　　　　　　　　　　　　　　4 000 000.00
　　　　　　贷：债务转贷收入　　　　　　　　　　4 000 000.00
　　　　借：待偿债净资产　　　　　　　　　　　　4 000 000.00
　　　　　　贷：应付主权外债转贷款　　　　　　　4 000 000.00

　　年终与上级政府财政结算时，根据预算文件，按照尚未收到的补助款金额，借记"与上级往来"科目，贷记"补助收入"科目。退还或核减补助收入时，借记"补助收入"科目，贷记"国库存款"、"与上级往来"等科目。年终与下级政府财政结算时，按照尚未拨付的补助金额，借记"补助支出"科目，贷记"与下级往来"科目。退还或核减补助支出时，借记"国库存款"、"与下级往来"等科目，贷记"补助支出"科目。

　　例题 12：某市财政退还省级政府财政部门"转移性收入———一般性转移支付收入———义务教育等转移支付收入" 3 900 000 元。编制会计分录如下：
　　　　借：补助收入———一般公共预算补助收入———一般性转移支付收入
　　　　　　　　　　　　　　　　　　　　　　　　3 900 000.00
　　　　　　贷：国库存款　　　　　　　　　　　　3 900 000.00
　　省级政府财政部门编制会计分录如下：
　　　　借：国库存款　　　　　　　　　　　　　　3 900 000.00
　　　　　　贷：补助支出———一般公共预算补助支出———一般性转移支付支出
　　　　　　　　　　　　　　　　　　　　　　　　3 900 000.00

　　年终转账时，"补助收入"科目贷方余额应根据不同资金性质分别转入对应的结转结余科目，借记"补助收入"科目，贷记"一般公共预算结转结余"、"政府性基金预算结转结余"等科目。年终转账时，"补助支出"科目借方余额应根据不同资金性质分别转入对应的结转结余科目，借记"一般公共预算结转结余"、"政府性基金预算结转结余"等科目，贷记"补助支出"科目。

　　（2）上解收支的核算。

上解收入是指按照财政体制规定由下级政府财政上交给本级政府财政的款项。上解支出是指按照财政体制规定由本级政府财政上交给上级政府财政的款项。根据《政府收支分类科目》的规定，"上解收入"款级科目下面设置"体制上解收入"和"专项上解收入"两个款级科目；"上解支出"款级科目下面设置"体制上解支出"和"专项上解支出"两个款级科目。

上解收入使用"上解收入"科目进行核算。本科目核算按照体制规定由下级政府财政上交给本级政府财政的款项。本科目下应当按照不同资金性质设置"一般公共预算上解收入"、"政府性基金预算上解收入"等明细科目。同时，还应当按照上解地区进行明细核算。结转后，本科目无余额。本科目平时贷方余额反映上解收入的累计数。

上解支出使用"上解支出"科目进行核算。本科目核算本级政府财政按照财政体制规定上交给上级政府财政的款项。本科目下应当按照不同资金性质设置"一般公共预算上解支出"、"政府性基金预算上解支出"等明细科目。结转后，本科目无余额。本科目平时借方余额反映上解支出的累计数。

本级财政收到下级政府财政的上解款时，借记"国库存款"等科目，贷记"上解收入"科目。年终与下级政府财政结算时，根据预算文件，按照尚未收到的上解款金额，借记"与下级往来"科目，贷记"上解收入"科目。退还或核减上解收入时，借记"上解收入"科目，贷记"国库存款"、"与下级往来"等科目。年终转账时，"上解收入"科目贷方余额应根据不同资金性质分别转入对应的结转结余科目，借记"上解收入"科目，贷记"一般公共预算结转结余"、"政府性基金预算结转结余"等科目。

本级财政发生上解支出时，借记"上解支出"科目，贷记"国库存款"、"与上级往来"等科目。年终与上级政府财政结算时，按照尚未支付的上解金额，借记"上解支出"科目，贷记"与上级往来"科目。退还或核减上解支出时，借记"国库存款"、"与上级往来"等科目，贷记本科目。年终转账时，"上解支出"科目借方余额应根据不同资金性质分别转入对应的结转结余科目，借记"一般公共预算结转结余"、"政府性基金预算结转结余"等科目，贷记"上解支出"科目。

例题13： 某市财政通过国库上解省级财政一般预算款项 5 431 000 元；年终结算时根据预算文件规定有尚未收到的某县政府性基金上解收入 1 171 000 元。该市财政部门编制会计分录如下：

借：上解支出——一般公共预算上解支出——体制上解支出

              5 431 000.00

　　　　贷：国库存款　　　　　　　　　　　　5 431 000.00
　　　借：与下级往来　　　　　　　　　　　　1 171 000.00
　　　　贷：上解收入——政府性基金预算上解收入　　1 171 000.00
省级政府财政部门编制会计分录如下：
　　　借：国库存款　　　　　　　　　　　　5 431 000.00
　　　　贷：上解收入——一般公共预算上解收入——体制上解收入
　　　　　　　　　　　　　　　　　　　　　　5 431 000.00
县级财政部门编制会计分录如下：
　　　借：上解支出——政府性基金预算上解支出　　1 171 000.00
　　　　贷：与上级往来　　　　　　　　　　　1 171 000.00

（3）调入调出资金的核算。

调入资金是指政府财政为平衡某类预算收支、从其他类型预算资金及其他渠道调入的资金；调出资金是指政府财政为平衡预算收支、从某类资金向其他类型预算调出的资金。根据《政府收支分类科目》的规定，"调入资金"款级科目下面设置四个项级科目：调入一般公共预算资金、调入政府性基金预算资金、调入专项收入和其他调入资金。其中，调入一般公共预算资金包括有下面目级科目：从预算稳定调节基金调入一般公共预算、从政府性基金预算调入一般公共预算、从国有资本经营预算调入一般公共预算、从其他资金调入一般公共预算。调入专项收入包括有下面目级科目：海南省高等级公路车辆通行附加费调入专项收入、港口建设费调入专项收入、散装水泥专项资金调入专项收入、新型墙体材料专项基金调入专项收入、国家电影事业发展专项资金调入专项收入、新菜地开发建设专项资金调入专项收入、新增建设用地土地有偿使用费调入专项收入、南水北调工程基金调入专项收入、城市公用事业附加调入专项收入、国有土地使用权出让金调入专项收入、国有土地收益基金调入专项收入、农业土地发开资金调入专项收入、大中型水库库区资金调入专项收入、彩票公益金调入专项收入、城市基础设施配套费调入专项收入、小型水库移民扶持基金调入专项收入、国家重大水利工程建设基金调入专项收入、车辆通行费调入专项收入、污水处理费调入专项收入、其他政府性基金调入专项收入。根据《政府收支分类科目》的规定，"调出资金"款级科目下面设置三个项级科目：一般公共预算调出资金、政府性基金预算调出资金、国有资本经营预算调出资金。

调入资金使用"调入资金"科目进行核算。本科目核算政府财政为平衡某类预算收支、从其他类型预算资金及其他渠道调入的资金。本科目下应当按照不同资金性质设置"一般公共预算调入资金"、"政府性基金预算调入资金"等明细科目。结转后,"调入资金"科目无余额。本科目平时贷方余额反映调入资金的累计数。

调出资金使用"调出资金"科目进行核算。本科目核算政府财政为平衡预算收支、从某类资金向其他类型预算调出的资金。本科目下应当设置"一般公共预算调出资金"、"政府性基金预算调出资金"和"国有资本经营预算调出资金"等明细科目。结转后,本科目无余额。本科目平时借方余额反映调出资金的累计数。

本级财政从其他类型预算资金及其他渠道调入一般公共预算时,按照调入的资金金额,借记"调出资金——政府性基金预算调出资金"、"调出资金——国有资本经营预算调出资金"、"国库存款"等科目,贷记"调入资金"科目(一般公共预算调入资金)。从其他类型预算资金及其他渠道调入政府性基金预算时,按照调入的资金金额,借记"调出资金———般公共预算调出资金"、"国库存款"等科目,贷记"调入资金"科目(政府性基金预算调入资金)。年终转账时,"调入资金"科目贷方余额分别转入相应的结转结余科目,借记"调入资金"科目,贷记"一般公共预算结转结余"、"政府性基金预算结转结余"等科目。

从一般公共预算调出资金时,按照调出的金额,借记"调出资金"科目(一般公共预算调出资金),贷记"调入资金"相关明细科目。从政府性基金预算调出资金时,按照调出的金额,借记"调出资金"科目(政府性基金预算调出资金),贷记"调入资金"相关明细科目。从国有资本经营预算调出资金时,按照调出的金额,借记"调出资金"科目(国有资本经营预算调出资金),贷记"调入资金"相关明细科目。年终转账时,"调出资金"科目借方余额分别转入相应的结转结余科目,借记"一般公共预算结转结余"、"政府性基金预算结转结余"和"国有资本经营预算结转结余"等科目,贷记"调出资金"科目。

(4)地区间援助收入援助支出的核算。

地区间援助收入是指受援方政府财政收到援助方政府财政转来的可统筹使用的各类援助、捐赠等资金收入;地区间援助支出是指援助方政府财政安排用于受援方政府财政统筹使用的各类援助、捐赠等资金支出。根据《政府收支分类科目》的规定,地区间援助收入只包括一个款级科目:接受其他地区援助收入;地区间援助支出只包括一个款级科目:援助其他地区支出。

地区间援助收入使用"地区间援助收入"科目进行核算。本科目核算受援方政府财政收到援助方政府财政转来的可统筹使用的各类援助、捐赠等资金收入。本科目应当按照援助地区及管理需要进行相应的明细核算。结转后,本科目无余额。本科目平时贷方余额反映地区间援助收入的累计数。

地区间援助支出使用"地区间援助支出"科目进行核算。本科目核算援助方政府财政安排用于受援方政府财政统筹使用的各类援助、捐赠等资金支出。本科目应当按照受援地区及管理需要进行相应明细核算。结转后,本科目无余额。本科目平时借方余额反映地区间援助支出的累计数。

本级财政收到援助方政府财政转来的资金时,借记"国库存款"科目,贷记"地区间援助收入"科目。年终转账时,"地区间援助收入"科目贷方余额全数转入"一般公共预算结转结余"科目,借记"地区间援助收入"科目,贷记"一般公共预算结转结余"科目。

本级财政发生地区间援助支出时,借记"地区间援助支出"科目,贷记"国库存款"科目。年终转账时,"地区间援助支出"科目借方余额全数转入"一般公共预算结转结余"科目,借记"一般公共预算结转结余"科目,贷记"地区间援助支出"科目。

例题14:某市财政根据援疆工作部署支援西部某省所属县的旅游项目开发建设资金76 000 000元。输出援助该市财政部门编制会计分录如下:

借:地区间援助支出   76 000 000.00
  贷:国库存款   76 000 000.00

年终结转余额时,该市财政部门将"地区间援助支出"科目借方余额136 407 000元转入"一般公共预算结转结余"科目,编制会计分录如下:

借:一般公共预算结转结余   136 407 000.00
  贷:地区间援助支出   136 407 000.00

接受援助的某县财政部门编制会计分录如下:

借:国库存款   76 000 000.00
  贷:地区间援助收入   76 000 000.00

年终结转余额时,该县财政部门将"地区间援助收入"科目贷方余额104 443 000元转入"一般公共预算结转结余"科目,编制会计分录如下:

借:地区间援助收入   104 443 000.00
  贷:一般公共预算结转结余   104 443 000.00

13

动用与安排预算稳定调节基金的核算

预算稳定调节基金是指按照《预算法》的规定政府财政安排用于弥补以后

年度预算资金不足的储备资金。其资金来源主要是年度执行超收收入、结余资金和预算周转金三项。

财政部门动用预算稳定调节基金使用"动用预算稳定调节基金"科目进行核算。本科目核算政府财政为弥补本年度预算资金的不足，调用的预算稳定调节基金。结转后，本科目无余额。本科目平时贷方余额反映动用预算稳定调节基金的累计数。

财政部门安排预算稳定调节基金使用"安排预算稳定调节基金"科目进行核算。本科目核算政府财政按照有关规定安排的预算稳定调节基金。结转后，本科目无余额。本科目平时借方余额反映安排预算稳定调节基金的累计数。

本级财政调用预算稳定调节基金时，借记"预算稳定调节基金"科目，贷记"动用预算稳定调节基金"科目。年终转账时，"动用预算稳定调节基金"科目贷方余额全数转入"一般公共预算结转结余"科目，借记"动用预算稳定调节基金"科目，贷记"一般公共预算结转结余"科目。

本级财政补充预算稳定调节基金时，借记"安排预算稳定调节基金"科目，贷记"预算稳定调节基金"科目。年终转账时，"安排预算稳定调节基金"科目借方余额全数转入"一般公共预算结转结余"科目，借记"一般公共预算结转结余"科目，贷记"安排预算稳定调节基金"科目。

14

政府举债的核算

政府举债是指政府凭借其自身信誉并作为债务人而与债权人之间按照有偿原则发生信用关系来筹集财政资金的一种信用方式。通常是政府调度社会资金、弥补财政赤字、调控社会经济运行的一种社会资源分配方式。

（1）债务收入和债务支出的分类及其核算科目设置。

债务收入是指政府财政根据法律法规等规定，通过发行债券、向外国政府和国际金融组织借款等方式筹集的纳入预算管理的资金收入。债务还本支出是指政府财政偿还本级政府承担的债务本金支出。

根据《政府收支分类科目》的规定，"债务收入"类级科目下面设置两个款级科目：中央政府债务收入、地方政府债务收入。其中，"中央政府债务收入"款级科目下面设置两个项级科目：中央政府国内债务收入、中央政府国外债务收入。其中，"中央政府国外债务收入"项级科目下面设置四个目级科目：中央政府境外发行主权债券收入、中央政府向国外政府借款收入、中央政府向国际组织借款收入、中央政府其他国外借款收入。而"地方政府债务收入"款级科目下面设置两个项级科目：一般债务收入、专项债务收入。其中，"一般债务收入"项级科目下面设置四个目级科目：地方政府一般债券收入、地方政府向国外政府借款收入、地方政府向国际组织借款收入、地方政府其他一般债务收入。"专项债务收入"项级科目下面设置二十一个目级科目：海南省高等级公路车辆通行附加费债务收入、港口建设费债务收入、散装水泥专项资金债务收入、新型墙体材料专项基金债务收入、国家电影事业发展专项资金债务收入、新菜地开发建设基金债务收入、新增建设用地土地有偿使用费债务收入、南水北调工程基金债务收入、政府住房基金债务收入、城市公用事业附加费债务收入、国有土地使用权出让金债务收入、国有土地收益基金债务收入、农业土地开发资金债务收入、大中型水库库区基金债务收入、彩票公益金债务收入、城市基础设施配套费债务收入、小型水库移民扶持基金债务收入、国家重大水利工程建设基金债务收入、车辆通行费债务收入、污水处理费债务收入、其他政府性基金债务收入。根据《政府收支分类科目》的规定，"债务还本支出"类级科目下面设置四个款级科目：中央政府国内债务还本支出、中央政府国外债务还本支出、地方政府一般债务还本支出、地方政府专项债务还本支出。其中，"地方政府一般债务还本支出"款级科目下面设置四个项级科目：地方政府一般债券支出、地方政府向国外政府借款支出、地方政府向国际组织借款支出、地方政府其他一般债务支出。同样，"专项债务支出"项级科目参照"专项债务收入"项级科目做法下面设置21个目级科目。

债务转贷收入是指本级政府财政收到上级政府财政转贷的债务收入。债务转贷支出是指本级政府财政向下级政府财政转贷的债务支出。

根据《政府收支分类科目》的规定，"债务转贷收入"类级科目下面设置两个项级科目：地方政府一般债务转贷收入、地方政府专项债务转贷收入。其中，"地方政府一般债务转贷收入"款级科目下面设置四个项级科目：地方政府一般债券转贷收入、地方政府向国外政府借款转贷收入、地方政府向国际组织借款转贷收入、地方政府其他一般债务转贷收入。"地方政府专项转贷收入"款级科目下面设置与"专项债务收入"项级科目下面二十一个同样目级科目。根据《政府收支分类科目》的规定，"债务转贷支出"类级科目下面设置四个款级科目：中央政府国内债务还本支出、中央政府国外债务还本支出、地方政府一般债务还本支出、地方政府专项债务还本支出。其中，"地方政府一般债务还本支出"款级科目下面设置四个项级科目：地方政府一般债券转贷支出、地方政府向国外政府借款转贷支出、地方政府向国际组织借款转贷支出、地方政府其他一般债务转贷支出。同样，"专项债务转贷支出"项级科目参照"专项债务收入"项级科目做法下面设置21个目级科目。

债务收入使用"债务收入"科目进行核算。本科目核算政府财政按照国家法律、国务院规定以发行债券等方式取得的，以及向外国政府、国际金融组织等机构借款取得的纳入预算管理的债务收入。本科目应当按照《政府收支分类科目》中"债务收入"科目的规定进行明细核算。结转后，本科目无余额。本科目平时贷方余额反映债务收入的累计数。

债务转贷收入使用"债务转贷收入"科目进行核算。本科目核算省级以下（不含省级）政府财政收到上级政府财政转贷的债务收入。本科目下应当设置"地方政府一般债务转贷收入"、"地方政府专项债务转贷收入"明细科目。结转后，本科目无余额。本科目平时贷方余额反映债务转贷收入的累计数。

债务还本支出使用"债务还本支出"科目进行核算。本科目核算政府财政偿还本级政府财政承担的纳入预算管理的债务本金支出。本科目应当根据《政府收支分类科目》中"债务还本支出"有关规定设置明细科目。结转后，本科目无余额。本科目平时借方余额反映本级政府财政债务还本支出的累计数。

债务转贷支出使用"债务转贷支出"科目进行核算。本科目核算本级政府财政向下级政府财政转贷的债务支出。科目下应当设置"地方政府一般债务转贷支出"、"地方政府专项债务转贷支出"明细科目，同时还应当按照转贷地区进行明细核算。结转后，本科目无余额。本科目平时借方余额反映债务转贷支出的累计数。

省级以上政府财政收到政府债券发行收入时，按照实际收到的金额，借记"国库存款"科目，按照政府债券实际发行额，贷记"债务收入"科目，按照发行收入和发行额的差额，借记或贷记有关支出科目；根据债务管理部门转来的债券发行确认文件等相关资料，按照到期应付的政府债券本金金额，借记"待偿债净资产——应付短期政府债券/应付长期政府债券"科目，贷记"应付短期政府债券"、"应付长期政府债券"等科目。政府财政向外国政府、国际金融组织等机构借款时，按照借入的金额，借记"国库存款"、"其他财政存款"等科目，贷记"债务收入"科目；根据债务管理部门转来的相关资料，按照实际承担的债务金额，借记"待偿债净资产——借入款项"科目，贷记"借入款项"科目。本级政府财政借入主权外债，且由外方将贷款资金直接支付给用款单位或供应商时，应根据以下情况分别处理：

本级政府财政承担还款责任，贷款资金由本级政府财政同级部门（单位）

使用的，本级政府财政根据贷款资金支付相关资料，借记"一般公共预算本级支出"科目，贷记"债务收入"科目；根据债务管理部门转来的相关资料，按照实际承担的债务金额，借记"待偿债净资产——借入款项"科目，贷记"借入款项"科目。

本级政府财政承担还款责任，贷款资金由下级政府财政同级部门（单位）使用的，本级政府财政根据贷款资金支付相关资料及预算指标文件，借记"补助支出"科目，贷记"债务收入"科目；根据债务管理部门转来的相关资料，按照实际承担的债务金额，借记"待偿债净资产——借入款项"科目，贷记"借入款项"科目。

下级政府财政承担还款责任，贷款资金由下级政府财政同级部门（单位）使用的，本级政府财政根据贷款资金支付相关资料，借记"债务转贷支出"科目，贷记"债务收入"科目；根据债务管理部门转来的相关资料，按照实际承担的债务金额，借记"待偿债净资产——借入款项"科目，贷记"借入款项"科目；同时，借记"应收主权外债转贷款"科目，贷记"资产基金——应收主权外债转贷款"科目。

年终转账时，"债务收入"科目下"专项债务收入"明细科目的贷方余额应按照对应的政府性基金种类分别转入"政府性基金预算结转结余"相应明细科目，借记"债务收入"科目（专项债务收入明细科目），贷记"政府性基金预算结转结余"科目；"债务收入"科目下其他明细科目的贷方余额全数转入"一般公共预算结转结余"科目，借记"债务收入"科目（其他明细科目），贷记"一般公共预算结转结余"科目。

省级以下（不含省级）政府财政收到地方政府债券转贷收入时，按照实际收到的金额，借记"国库存款"科目，贷记"债务转贷收入"科目；根据债务管理部门转来的相关资料，按照到期应偿还的转贷款本金金额，借记"待偿债净资产——应付地方政府债券转贷款"科目，贷记"应付地方政府债券转贷款"科目。省级以下（不含省级）政府财政收到主权外债转贷资金时，借记"其他财政存款"科目，贷记"债务转贷收入"科目；根据债务管理部门转来的相关资料，按照实际承担的债务金额，借记"待偿债净资产——应付主权外债转贷款"科目，贷记"应付主权外债转贷款"科目。从上级政府财政借入主权外债转贷款，且由外方将贷款资金直接支付给用款单位或供应商时，应根据以下情况分别处理：

本级政府财政承担还款责任，贷款资金由本级政府财政同级部门（单位）使用的，本级政府财政根据贷款资金支付相关资料，借记"一般公共预算本级支出"科目，贷记"债务转贷收入"科目；根据债务管理部门转来的相关资料，按照实际承担的债务金额，借记"待偿债净资产——应付主权外债转贷款"科目，贷记"应付主权外债转贷款"科目。

本级政府财政承担还款责任，贷款资金由下级政府财政同级部门（单位）使用的，本级政府财政根据贷款资金支付相关资料及预算文件，借记"补助支出"科目，贷记"债务转贷收入"科目；根据债务管理部门转来的相关资料，按照实际承担的债务金额，借记"待偿债净资产——应付主权外债转贷款"科目，贷记"应付主权外债转贷款"科目。

下级政府财政承担还款责任，贷款资金由下级政府财政同级部门（单位）使用的，本级政府财政根据转贷资金支付相关资料，借记"债务转贷支出"科目，贷记"债务转贷收入"科目；根据债务管理部门转来的相关资料，按照实际承担的债务金额，借记"待偿债净资产——应付主权外债转贷款"科目，贷记"应付主权外债转贷款"科目；同时，借记"应收主权外债转贷款"科目，贷记"资产基金——应收主权外债转贷款"科目。下级政府财政根据贷款资金支付相关资料，借记"一般公共预算本级支出"科目，贷记"债务转贷收入"科目；根据债务管理部门转来的相关资料，按照实际承担的债务金额，借记"待偿债净资产——应付主权外债转贷款"科目，贷记"应付主权外债转贷款"科目。

年终转账时，本科目下"地方政府一般债务转贷收入"明细科目的贷方余额全数转入"一般公共预算结转结余"科目，借记"债务转贷收入"科目，贷记"一般公共预算结转结余"科目。本科目下"地方政府专项债务转贷收入"明细科目的贷方余额按照对应的政府性基金种类分别转入"政府性基金预算结转结余"相应明细科目，借记"债务转贷收入"科目，贷记"政府性基金预算结转结余"科目。

本级财政偿还本级政府财政承担的政府债券、主权外债等纳入预算管理的债务本金时，借记"债务还本支出"科目，贷记"国库存款"、"其他财政存款"等科目；根据债务管理部门转来相关资料，按照实际偿还的本金金额，借记"应付短期政府债券"、"应付长期政府债券"、"借入款项"、"应付地方政府债券转贷款"、"应付主权外债转贷款"等科目，贷记"待偿债净资产"科目。年终转账时，"债务还本支出"科目下"专项债务还本支出"明细科目的借方余额应按照对应的政府性基金种类分别转入"政府性基金预算结转结余"相应明细科目，借记"政府性基金预算结转结余"科目，贷记"债务还本支出"科目（专项债务还本支出）。"债务还本支出"科目下其他明细科目的借方余额全数转入"一般公共预算结转结余"科目，借记"一般公共预算结转结余"科目，贷记"债务还本支出"科目（其他明细科目）。

本级政府财政向下级政府财政转贷地方政府债券资金时，借记"债务转贷支出"科目，贷记"国库存款"科目；根据债务管理部门转来的相关资料，按照到期应收回的转贷款本金金额，借记"应收地方政府债券转贷款"科目，贷记"资产基金——应收地方政府债券转贷款"科目。本级政府财政向下级政府财政转贷主权外债资金，且主权外债最终还款责任由下级政府财政承担的，相关账务处理如下：

本级政府财政支付转贷资金时，根据转贷资金支付相关资料，借记"债务转贷支出"科目，贷记"其他财政存款"科目；根据债务管理部门转来的相关资料，按照实际持有的债权金额，借记"应收主权外债转贷款"科目，贷记"资产基金——应收主权外债转贷款"科目。

外方将贷款资金直接支付给用款单位或供应商时，本级政府财政根据转贷资金支付相关资料，借记"债务转贷支出"科目，贷记"债务收入"、"债务收入"科目；根据债务管理部门转来的相关资料，按照实际持有的债权金额，借记"应收主权外债转贷款"科目，贷记"资产基金——应收主权外债转贷款"科目；同时，借记"待偿债净资产"科目，贷记"借入款项"、"应付主权外债转贷款"等科目。

年终转账时，"债务转贷支出"科目下"地方政府一般债务转贷支出"明细科目的借方余额全数转入"一般公共预算结转结余"科目，借记"一般公共预算结转结余"科目，贷记"债务转贷支出（地方政府一般债务转贷支出）"科目。"债务转贷支出"科目下"地方政府专项债务转贷支出"明细科目的借方余额全数转入"政府性基金预算结转结余"科目，借记"政府性基金预算结转结余"科目，贷记"债务转贷支出（地方政府专项债务转贷支出）"科目。

（2）政府债券发行、付息及其偿还业务的核算。

省级以上政府财政收到政府债券发行收入时，按照实际收到的金额借记"国库存款"科目，按照政府债券实际发行额贷记"债务收入"科目；同时按照发行收入与发行数额的差额，借记或贷记"一般公共预算本级支出"或"政府性基金预算本级支出"科目。

根据债务管理部门转来的债券发行确认文件，按照到期应付的政府债券本金金额，借记"待偿债净资产——应付短期政府债券"或"待偿债净资产——应付长期政府债券"明细科目，贷记"应付短期政府债券"或"应付长期政府债券"科目。

对于政府支付的一般债券发行费用和专项债券发行费用，借记"一般公共预算本级支出"科目或"政府性基金预算本级支出"科目，贷记"国库存款"科目。

期末确认政府债券应付利息时，根据债务管理部门计算确认的本期应付未付利息金额，借记"待偿债净资产——应付短期政府债券"或"待偿债净资产——应付长期政府债券"明细科目，贷记"应付短期政府债券"或"应付长期政府债券"科目。

财政部门支付发行政府一般债券利息和专项债券利息时，借记"一般公共预算本级支出"科目或"政府性基金预算本级支出"科目，贷记"国库存款"科目。同时，按照所支付的金额，借记"应付短期政府债券"或"应付长期政府债券"科目，贷记"待偿债净资产——应付短期政府债券"或"待偿债净资产——应付长期政府债券"明细科目。

偿还本级政府财政负担的政府债券本金时，借记"债务还本支出"科目，贷记"国库存款"或"其他财政存款"科目。根据债务管理部门转来相关文件，按照实际偿还的本金金额，借记"应付短期政府债券"或"应付长期政府债券"科目，贷记"待偿债净资产——应付短期政府债券"或"待偿债净资产——应付长期政府债券"明细科目。

例题 15： 某省政府 2017 年发行 10 年期地方政府专项债券 100 亿元用于省内基础设施及其配套建设，发行费用占债券票面金额的 1‰，票面利率 4.43% 且按年付息，到期还本。发行后，该省财政部门编制会计分录如下：

借：国库存款　　　　　　　　　　　　　　　10 000 000 000.00
　　贷：债务收入——地方政府债务收入——专项债务收入——城市基础设施配套费债务收入　　10 000 000 000.00

根据债务管理部门转来的债券发行确认文件，按照到期应付的该批政府债券本金金额，编制会计分录如下：

借：待偿债净资产——应付长期政府债券　　10 000 000 000.00
　　贷：应付长期政府债券　　　　　　　　　10 000 000 000.00

支付政府债券发行费用时，编制会计分录如下：

借：政府性基金预算本级支出——债券发行费用支出——地方性政府专项债务发行费用支出——城市基础设施配套费债务发行费用支出
　　　　　　　　　　　　　　　　　　　　　　10 000 000.00
　　贷：国库存款　　　　　　　　　　　　　　10 000 000.00

期末根据债务管理部门计算出的本期应付未付利息金额 44 300 000 元，编制会计分录如下：

借：待偿债净资产——应付长期政府债券　　　　44 300 000.00
　　贷：应付长期政府债券　　　　　　　　　　44 300 000.00

支付政府债券利息时，编制会计分录如下：

借：政府性基金预算本级支出——债券付息支出——地方性政府专项债务付
　　息支出——城市基础设施配套费债务付息支出　44 300 000.00
　　贷：国库存款　　　　　　　　　　　　　　44 300 000.00
借：应付长期政府债券　　　　　　　　　　　　44 300 000.00
　　贷：待偿债净资产——应付长期政府债券　　44 300 000.00

10年后政府债券到期偿还本金时，编制会计分录如下：

借：债务还本支出——地方政府专项债务还本支出——城市基础设施配套费
　　债务还本支出　　　　　　　　　　　　　10 000 000 000.00
　　贷：国库存款　　　　　　　　　　　　　10 000 000 000.00
借：应付长期政府债券　　　　　　　　　　　10 000 000 000.00
　　贷：待偿债净资产——应付长期政府债券　10 000 000 000.00

（3）政府债券或主权外债转贷业务核算。

本级政府财政转贷给下级政府财政的地方政府债券资金的本金及利息应使用"应收地方政府债券转贷款"科目进行核算。本科目下应当设置"应收地方政府一般债券转贷款"和"应收地方政府专项债券转贷款"明细科目，其下分别设置"应收本金"和"应收利息"两个明细科目，并按照转贷对象进行明细核算。本科目期末借方余额反映政府财政应收未收的地方政府债券转贷款本金和利息。

本级政府财政转贷给下级政府财政的外国政府和国际金融组织贷款等主权外债资金的本金及利息应使用"应收主权外债转贷款"科目进行核算。本科目核算本科目下应当设置"应收本金"和"应收利息"两个明细科目，并按照转贷对象进行明细核算。本科目期末借方余额反映政府财政应收未收的主权外债转贷款本金和利息。

地方政府财政从上级政府财政借入的地方政府债券转贷款的本金和利息应使用"应付地方政府债券转贷款"科目进行核算。本科目下应当设置"应付地方政府一般债券转贷款"和"应付地方政府专项债券转贷款"一级明细科目，在一级明细科目下再分别设置"应付本金"和"应付利息"两个明细科目，分别对应付本金和利息进行明细核算。本科目期末贷方余额反映本级政府财政尚未偿还的地方政府债券转贷款的本金和利息。

本级政府财政从上级政府财政借入的主权外债转贷款的本金和利息应使用

"应付主权外债转贷款"科目进行核算。本科目下应当设置"应付本金"和"应付利息"两个明细科目，分别对应付本金和利息进行明细核算。本科目期末贷方余额反映本级政府财政尚未偿还的主权外债转贷款本金和利息。

中央政府或省级政府向下级政府财政转贷地方政府债券资金或者主权外债时，借记"债务转贷支出"科目，贷记"国库存款"或"其他财政存款"科目。根据债务部门转来的相关文件，按照到期应收回的转贷款本金金额，借记"应收地方政府债券转贷款"科目或"应收主权外债转贷款"科目，贷记"资产基金——应收地方政府债券转贷款"或"资产基金——应收主权外债转贷款"明细科目。

收到上级政府财政部门转贷的地方政府债券或者主权外债资金时，按照实际收到的金额，借记"国库存款"科目或"其他财政存款"科目，贷记"债务转贷收入"科目。根据债务管理部门转来的相关文件，按照到期应偿还的转贷款本金金额，借记"待偿债净资产——应付地方政府债券转贷款"或"待偿债净资产——应付主权外债转贷款"明细科目，贷记"应付地方政府债券转贷款"或"应付主权外债转贷款"科目。

期末确认地方政府债券转贷款应收利息时，根据债务管理部门计算出的转贷款本期应收未收利息金额，借记"应收地方政府债券转贷款"科目或"应收主权外债转贷款"科目，贷记"资产基金——应收地方政府债券转贷款"或"资产基金——应收主权外债转贷款"明细科目。而下级政府对应编制会计分录如下：借记"待偿债净资产——应付地方政府债券转贷款"或"待偿债净资产——应付主权外债转贷款"明细科目，贷记"应付地方政府债券转贷款"或"应付主权外债转贷款"科目。

偿还本级政府承担的地方政府债券转贷款本金时，借记"债务转贷支出"科目，贷记"国库存款"或"其他财政存款"科目。根据债务部门转来的相关文件，按照到期应收回的转贷款本金金额，借记"应付地方政府债券转贷款"科目或"应付主权外债转贷款"科目，贷记"资产基金——应付地方政府债券转贷款"或"资产基金——应付主权外债转贷款"明细科目。偿还本级政府承担的地方政府债券转贷款的利息时，借记"一般公共预算本级支出"或"政府性基金预算本级支出"科目，贷记"国库存款"或"其他财政存款"科目。实际支付利息中属于已经确认的应付利息部分，借记"应付地方政府债券转贷款"或"应付主权外债转贷款"科目，贷记"待偿债净资产——应付地方政府债券转贷款"或"待偿债净资产——应付主权外债转贷款"明细科目。

收回下级财政偿还的转贷款本息时，按照收回的金额，借记"国库存款"

或"其他财政存款"科目，贷记"其他应付款"或"其他应收款"科目。根据债务部门转来的相关文件，按照收回的转贷款本金及已经确认的应收利息金额，借记"资产基金——应收地方政府债券转贷款"或"资产基金——应收主权外债转贷款"明细科目，贷记"应收地方政府债券转贷款"或"应收主权外债转贷款"科目。

采用定向承销方式发行地方政府债券置换存量债务时，省级以下（不含省级）财政部门根据上级财政部门提供的债权债务确认相关资料，按照置换本级政府存量债务的额度，借记"债务还本支出"科目，按照置换下级政府存量债务的额度，借记"债务转贷支出"科目，按照置换存量债务的总额度，贷记"债务转贷收入"科目；根据债务管理部门转来的相关资料，按照置换存量债务的总额度，借记"待偿债净资产——应付地方政府债券转贷款"科目，贷记"应付地方政府债券转贷款"科目。同时，按照置换下级政府存量债务额度，借记"应收地方政府债券转贷款"科目，贷记"资产基金——应收地方政府债券转贷款"科目。

上级政府财政豁免主权外债转贷款本息时，根据以下情况分别处理：豁免本级政府财政承担偿还责任的主权外债转贷款本息时，根据债务管理部门转来的相关资料，按照豁免转贷款的本金及已确认的应付利息金额，借记"应付主权外债转贷款"科目，贷记"待偿债净资产——应付主权外债转贷款"科目。豁免下级政府财政承担偿还责任的主权外债转贷款本息时，根据债务管理部门转来的相关资料，按照豁免转贷款的本金及已确认的应付利息金额，借记"应付主权外债转贷款"科目，贷记"待偿债净资产——应付主权外债转贷款"科目；同时，借记"资产基金——应收主权外债转贷款"科目，贷记"应收主权外债转贷款"科目。

例题16：某省政府2017年发行8年期地方政府一般债券100亿元并全额转贷所辖某市使用，发行费用占债券票面金额的1‰，票面利率4.47%且按年付息，到期还本。发行后，该省财政部门编制会计分录如下：

借：国库存款　　　　　　　　　　　　　10 000 000 000.00
　　贷：债务收入——地方政府债务收入——一般债务收入——地方政府一
　　　　般债务收入　　　　　　　　　　10 000 000 000.00

根据债务管理部门转来的债券发行确认文件，按照到期应付的该批政府债券本金金额，编制会计分录如下：

借：待偿债净资产——应付长期政府债券　10 000 000 000.00
　　贷：应付长期政府债券　　　　　　　　10 000 000 000.00

支付政府债券发行费用时，编制会计分录如下：

借：一般公共预算本级支出——债券发行费用支出——地方性政府一般债务
　　发行费用支出　　　　　　　　　　　10 000 000.00
　贷：国库存款　　　　　　　　　　　　　　10 000 000.00

省财政向所辖市政府财政转贷地方政府债券资金并根据债务管理部门计算出的本期应收未收债券本金金额时，编制会计分录如下：

借：债务转贷支出——地方政府一般债券转贷支出
　　　　　　　　　　　　　　　　　　　10 000 000 000.00
　贷：国库存款　　　　　　　　　　　　　10 000 000 000.00
借：应收地方政府债券转贷款　　　　　　10 000 000 000.00
　贷：资产基金——应收地方政府债券转贷款　10 000 000 000.00

所辖市财政收到省政府财政转贷地方政府债券资金并根据债务管理部门计算出的本期应偿还债券本金金额时，编制会计分录如下：

借：国库存款　　　　　　　　　　　　　10 000 000 000.00
　贷：债务转贷收入——地方政府一般债券转贷收入
　　　　　　　　　　　　　　　　　　　10 000 000 000.00
借：待偿债净资产——应付地方政府债券转贷款 10 000 000 000.00
　贷：应付地方政府债券转贷款　　　　　　10 000 000 000.00

省财政期末根据债务管理部门计算出的本期应收未收利息金额 44 700 000 元，编制会计分录如下：

借：应收地方政府债券转贷款　　　　　　44 700 000.00
　贷：资产基金——应收地方政府债券转贷款　44 700 000.00

所辖市财政期末根据债务管理部门计算出的本期应付未付利息金额 44 700 000 元，编制会计分录如下：

借：待偿债净资产——应付地方政府债券转贷款 44 700 000.00
　贷：应付地方政府债券转贷款　　　　　　44 700 000.00

8年后所辖市财政偿还本级政府财政承担的地方政府债券转贷款本金及其利息时，编制会计分录如下：

借：债务还本支出——地方政府一般债务还本支出——地方政府一般债券还
　　本支出　　　　　　　　　　　　　　10 000 000 000.00
　　一般公共预算本级支出——债券付息支出——地方政府一般债务付息支
　　出——地方政府一般债券付息支出　　357 600 000.00
　贷：国库存款　　　　　　　　　　　　　10 357 600 000.00

所辖市财政根据债务管理部门转来的相关文件，按照实际偿还的本金及实际支付的利息中属于已确认的应付本金及其利息金额 10 357 600 000 元，编制会计分录如下：

借：应付地方政府债券转贷款　　　　　　　10 357 600 000.00
　　贷：待偿债净资产——应付地方政府债券转贷款 10 357 600 000.00

省级财政部门收回所属市财政偿还的贷款本息时，按照收回的本息金额，编制会计分录如下：

借：国库存款　　　　　　　　　　　　　　10 357 600 000.00
　　贷：其他应付款　　　　　　　　　　　　10 357 600 000.00

省级财政部门根据债务部门转来的相关文件，按照收回的转贷款本金和利息，编制会计分录如下：

借：资产基金——应收地方政府债券转贷款　10 357 600 000.00
　　贷：应收地方政府债券转贷款　　　　　　10 357 600 000.00

（4）国外借款业务核算。

省级以上政府向外国政府或国际金融组织借款时，按照实际借入的金额，借记"国库存款"或"其他财政存款"科目，贷记"债务收入"科目。同时，根据债务管理部门转来的相关文件，按照实际承担的债务金额，借记"待偿债净资产——借入款项"科目，贷记"借入款项——应付本金"科目。

期末确认借入主权外债的应付利息时，根据债务主管部门计算出的本期应付未付利息金额时，借记"待偿债净资产——借入款项"科目，贷记"借入款项——应付本金"科目。

偿还本级政府财政承担的主权外债本金及其利息时，借记"债务还本支出"科目和"一般公共预算本级支出"科目，贷记"国有存款"科目或"其他财政存款"科目。同时，根据债务主管部门转来的相关文件，按照实际偿还的本金及其利息，借记"借入款项——应付本金"明细科目和"借入款项——应付利息"明细科目，贷记"待偿债净资产——借入款项"明细科目。

例题 17：2017 年年初，某省政府从世界银行申请到古迹保护与修复项目贷款 7 800 000 元用于古城保护，期限 15 年，贷款利率 3.17%，承诺费 0.3%。该省财政部门收到世界银行贷款时，编制会计分录如下：

借：国库存款　　　　　　　　　　　　　　　　　7 776 600.00
　　一般公共预算本级支出——文化体育与传媒——文物——历史名城与古迹
　　　　　　　　　　　　　　　　　　　　　　　　23 400.00
　　贷：债务收入——地方政府债务收入——地方政府向国际组织借款收入
　　　　　　　　　　　　　　　　　　　　　　　　7 800 000.00

根据债务管理部门转来的相关文件，按照实际承担的债务金额，编制会计分录如下：

借：待偿债净资产——借入款项　　　　　　　7 800 000.00
　　贷：借入款项——应付本金　　　　　　　　　　　7 800 000.00

每年年末，根据债务管理部门计算出的本期应付未付贷款利息金额，编制会计分录如下：

借：待偿债净资产——借入款项　　　　　　　247 260.00
　　贷：借入款项——应付利息　　　　　　　　　　　247 260.00

实际支付利息时编制会计分录如下：

借：一般公共预算本级支出——文化体育与传媒——文物——历史名城与古迹
　　　　　　　　　　　　　　　　　　　　　　247 260.00
　　贷：国库存款　　　　　　　　　　　　　　　　247 260.00
借：借入款项——应付利息　　　　　　　　　247 260.00
　　贷：待偿债净资产——借入款项　　　　　　　　247 260.00

15 年后该省财政偿还该笔世界银行贷款本金时，编制会计分录如下：

借：债务还本支出——地方政府一般债务还本支出——地方政府向国际组织
　　借款还本支出　　　　　　　　　　　　　　7 800 000.00
　　一般公共预算本级支出——文化体育与传媒——文物——历史名城与古迹
　　　　　　　　　　　　　　　　　　　　　　247 260.00
　　贷：国库存款　　　　　　　　　　　　　　　8 047 260.00
借：借入款项——应付本金　　　　　　　　　7 800 000.00
　　——应付利息　　　　　　　　　　　　　　　247 260.00
　　贷：待偿债净资产——借入款项　　　　　　　8 047 260.00

（5）年终转账的核算。

年终转账时，根据"债务收入"、"债务转贷收入"、"债务还本支出"、"债务转贷支出"科目下属的各项债务明细科目贷方余额或借方余额所属专项债务或一般债务性质，分别转入"政府性基金预算结转结余"相应明细科目或"一般公共预算结转结余"相应明细科目。借记"债务收入"和"债务转贷收入"科目，贷记"政府性基金预算结转结余"和"一般公共预算结转结余"相应明细科目。同时，借记"政府性基金预算结转结余"和"一般公共预算结转结余"相应明细科目，贷记"债务还本支出"和"债务转贷支出"科目。

15

总会计核算的资产的主要内容

总会计资产是指政府财政占有或控制的，能以货币计量的经济资源。总会计核算的资产按照流动性，分为流动资产和非流动资产。流动资产是指预计在1年内（含1年）变现的资产；非流动资产是指流动资产以外的资产。

总会计核算的资产具体包括财政存款、有价证券、应收股利、借出款项、暂付及应收款项、预拨经费、应收转贷款和股权投资等。

财政存款是指政府财政部门代表政府管理的国库存款、国库现金管理存款以及其他财政存款等。财政存款的支配权属于同级政府财政部门，并由总会计负责管理，统一在国库或选定的银行开立存款账户，统一收付，不得透支，不得提取现金。

有价证券是指政府财政按照有关规定取得并持有的政府债券。

应收股利是指政府因持有股权投资应当收取的现金股利或利润。

借出款项是指政府财政按照对外借款管理相关规定借给预算单位临时急需，并需按期收回的款项。

暂付及应收款项是指政府财政业务活动中形成的债权，包括与下级往来和其他应收款等。暂付及应收款项应当及时清理结算，不得长期挂账。

预拨经费是指政府财政在年度预算执行中预拨出应在以后各月列支以及会计年度终了前根据"二上"预算预拨出的下年度预算资金。预拨经费（不含预拨下年度预算资金）应在年终前转列支出或清理收回。

应收转贷款是指政府财政将借入的资金转贷给下级政府财政的款项，包括应收地方政府债券转贷款、应收主权外债转贷款等。

股权投资是指政府持有的各类股权投资资产，包括国际金融组织股权投资、投资基金股权投资、国有企业股权投资等。

总会计对符合《财政总预算会计制度》有关资产定义的经济资源，应当在取得对其相关的权利，并且能够可靠地进行货币计量时确认，同时对符合资产定义并确认的资产项目，应当列入资产负债表。

总会计核算的资产，应当按照取得或发生时实际金额进行计量。

16

财政存款收付业务的核算

财政存款是指政府财政部门代表政府管理的国库存款、国库现金管理存款以及其他财政存款等。财政存款的支配权属于同级政府财政部门,并由总会计负责管理,统一在国库或选定的银行开立存款账户,统一收付,不得透支,不得提取现金。

财政存款的收付业务主要是通过"国库存款"、"国库现金存款"、"其他财政存款"三个科目进行核算。其中:

国库存款收付业务使用"国库存款"科目进行核算。本科目核算政府财政存放在国库单一账户的款项。本科目期末借方余额反映政府财政国库存款的结存数。

国库现金管理存款收付业务使用"国库现金管理存款"科目进行核算。本科目核算政府财政实行国库现金管理业务存放在商业银行的款项。本科目期末借方余额反映政府财政实行国库现金管理业务持有的存款。

其他财政存款收付业务使用"其他财政存款"科目进行核算。本科目核算政府财政未列入"国库存款"、"国库现金管理存款"科目反映的各项存款。本科目应当按照资金性质和存款银行等进行明细核算。本科目期末借方余额反映政府财政持有的其他财政存款。

需要说明的是,属于政府财政代为管理的、使用权属于被代管主体的资金应使用"应付代管资金"科目进行核算。本科目应当根据管理需要进行相关明细核算。本科目期末贷方余额反映政府财政尚未支付的代管资金。

本级财政收到预算收入时,借记"国库存款"科目,贷记有关预算收入科目。当日收入数为负数时,以红字记入(采用计算机记账的,用负数反映)。收到国库存款利息收入时,借记"国库存款"科目,贷记"一般公共预算本级收入"科目。收到缴入国库的来源不清的款项时,借记"国库存款"科目,贷记"其他应付款"等科目。国库库款减少时,按照实际支付的金额,借记有关科目,贷记"国库存款"科目。

本级财政按照国库现金管理有关规定,将库款转存商业银行时,按照存入商业银行的金额,借记"国库现金管理存款"科目,贷记"国库存款"科目。国库现金管理存款收回国库时,按照实际收回的金额,借记"国库存款"科目,按照原存入商业银行的存款本金金额，贷记"国库现金管理存款"科目，按照两者的差额，贷记"一般公共预算本级收入"科目。

目前其他财政存款主要有：未设国库的乡（镇）财政在商业银行的预算资金存款、部分由财政部指定存入商业银行的专用基金存款、实行财政专户管理的存款。财政专户收到款项时，按照实际收到的金额，借记"其他财政存款"科目，贷记有关科目。其他财政存款产生的利息收入，除规定作为专户资金收入外，其他利息收入都应缴入国库纳入一般公共预算管理。取得其他财政存款利息收入时，按照实际获得的利息金额，根据以下情况分别处理：按规定作为专户资金收入的，借记"其他财政存款"科目，贷记"应付代管资金"或有关收入科目；按规定应缴入国库的，借记"其他财政存款"科目，贷记"其他应付款"科目。将其他财政存款利息收入缴入国库时，借记"其他应付款"科目，贷记"其他财政存款"科目；同时，借记"国库存款"科目，贷记"一般公共预算本级收入"科目。其他财政存款减少时，按照实际支付的金额，借记有关科目，贷记"其他财政存款"科目。

本级财政收到代管资金时，借记"其他财政存款"等科目，贷记"应付代管资金"科目。支付代管资金时，借记"应付代管资金"科目，贷记"其他财政存款"等科目。代管资金产生的利息收入按照相关规定仍属于代管资金的，借记"其他财政存款"等科目，贷记"应付代管资金"科目。

例题 18：某省财政收到国库预算收入表所列"政府性基金预算本级收入"项下金额 20 000 000 元，"国有资本经营预算本级收入"项下金额 3 000 000 元；"财政专户存款利息收入"项下金额 4 000 000 元。同日财政国库支付机构转来预算支出结算清单所列属于财政零余额账户支付一般性预算支出的工资福利支出款项 6 500 000 元，属于财政零余额账户支付国有资本经营预算支出款项 3 400 000 元。

借：国库存款　　　　　　　　　　　　　　　23 000 000.00
　　贷：政府性基金预算本级收入　　　　　　　20 000 000.00
　　　　国有资本经营预算本级收入　　　　　　 3 000 000.00
借：其他财政存款　　　　　　　　　　　　　　 4 000 000.00
　　贷：应付代管资金　　　　　　　　　　　　 4 000 000.00
借：一般公共预算本级支出　　　　　　　　　　 6 500 000.00
　　国有资本经营预算本级支出　　　　　　　　 3 400 000.00
　　贷：国库存款　　　　　　　　　　　　　　 9 900 000.00

例题 19：某省财政按照国库现金管理规定将库款 9 700 000 元存入中国工商银行，编制会计分录如下：

借：国库现金管理存款　　　　　　　　　　　9 700 000.00
　　贷：国库存款　　　　　　　　　　　　　　9 700 000.00

半年后收回本息合计款项 9 730 000 元，财政部门编制会计分录如下：
借：国库存款　　　　　　　　　　　　　　　9 730 000.00
　　贷：国库现金管理存款　　　　　　　　　　9 700 000.00
　　　　一般公共预算本级支出　　　　　　　　　 30 000.00

单设的财政国库支付执行机构应设置"财政零余额账户存款"和"已结报支出"两个科目，用以核算在代理银行办理财政直接支付的业务和已清算的国库集中支付支出数额。其中，"财政零余额账户存款"核算财政国库支付执行机构在代理银行办理财政直接支付的业务。财政国库支付执行机构未单设的地区不使用该科目。本科目当日资金结算后一般应无余额。"已结报支出"科目核算政府财政国库支付执行机构已清算的国库集中支付支出数额。财政国库支付执行机构未单设的地区，不使用该科目。本科目年终转账后无余额。

财政国库支付执行机构为预算单位直接支付款项时，借记有关预算支出科目，贷记"财政零余额账户存款"科目。财政国库支付执行机构每日将按部门分"类"、"款"、"项"汇总的预算支出结算清单等结算单与中国人民银行国库划款凭证核对无误后，送总会计结算资金，按照结算的金额，借记"财政零余额账户存款"科目，贷记"已结报支出"科目。

每日汇总清算后，财政国库支付执行机构会计根据有关划款凭证回执联和按部门分"类"、"款"、"项"汇总的预算支出结算清单，对于财政直接支付，借记"财政零余额账户存款"科目，贷记"已结报支出"科目；对于财政授权支付，借记"一般公共预算本级支出"、"政府性基金预算本级支出"、"国有资本经营预算本级支出"等科目，贷记"已结报支出"科目。年终财政国库支付执行机构按照累计结清的支出金额，与有关方面核对一致后转账时，借记"已结报支出"科目，贷记"一般公共预算本级支出"、"政府性基金预算本级支出"、"国有资本经营预算本级支出"等科目。

省级以上财政对于在规定的决算清理期和库款报解整理期内收到的属于上年度应解入国库存款的收入和收回上年度不应列支的国库支付款项，即尚未转到支库或者尚未报解到各该上级国库的各种收入称作在途款。其中，决算清理期是指预算年度结束之后从 1 月 1 日至 1 月 7 日共 7 天。库款报解整理期是指预算年度终了后，各级财政根据本地区情况设置 1 至 10 日不等的期限，将国库经收处 12 月 31 日前所收款项化缴国库，国库按照规定要求仍列入当年决算。

决算清理期和库款报解整理期内发生的需要通过本科目过渡处理的属于上年

度收入、支出等业务的资金数使用"在途款"科目核算。本科目期末借方余额反映政府财政持有的在途款。

本级财政决算清理期和库款报解整理期内收到属于上年度收入时，在上年度账务中，借记"在途款"科目，贷记有关收入科目；收回属于上年度拨款或支出时，在上年度账务中，借记"在途款"科目，贷记"预拨经费"或有关支出科目。冲转在途款时，在本年度账务中，借记"国库存款"科目，贷记"在途款"科目。

例题20：某省财政部门在预算年度终了进行清理时，查出有1 000 000元预算收入未解入国库；同时还有900 000元的基金预算支出属于错支款项须收回。该省财政按照规定将清理出的未解预算收入款项及时入账并编制会计分录如下：

  借：在途款   1 000 000.00
    贷：一般公共预算本级收入   1 000 000.00

该省财政对于错支的基金预算支出款项登记在途款项账户并冲减当年基金预算支出，编制会计分录如下：

  借：在途款   900 000.00
    贷：一般公共预算本级支出   900 000.00

错支款项收回并解入国库后，编制会计分录如下：

  借：国库存款   900 000.00
    贷：在途款   900 000.00

17

股权投资的核算

股权投资是指政府持有的各类股权投资资产，包括有国际金融组织股权投资、投资基金股权投资、国有企业股权投资。

政府的股权投资业务使用"股权投资"科目进行核算。本科目核算政府持有的各类股权投资。包括国际金融组织股权投资、投资基金股权投资和企业股权投资。股权投资一般采用权益法进行核算。本科目应当按照"国际金融组织股权投资"、"投资基金股权投资"、"企业股权投资"设置一级明细科目，在一级明细科目下，可根据管理需要，按照被投资主体进行明细核算。对每一被投资主体还可按"投资成本"、"收益转增投资"、"损益调整"、"其他权益变动"进行明细核算。

对于国际金融组织的股权投资业务：政府财政代表政府认缴国际金融组织股本时，按照实际支付的金额，借记"一般公共预算本级支出"等科目，贷记"国库存款"科目；根据股权投资确认相关资料，按照确定的股权投资成本，借记"股权投资"科目，贷记"资产基金——股权投资"科目。从国际金融组织撤出股本时，按照收回的金额，借记"国库存款"科目，贷记"一般公共预算本级支出"科目；根据股权投资清算相关资料，按照实际撤出的股本，借记"资产基金——股权投资"科目，贷记"股权投资"科目。

对于投资基金的股权投资业务：政府财政对投资基金进行股权投资时，按照实际支付的金额，借记"一般公共预算本级支出"等科目，贷记"国库存款"等科目；根据股权投资确认相关资料，按照实际支付的金额，借记"股权投资"科目（投资成本），按照确定的在被投资基金中占有的权益金额与实际支付金额的差额，借记或贷记"股权投资"科目（其他权益变动），按照确定的在被投资基金中占有的权益金额，贷记"资产基金——股权投资"科目。年末，根据政府财政在被投资基金当期净利润或净亏损中占有的份额，借记或贷记"股权投资"科目（损益调整），贷记或借记"资产基金——股权投资"科目。政府财政将归属财政的收益留作基金滚动使用时，借记"股权投资"科目（收益转增投资），贷记"股权投资"科目（损益调整）。被投资基金宣告发放现金股利或利润时，按照应上缴政府财政的部分，借记"应收股利"科目，贷记"资产基金——应收股利"科目；同时按照相同的金额，借记"资产基金——股权投资"科目，贷记"股权投资"科目（损益调整）。被投资基金发生除净损益以外的其他权益变动时，按照政府财政持股比例计算应享有的部分，借记或贷记"股权投资"科目（其他权益变动），贷记或借记"资产基金——股权投资"科目。投资基金存续期满、清算或政府财政从投资基金退出需收回出资时，政府财政按照实际收回的资金，借记"国库存款"等科目，按照收回的原实际出资部分，贷记"一般公共预算本级支出"等科目，按照超出原实际出资的部分，贷记"一般公共预算本级收入"等科目；根据股权投资清算相关资料，按照因收回股权投资而减少在被投资基金中占有的权益金额，借记"资产基金——股权投资"科目，贷记"股权投资"科目。

对于企业的股权投资业务，其账务处理根据管理条件和管理需要，参照投资基金股权投资的账务处理。本科目期末借方余额反映政府持有的各种股权投资金额。

政府因持有股权投资应当收取的现金股利或利润使用"应收股利"科目进行核算。本科目应当按照被投资主体进行明细核算。本科目期末借方余额反映政府尚未收回的现金股利或利润。

本级政府持有股权投资期间被投资主体宣告发放现金股利或利润的,按应上缴政府财政的部分,借记"应收股利"科目,贷记"资产基金——应收股利"科目;按照相同的金额,借记"资产基金——股权投资"科目,贷记"股权投资(损益调整)"科目。实际收到现金股利或利润,借记"国库存款"等科目,贷记有关收入科目;按照相同的金额,借记"资产基金——应收股利"科目,贷记"应收股利"科目。

例题 21:2017 年 4 月 15 日,某省成立财政投资管理有限公司并注册资本 50 亿元,省财政投资 30 亿元并占股权 55% 比例。2017 年年末,该基金盈利 700 万元并全部留作基金滚动使用。

2017 年 4 月 15 日,该省财政根据国库支付文件及股权确认文件编制会计分录如下:

借:一般公共预算本级支出　　　　　　　　　3 000 000 000.00
　　贷:国库存款　　　　　　　　　　　　　　3 000 000 000.00
借:股权投资——投资成本　　　　　　　　　　3 000 000 000.00
　　贷:股权投资——其他权益变动　　　　　　 250 000 000.00
　　　　资产基金——股权投资　　　　　　　　2 750 000 000.00

2017 年 12 月 31 日,根据该省财政在基金投资中所占比例计算基金投资盈利中享有的份额 3 850 000 元,编制会计分录如下:

借:股权投资——损益调整　　　　　　　　　　　　3 850 000.00
　　贷:资产基金——股权投资　　　　　　　　　　3 850 000.00
借:股权投资——收益转增投资　　　　　　　　　　3 850 000.00
　　贷:股权投资——损益调整　　　　　　　　　　3 850 000.00

2018 年 3 月 10 日,该基金宣告发放现金股利 200 万元,根据该省财政在基金投资中所占比例计算基金投资股利分配中享有的份额 110 万元,编制会计分录如下:

借:应收股利　　　　　　　　　　　　　　　　　1 100 000.00
　　贷:资产基金——应收股利　　　　　　　　　　1 100 000.00
借:生产基金——股权投资　　　　　　　　　　　　1 100 000.00
　　贷:股权投资——损益调整　　　　　　　　　　1 100 000.00

2018 年 3 月 25 日,该省财政实际收到现金股利 110 万元,编制会计分录如下:

借:国库存款　　　　　　　　　　　　　　　　　1 100 000.00
　　贷:一般公共预算本级收入　　　　　　　　　　1 100 000.00

借：资产基金——应收股利　　　　　　　　　　1 100 000.00
　　贷：应收股利　　　　　　　　　　　　　　　　1 100 000.00

18

财政债权债务的核算

　　政府财政业务活动中形成的债权称作暂付及应收款项，包括与下级往来和其他应收款；政府财政业务活动中形成的债务称作暂收及应付款项，包括与上级往来和其他应付款。暂付及应收款项应当及时清理结算，不得长期挂账；暂收及应付款项同样应当及时清理结算。

　　本级政府财政与下级政府财政的往来待结算款项应使用"与下级往来"科目进行核算。本科目应当按照下级政府财政、资金性质等进行明细核算。本科目期末借方余额反映下级政府财政欠本级政府财政的款项；期末贷方余额反映本级政府财政欠下级政府财政的款项。

　　本级政府财政与上级政府财政的往来待结算款项应使用"与上级往来"科目进行核算。本科目应当按照往来款项的类别和项目等进行明细核算。本科目期末贷方余额反映本级政府财政欠上级政府财政的款项；借方余额反映上级政府财政欠本级政府财政的款项。

　　政府财政临时发生的其他应收、暂付、垫付款项应使用"其他应收款"科目进行核算。项目单位拖欠外国政府和国际金融组织贷款本息和相关费用导致相关政府财政履行担保责任，代偿的贷款本息费，也通过本科目核算。本科目应当按照资金性质、债务单位等进行明细核算。本科目应及时清理结算。年终，原则上应无余额。

　　政府财政临时发生的暂收、应付和收到的不明性质款项应使用"其他应付款"科目进行核算。税务机关代征入库的社会保险费、项目单位使用并承担还款责任的外国政府和国际金融组织贷款，也通过本科目核算。本科目应当按照债权单位或资金来源等进行明细核算。本科目期末贷方余额反映政府财政尚未结清的其他应付款项。

　　本级政府财政借给下级政府财政款项时，借记"与下级往来"科目，贷记"国库存款"科目。体制结算中应当由下级政府财政上交的收入数，借记"与下级往来"科目，贷记"上解收入"科目。借款收回、转作补助支出或体制结算应当补助下级政府财政的支出，借记"国库存款"、"补助支出"等有关科目，贷记"与下级往来"科目。发生上解多交应当退回的，按照应当退回的金额，借记"上解收入"科目，贷记"与下级往来"科目。发生补助多补应当退回的，按照应当退回的金额，借记"与下级往来"科目，贷记"补助支出"科目。

本级政府财政从上级政府财政借入款或体制结算中发生应上交上级政府财政款项时，借记"国库存款"、"上解支出"等科目，贷记"与上级往来"科目。本级政府财政归还借款、转作上级补助收入或体制结算中应由上级补给款项时，借记"与上级往来"科目，贷记"国库存款"、"补助收入"等科目。

本级政府财政发生其他应收款项时，借记"其他应收款"科目，贷记"国库存款"、"其他财政存款"等科目。收回或转作预算支出时，借记"国库存款"、"其他财政存款"或有关支出科目，贷记"其他应收款"科目。政府财政对使用外国政府和国际金融组织贷款资金的项目单位履行担保责任，代偿贷款本息费时，借记"其他应收款"科目，贷记"国库存款"、"其他财政存款"等科目。政府财政行使追索权，收回项目单位贷款本息费时，借记"国库存款"、"其他财政存款"等科目，贷记"其他应收款"科目。政府财政最终未收回项目单位贷款本息费，经核准列支时，借记"一般公共预算本级支出"等科目，贷记"其他应收款"科目。

本级政府财政收到暂存款项时，借记"国库存款"、"其他财政存款"等科目，贷记"其他应付款"科目。将暂存款项清理退还或转作收入时，借记"其他应付款"科目，贷记"国库存款"、"其他财政存款"或有关收入科目。社会保险费代征入库时，借记"国库存款"科目，贷记"其他应付款"科目。社会保险费国库缴存社保基金财政专户时，借记"其他应付款"科目，贷记"国库存款"科目。收到项目单位承担还款责任的外国政府和国际金融组织贷款资金时，借记"其他财政存款"科目，贷记"其他应付款"科目；付给项目单位时，借记"其他应付款"科目，贷记"其他财政存款"科目。收到项目单位偿还贷款资金时，借记"其他财政存款"科目，贷记"其他应付款"科目；付给外国政府和国际金融组织项目单位还款资金时，借记"其他应付款"科目，贷记"其他财政存款"科目。

例题 22：某市财政体制结算中，本级财政应补助下属某县财政款项 800 万元；该县财政应上解款项到市财政 400 万元。市级财政编制会计分录如下：

  借：补助支出   8 000 000.00
    贷：与下级往来——一般预算   8 000 000.00
  借：与下级往来——一般预算   4 000 000.00
    贷：上解收入   4 000 000.00

县级财政编制会计分录如下：

借：与上级往来——一般预算 8 000 000.00
　　贷：补助收入 8 000 000.00
借：上解支出 4 000 000.00
　　贷：与上级往来——一般预算 4 000 000.00

例题 23：某省财政借给所属某县临时资金 3 000 000 元用于一般公共预算款项支出，该省财政部门编制会计分录如下：

借：其他应收款——一般预算 3 000 000.00
　　贷：国库存款 3 000 000.00
借：一般公共预算本级支出 3 000 000.00
　　贷：其他应收款——一般预算 3 000 000.00

所属县财政部门编制会计分录如下：

借：国库存款 3 000 000.00
　　贷：其他应付款——一般预算 3 000 000.00
借：其他应付款——一般预算 3 000 000.00
　　贷：一般公共预算本级收入 3 000 000.00

例题 24：某机械加工设备制造厂商由省政府做担保从亚洲开发银行获得期限 3 年期的贷款 10 000 000 元，年利率 3.14% 且每年结息一次。2017 年 1 月 5 日省财政如期收到用于该机械加工设备制造厂商项目的款项，省财政部门编制会计分录如下：

借：其他财政存款 10 000 000.00
　　贷：其他应付款——某机械加工设备制造厂商 10 000 000.00

1 月 15 日省财政部门将款项划拨给某机械加工设备制造厂商时编制会计分录如下：

借：其他应付款——某机械加工设备制造厂商 10 000 000.00
　　贷：其他财政存款 10 000 000.00

省财政部门每年末收到机械加工设备制造厂商支付的贷款利息时编制会计分录如下：

借：其他财政存款 314 000.00
　　贷：其他应付款——某机械加工设备制造厂商 314 000.00

省财政部门将收到机械加工设备制造厂商支付的贷款利息转付给亚洲开发银行时编制会计分录如下：

借：其他应付款——某机械加工设备制造厂商 314 000.00

贷：其他财政存款　　　　　　　　　　　　　　314 000.00

　　3年期满贷款到期时，省财政部门收回贷款本金及第三年利息，根据还本付息相关文件编制会计分录如下：

　　借：其他财政存款　　　　　　　　　　　　10 314 000.00
　　　　贷：其他应付款——某机械加工设备制造厂商　10 314 000.00

　　省财政部门将收到机械加工设备制造厂商偿还的贷款本金及支付的利息转付给亚洲开发银行时编制会计分录如下：

　　借：其他应付款——某机械加工设备制造厂商　10 314 000.00
　　　　贷：其他财政存款　　　　　　　　　　　10 314 000.00

19

财政预拨经费和借出款项的核算

　　财政预拨经费是指政府财政在年度预算执行中预先拨付并在以后各月列支或者年度终了前根据"二上"预算拨付出的下年度预算资金。预拨经费（不包括预拨下年度预算资金）应在年终前转列支出或清理收回。我国目前财政预算采用"二上二下"的编制程序。"一上"是指各预算编制部门按照年度部门预算编制要求，根据本部门的发展规划、年度工作目标及重点，编制本部门年度预算建议数字报送同级财政部门，同时还要报送人员和财产基础数据和项目支出安排依据。"一下"是指同级财政部门对预算编制单位报送的预算建议数字，综合考虑相关因素并汇总形成部门预算初步方案，在规定时间内下达各预算编制部门预算控制数。"二上"是指各预算编制部门在财政下达的部门预算控制数内汇总编报本部门及所属单位年度预算草案，并在规定的时间内报送同级财政部门。"二下"是指财政部门对各部门报送的年度预算草案进行审核汇总并形成年度预算草案，在报同级政府审议通过后提交同级人民代表大会或其常务委员会进行审议，审议通过后由同级政府执行预算。

　　预拨经费业务使用"预拨经费"科目进行核算。本科目核算政府财政预拨给预算单位尚未列为预算支出的款项。本科目应当按照预拨经费种类、预算单位等进行明细核算。本科目借方余额反映政府财政年末尚未转列支出或尚待收回的预拨经费数。

　　本级财政拨出款项时，借记"预拨经费"科目，贷记"国库存款"科目。转列支出或收回预拨款项时，借记"一般公共预算本级支出"、"政府性基金预算本级支出"、"国库存款"等科目，贷记"预拨经费"科目。

例题 25：某省财政部门 2015 年 11 月 6 日预拨 2016 年 3 月日常公用经费 7 630 000 元给某预算单位。2017 年经审核后，该笔日常公用经费中的 4 170 000 元转作一般公共预算支出列账。2015 年 11 月财政部门预拨款项给该预算单位时，编制会计分录如下：

借：预拨经费——××预算单位　　　　　　7 630 000.00
　　贷：国库存款　　　　　　　　　　　　　　　7 630 000.00

2017 年 1 月审核后列作 2016 年一般公共预算支出时编制会计分录如下：

借：一般公共预算本级支出　　　　　　　　4 170 000.00
　　贷：预拨经费——××预算单位　　　　　　　4 170 000.00

借出款项是指政府财政按照外借款项管理规定借给预算单位临时急需且需要日后按期如数收回的款项。

借出款项业务使用"借出款项"科目进行核算。本科目核算政府财政按照对外借款管理相关规定借给预算单位临时急需的，并需按期收回的款项。本科目应当按照借款单位等进行明细核算。本科目期末借方余额反映政府财政借给预算单位尚未收回的款项。

将款项借出时，按照实际支付的金额，借记"借出款项"科目，贷记"国库存款"等科目。收回借款时，按照实际收到的金额，借记"国库存款"等科目，贷记"借出款项"科目。

例题 26：某县公路管理部门急需临时资金 4 000 000 元用于修复被暴雨冲毁的主干公路。县财政部门按照外借款项相关管理规定，通过国库借给交通局用于修复公路。县财政部门根据相关文件编制会计分录如下：

借：借出款项——县公路管理部门　　　　4 000 000.00
　　贷：国库存款　　　　　　　　　　　　　　　4 000 000.00

县财政部门收回原借给县公路管理部门急需临时资金 4 000 000 元并编制会计分录如下：

借：国库存款　　　　　　　　　　　　　　4 000 000.00
　　贷：借出款项——县公路管理部门　　　　　　4 000 000.00

20

总会计核算的负债的主要内容

总会计核算的负债是指政府财政承担的能以货币计量、需以资产偿付的债务。总会计核算的负债按照流动性，分为流动负债和非流动负债。流动负债是指预计在 1 年内（含 1 年）偿还的负债；非流动负债是指流动负债以外的负债。具体包括应付国库集中支付结余、暂收及应付款项、应付政府债券、借入款项、应付转贷款、其他负债、应付代管资金等。其中：

应付国库集中支付结余是指国库集中支付中，按照财政部门批复的部门预算，当年未支而需结转下一年度支付的款项采用权责发生制列支后形成的债务。

暂收及应付款项是指政府财政业务活动中形成的债务，包括与上级往来和其他应付款等。暂收及应付款项应当及时清理结算。

应付政府债券是指政府财政采用发行政府债券方式筹集资金而形成的负债，包括应付短期政府债券和应付长期政府债券。

借入款项是指政府财政部门以政府名义向外国政府、国际金融组织等借入的款项，以及通过经国务院批准的其他方式借款形成的负债。

应付转贷款是指地方政府财政向上级政府财政借入转贷资金而形成的负债，包括应付地方政府债券转贷款和应付主权外债转贷款等。

其他负债是指政府财政因有关政策明确要求其承担支出责任的事项而形成的应付未付款项。

应付代管资金是指政府财政代为管理的，使用权属于被代管主体的资金。

总会计对符合《财政总预算会计制度》第二十四条负债定义的债务，应当在对其承担偿还责任，并且能够可靠地进行货币计量时确认。符合负债定义并确认的负债项目，应当列入资产负债表。政府财政承担或有责任（偿债责任需要通过未来不确定事项的发生或不发生予以证实）的负债，不列入资产负债表，但应当在报表附注中披露。

总会计核算的负债，应当按照承担的相关合同金额或实际发生金额进行计量。

21

应付国库集中支付结余和应付代管资金的核算

应付国库集中支付结余是指国库集中支付中，按照财政部门批复的部门预算，当年未支而需结转下一年度支付的款项采用权责发生制列支后形成的债务。包括行政事业单位经费结余、政府采购结余、项目经费结余、基本建设项目竣工和投资包干结余。由于采用权责发生制后，年末须将已下达的预算指标给各预算单位的结余资金全部列作支出，但国库尚未支付，因而形成了应付国库集中支付结余。

国库集中支付结余业务使用"应付国库集中支付结余"科目进行核算。本科目核算政府财政采用权责发生制列支，预算单位尚未使用的国库集中支付结余资金。本科目应当根据管理需要，按照政府收支分类科目等进行相应明细核算。本科目期末贷方余额反映政府财政尚未支付的国库集中支付结余。

年末，对当年形成的国库集中支付结余采用权责发生制列支时，借记有关支出科目，贷记"应付国库集中支付结余"科目。以后年度实际支付国库集中支付结余资金时，分以下情况处理：按原结转预算科目支出的，借记"应付国库集中支付结余"科目，贷记"国库存款"科目。调整支出预算科目的，应当按原结转预算科目作冲销处理，借记"应付国库集中支付结余"科目，贷记有关支出科目。同时，按实际支出预算科目作列支账务处理，借记有关支出科目，贷记"国库存款"科目。

例题27：位于某市的汽车生产集团获得国家新能源汽车科研课题经费500万元资助款。项目经费已经下达该市财政部门。2016年年末，市财政实际拨款400万元，尚有100万元项目经费准备结转到下年度支付。2016年年末，市财政对于形成的应付国库集中支付结余100万元采用权责发生制列账，编制会计分录如下：

借：一般公共预算本级支出　　　　　　　　1 000 000.00
　　贷：应付国库集中支付结余　　　　　　　　　1 000 000.00

2017年3月1日市财政按照原结转预算科目支付结余资金款100万元支付给汽车生产集团时，编制会计分录如下：

借：应付国库集中支付结余　　　　　　　　1 000 000.00
　　贷：国库存款　　　　　　　　　　　　　　　1 000 000.00

应付代管资金是指政府财政代为管理的，使用权属于被代管主体的资金。目前主要是乡镇财政部门对乡政府所属单位及其村级财务的预算单位资金、村级资金、保证金、工会经费在一个平台上进行统一管理和统一核算。

应付代管资金收支业务使用"应付代管资金"科目进行核算。本科目核算政府财政代为管理的、使用权属于被代管主体的资金。本科目应当根据管理需要进行相关明细核算。本科目期末贷方余额反映政府财政尚未支付的代管资金。

乡财政收到代管资金时，借记"其他财政存款"等科目，贷记"应付代管资金"科目。支付代管资金时，借记"应付代管资金"科目，贷记"其他财政存款"等科目。代管资金产生的利息收入按照相关规定仍属于代管资金的,借记"其他财政存款"等科目,贷记"应付代管资金"科目。

例题28: 某乡财政对村级财务实行统一核算与管理。2016年12月17日收到某村委会交来村民荒山承包费60 000元;同日,该村委会还凭单据报销了相关费用1 300元。根据相关单据编制会计分录如下:

借:其他财政存款 60 000.00
　　贷:应付代管资金——××村委会 60 000.00
借:应付代管资金——××村委会 1 300.00
　　贷:其他财政存款 1 300.00

2017年12月31日根据银行转来利息通知所代管资金产生的利息收入3 410元,编制会计分录如下:

借:其他财政存款 3 410.00
　　贷:应付代管资金——××村委会 3 410.00

22

总会计净资产的主要内容

净资产是指政府财政资产减去负债的差额。总会计核算的净资产包括一般公共预算结转结余、政府性基金预算结转结余、国有资本经营预算结转结余、财政专户管理资金结余、专用基金结余、预算稳定调节基金、预算周转金、资产基金和待偿债净资产。其中:

一般公共预算结转结余是指一般公共预算收支的执行结果。

政府性基金预算结转结余是指政府性基金预算收支的执行结果。

国有资本经营预算结转结余是指国有资本经营预算收支的执行结果。

财政专户管理资金结余是指纳入财政专户管理的教育收费等资金收支的执行结果。

专用基金结余是指专用基金收支的执行结果。

预算稳定调节基金是指政府财政安排用于弥补以后年度预算资金不足的储备资金。

预算周转金是指政府财政为调剂预算年度内季节性收支差额,保证及时用款而设置的库款周转资金。

资产基金是指政府财政持有的债权和股权投资等资产(与其相关的资金收支

纳入预算管理）在净资产中占用的金额。

待偿债净资产是指政府财政承担应付短期政府债券、应付长期政府债券、借入款项、应付地方政府债券转贷款、应付主权外债转贷款、其他负债等负债（与其相关的资金收支纳入预算管理）而相应需在净资产中冲减的金额。

23

财政各项收支年末结转核算

净资产各项结转结余应每年结算一次。其中，一般公共预算结转结余应使用"一般公共预算结转结余"科目进行核算。本科目核算政府财政纳入一般公共预算管理的收支相抵形成的结转结余。本科目年终贷方余额反映一般公共预算收支相抵后的滚存结转结余。

政府性基金预算结转结余使用"政府性基金预算结转结余"科目进行核算。本科目核算政府财政纳入政府性基金预算管理的收支相抵形成的结转结余。本科目应当根据管理需要，按照政府性基金的种类进行明细核算。本科目年终贷方余额反映政府性基金预算收支相抵后的滚存结转结余。

国有资本经营预算结转结余使用"国有资本经营预算结转结余"科目进行核算。本科目核算政府财政纳入国有资本经营预算管理的收支相抵形成的结转结余。本科目年终贷方余额反映国有资本经营预算收支相抵后的滚存结转结余。

财政专户管理资金结余使用"财政专户管理资金结余"科目进行核算。本科目核算政府财政纳入财政专户管理的教育收费等资金收支相抵后形成的结余。本科目应当根据管理需要，按照部门（单位）等进行明细核算。本科目年终贷方余额反映政府财政纳入财政专户管理的资金收支相抵后的滚存结余。

专用基金结余使用"专用基金结余"科目进行核算。本科目核算政府财政管理的专用基金收支相抵形成的结余。本科目应当根据专用基金的种类进行明细核算。本科目年终贷方余额反映政府财政管理的专用基金收支相抵后的滚存结余。

年终转账时，将一般公共预算的有关收入科目贷方余额转入本科目的贷方，借记"一般公共预算本级收入"、"补助收入——一般公共预算补助收入"、"上解收入——一般公共预算上解收入"、"地区间援助收入"、"调入资金——一般公共预算调入资金"、"债务收入（一般债务收入）"、"债务转贷收入（地方政府一般债务转贷收入）"、"动用预算稳定调节基金"等科目，贷记"一般公共预算结转结余"科目；将一般公共预算的有关支出科目借方余额转入本科目的借方，借记"一般公共预算结转结余"科目，贷记"一般公共预算本级支出"、"上解支出——一般公共预算上解支出"、"补助支出——一般公共预算补助支出"、"地区间援助支出"、"调出资金——一般公共预算调出资金"、"安排预算稳定调节基金"、"债务转贷支出（地方政府一般债务转贷支出）"、"债务还本支出（一般债务还本支出）"等科目。设置和补充预算周转金时，借记"一般公共预算结转结余"科目，贷记"预算周转金"科目。

年终转账时，应将政府性基金预算的有关收入科目贷方余额按照政府性基金种类分别转入"政府性基金预算结转结余"科目下相应明细科目的贷方，借记"政府性基金预算本级收入"、"补助收入——政府性基金预算补助收入"、"上解收入——政府性基金预算上解收入"、"调入资金——政府性基金预算调入资金"、"债务收入——专项债务收入"、"债务转贷收入——地方政府专项债务转贷收入"等科目，贷记"政府性基金预算结转结余"科目；将政府性基金预算的有关支出科目借方余额按照政府性基金种类分别转入本科目下相应明细科目的借方，借记"政府性基金预算结转结余"科目，贷记"政府性基金预算本级支出"、"上解支出——政府性基金预算上解支出"、"补助支出——政府性基金预算补助支出"、"调出资金——政府性基金预算调出资金"、"债务还本支出——专项债务还本支出"、"债务转贷支出——地方政府专项债务转贷支出"等科目。

年终转账时，应将国有资本经营预算的有关收入科目贷方余额转入"国有资本经营预算结转结余"科目贷方，借记"国有资本经营预算本级收入"等科目，贷记"国有资本经营预算结转结余"科目；将国有资本经营预算的有关支出科目借方余额转入本科目借方，借记"国有资本经营预算结转结余"科目，贷记"国有资本经营预算本级支出"、"调出资金——国有资本经营预算调出资金"等科目。

年终转账时，将财政专户管理资金的有关收入科目贷方余额转入"财政专户管理资金结余"科目贷方，借记"财政专户管理资金收入"等科目，贷记"财政专户管理资金结余"科目；将财政专户管理资金的有关支出科目借方余额转入本科目借方，借记"财政专户管理资金结余"科目，贷记"财政专户管理资金支出"等科目。

年终转账时，将专用基金的有关收入科目贷方余额转入"专用基金结余"科目贷方，借记"专用基金收入"等科目，贷记"专用基金结余"科目；将专用基金的有关支出科目借方余额转入本科目借方，借记"专用基金结余"科目，贷记"专用基金支出"等科目。

例题29：某省财政2016年12月31日有关收入科目和支出科目及其明细资料如表7所示。

表7　　　　　相关收入和支出年终余额资料　　　　　单位：百万元

类级科目	款级科目	贷方余额
一般公共预算本级收入		110
补助收入	一般公共预算补助收入	20
	政府性基金预算本级收入	10
上解收入	一般公共预算上解收入	16
调入资金	政府性基金预算调入资金	4
地区间援助收入		4
债务收入	一般债务收入	5
	专项债务收入	6
债务转贷收入	地方政府一般债务转贷收入	10
	地方政府专项债务转贷收入	12
国有资本经营预算本级收入		70
一般公共预算本级支出		103
补助支出	一般公共预算本级支出	12
	政府性基金预算本级支出	13
上解支出	一般公共预算上解支出	40
	政府性基金预算上解支出	30
地区间援助支出		6
调出资金	政府性基金预算调出资金	8
	国有资本经营预算调出资金	40
债务还本支出	一般债务还本支出	15
	专项债务还本支出	16
债务转贷支出	地方政府一般债务转贷支出	10
	地方政府专项债务转贷支出	7
国有资本经营预算本级支出		74

借：一般公共预算本级收入　　　　　　　　110 000 000.00

　　补助收入——一般公共预算本级收入　　 20 000 000.00

　　　　　　——政府性基金预算本级收入　 10 000 000.00

　　上解收入——一般公共预算上解收入　　 16 000 000.00

　　调入资金——政府性基金预算调入资金　　4 000 000.00

	地区间援助收入	4 000 000.00
	债务收入——一般债务收入	5 000 000.00
	——专项债务收入	6 000 000.00
	债务转贷收入——地方政府一般债务转贷收入	10 000 000.00
	——地方政府专项债务转贷收入	12 000 000.00
	国有资本经营预算本级收入	70 000 000.00
贷：	一般公共预算结转结余	165 000 000.00
	政府性基金预算结转结余	32 000 000.00
	国有资本经营预算结转结余	70 000 000.00
借：	一般公共预算本级结转结余	186 000 000.00
	政府性基金预算结转结余	74 000 000.00
	国有资本经营预算结转结余	114 000 000.00
贷：	一般公共预算本级支出	103 000 000.00
	补助支出——一般公共预算本支出	12 000 000.00
	——政府性基金预算本级支出	13 000 000.00
	上解支出——一般公共预算上解支出	40 000 000.00
	——政府性基金预算上解支出	30 000 000.00
	调出资金——政府性基金预算调出资金	8 000 000.00
	——国有资本经营预算调出资金	40 000 000.00
	地区间援助支出	6 000 000.00
	债务支出——一般债务支出	15 000 000.00
	——专项债务支出	16 000 000.00
	债务转贷支出——地方政府一般债务转贷支出	10 000 000.00
	——地方政府专项债务转贷支出	7 000 000.00
	国有资本经营预算本级支出	74 000 000.00

24

财政专户管理资金结余和专用基金结余的核算

政府财政纳入财政专户管理的教育收费等资金收支相抵后形成的结余使用"财政专户管理资金结余"科目进行核算。本科目应当根据管理需要，按照部门（单位）等进行明细核算。本科目年终贷方余额反映政府财政纳入财政专户管理的资金收支相抵后的滚存结余。

年终转账时，将财政专户管理资金的有关收入科目贷方余额转入"财政专户管理资金结余"科目贷方，借记"财政专户管理资金收入"等科目，贷记"财政专户管理资金结余"科目；将财政专户管理资金的有关支出科目借方余额转入"财政专户管理资金结余"科目借方，借记"财政专户管理资金结余"科目，贷记"财政专户管理资金支出"等科目。

政府财政管理的专用基金收支相抵形成的结余使用"专用基金结余"科目进行核算。本科目应当根据专用基金的种类进行明细核算。本科目年终贷方余额反映政府财政管理的专用基金收支相抵后的滚存结余。

年终转账时，将专用基金的有关收入科目贷方余额转入"专用基金结余"科目贷方，借记"专用基金收入"等科目，贷记"专用基金结余"科目；将专用基金的有关支出科目借方余额转入"专用基金结余"科目借方，借记"专用基金结余"科目，贷记"专用基金支出"等科目。

25

年终非结转净资产的核算

年终非结转净资产主要核算项目有预算稳定调节基金、预算周转金、资产基金和待偿债净资产四个。其中预算稳定调节基金核算政府财政设置的用于弥补以后年度预算资金不足的储备资金。预算周转金核算政府财政设置的用于调剂预算年度内季节性收支差额周转使用的资金。资产基金核算政府财政持有的应收地方政府债券转贷款、应收主权外债转贷款、股权投资和应收股利等资产（与其相关的资金收支纳入预算管理）在净资产中占用的金额。待偿债净资产核算政府财政因发生应付政府债券、借入款项、应付地方政府债券转贷款、应付主权外债转贷款、其他负债等负债（与其相关的资金收支纳入预算管理）相应需在净资产中冲减的金额。

政府财政设置的用于弥补以后年度预算资金不足的储备资金使用"预算稳定调节基金"科目进行核算。本科目期末贷方余额反映预算稳定调节基金的规模。

使用超收收入或一般公共预算结余补充预算稳定调节基金时，借记"安排预算稳定调节基金"科目，贷记"预算稳定调节基金"科目。将预算周转金调入预算稳定调节基金时，借记"预算周转金"科目，贷记"预算稳定调节基金"科目。调用预算稳定调节基金时，借记"预算稳定调节基金"科目，贷记"动用预算稳定调节基金"科目。

政府财政设置的用于调剂预算年度内季节性收支差额周转使用的资金应使用"预算周转金"科目进行核算。预算周转金应根据《中华人民共和国预算法》要求设置。本科目期末贷方余额反映预算周转金的规模。

设置和补充预算周转金时,借记"一般公共预算结转结余"科目,贷记"预算周转金"科目。将预算周转金调入预算稳定调节基金时,借记"预算周转金"科目,贷记"预算稳定调节基金"科目。

政府财政持有的应收地方政府债券转贷款、应收主权外债转贷款、股权投资和应收股利等资产(与其相关的资金收支纳入预算管理)在净资产中占用的金额应使用"资产基金"科目进行核算。本科目下应当设置"应收地方政府债券转贷款"、"应收主权外债转贷款"、"股权投资"、"应收股利"等明细科目,进行明细核算。本科目期末贷方余额,反映政府财政持有应收地方政府债券转贷款、应收主权外债转贷款、股权投资和应收股利等资产(与其相关的资金收支纳入预算管理)在净资产中占用的金额。

资产基金的核算方法参照应收地方政府债券转贷款、应收主权外债转贷款、股权投权和应收股利业务的核算。

政府财政因发生应付政府债券、借入款项、应付地方政府债券转贷款、应付主权外债转贷款、其他负债等负债(与其相关的资金收支纳入预算管理)相应需在净资产中冲减的金额应使用"待偿债净资产"科目进行核算。本科目下应当设置"应付短期政府债券"、"应付长期政府债券"、"借入款项"、"应付地方政府债券转贷款"、"应付主权外债转贷款"、"其他负债"等明细科目,进行明细核算。本科目期末借方余额,反映政府财政承担应付政府债券、借入款项、应付地方政府债券转贷款、应付主权外债转贷款和其他负债等负债(与其相关的资金收支纳入预算管理)而相应需冲减净资产的金额。

待偿债净资产的核算方法参照应付短期政府债券、应付长期政府债券、借入款项、应付地方政府债券转贷款、应付主权外债转贷款和其他负债业务的核算。

26

资产负债表的编制说明

资产负债表是反映政府财政在某一特定日期财务状况的报表。资产负债表应当按照资产、负债和净资产分类、分项列示。资产负债表的格式如表8所示。

表 8　　　　　　　　　　　　　资产负债表　　　　　　　　　　会财政 01 表

编制单位：　　　　　　　　　　　　年　月　日　　　　　　　　　　　　单位：元

资　产	年初余额	期末余额	负债和净资产	年初余额	期末余额
流动资产：			流动负债：		
国库存款			应付短期政府债券		
国库现金管理存款			应付利息		
其他财政存款			应付国库集中支付结余		
有价证券			与上级往来		
在途款			其他应付款		
预拨经费			应付代管资金		
借出款项			一年内到期的非流动负债		
应收股利			流动负债合计		
应收利息			非流动负债：		
与下级往来			应付长期政府债券		
其他应收款			借入款项		
流动资产合计			应付地方政府债券转贷款		
非流动资产：			应付主权外债转贷款		
应收地方政府债券转贷款			其他负债		
应收主权外债转贷款			非流动负债合计		
股权投资			负债合计		
待发国债			一般公共预算结转结余		
非流动资产合计			政府性基金预算结转结余		
			国有资本经营预算结转结余		
			财政专户管理资金结余		
			专用基金结余		
			预算稳定调节基金		
			预算周转金		
			资产基金		
			减：待偿债净资产		
			净资产合计		
资产总计			负债和净资产总计		

本表"年初余额"栏内各项数字，应当根据上年末资产负债表"期末余额"栏内数字填列。如果本年度资产负债表规定的各个项目的名称和内容同上年度不

相一致,应对上年年末资产负债表各项目的名称和数字按照本年度的规定进行调整,填入本表"年初余额"栏内。本表"期末余额"栏各项目的内容和填列方法如下:

(1)"国库存款"项目,反映政府财政期末存放在国库单一账户的款项金额。本项目应当根据"国库存款"科目的期末余额填列。

(2)"国库现金管理存款"项目,反映政府财政期末实行国库现金管理业务持有的存款金额。本项目应当根据"国库现金管理存款"科目的期末余额填列。

(3)"其他财政存款"项目,反映政府财政期末持有的其他财政存款金额。本项目应当根据"其他财政存款"科目的期末余额填列。

(4)"有价证券"项目,反映政府财政期末持有的有价证券金额。本项目应当根据"有价证券"科目的期末余额填列。

(5)"在途款"项目,反映政府财政期末持有的在途款金额。本项目应当根据"在途款"科目的期末余额填列。

(6)"预拨经费"项目,反映政府财政期末尚未转列支出或尚待收回的预拨经费金额。本项目应当根据"预拨经费"科目的期末余额填列。

(7)"借出款项"项目,反映政府财政期末借给预算单位尚未收回的款项金额。本项目应当根据"借出款项"科目的期末余额填列。

(8)"应收股利"项目,反映政府期末尚未收回的现金股利或利润金额。本项目应当根据"应收股利"科目的期末余额填列。

(9)"应收利息"项目,反映政府财政期末尚未收回应收利息金额。本项目应当根据"应收地方政府债券转贷款"科目和"应收主权外债转贷款"科目下"应收利息"明细科目的期末余额合计数填列。

(10)"与下级往来"项目,正数反映下级政府财政欠本级政府财政的款项金额;负数反映本级政府财政欠下级政府财政的款项金额。本项目应当根据"与下级往来"科目的期末余额填列,期末余额如为借方则以正数填列;如为贷方则以"-"号填列。

(11)"其他应收款"项目,反映政府财政期末尚未收回的其他应收款的金额。本项目应当根据"其他应收款"科目的期末余额填列。

(12)"应收地方政府债券转贷款"项目,反映政府财政期末尚未收回的地方政府债券转贷款的本金金额。本项目应当根据"应收地方政府债券转贷款"科目下"应收本金"明细科目的期末余额填列。

(13)"应收主权外债转贷款"项目,反映政府财政期末尚未收回的主权外债转贷款的本金金额。本项目应当根据"应收主权外债转贷款"科目下的"应收本金"明细科目的期末余额填列。

（14）"股权投资"项目，反映政府期末持有的股权投资的金额。本项目应当根据"股权投资"科目的期末余额填列。

（15）"待发国债"项目，反映中央政府财政期末尚未使用的国债发行额度。本项目应当根据"待发国债"科目的期末余额填列。

（16）"应付短期政府债券"项目，反映政府财政期末尚未偿还的发行期限不超过1年（含1年）的政府债券的本金金额。本项目应当根据"应付短期政府债券"科目下的"应付本金"明细科目的期末余额填列。

（17）"应付利息"项目，反映政府财政期末尚未支付的应付利息金额。本项目应当根据"应付短期政府债券"、"借入款项"、"应付地方政府债券转贷款"、"应付主权外债转贷款"科目下的"应付利息"明细科目期末余额，以及属于分期付息到期还本的"应付长期政府债券"的"应付利息"明细科目期末余额计算填列。

（18）"应付国库集中支付结余"项目，反映政府财政期末尚未支付的国库集中支付结余金额。本项目应当根据"应付国库集中支付结余"科目的期末余额填列。

（19）"与上级往来"项目，正数反映本级政府财政期末欠上级政府财政的款项金额；负数反映上级政府财政欠本级政府财政的款项金额。本项目应当根据"与上级往来"科目的期末余额填列，如为借方余额则以"－"号填列。

（20）"其他应付款"项目，反映政府财政期末尚未支付的其他应付款的金额。本项目应当根据"其他应付款"科目的期末余额填列。

（21）"应付代管资金"项目，反映政府财政期末尚未支付的代管资金金额。本项目应当根据"应付代管资金"科目的期末余额填列。

（22）"一年内到期的非流动负债"项目，反映政府财政期末承担的1年以内（含1年）到偿还期的非流动负债。本项目应当根据"应付长期政府债券"、"借入款项"、"应付地方政府债券转贷款"、"应付主权外债转贷款"、"其他负债"等科目的期末余额及债务管理部门提供的资料分析填列。

（23）"应付长期政府债券"项目，反映政府财政期末承担的偿还期限超过1年的长期政府债券的本金金额及到期一次还本付息的长期政府债券的应付利息金额。本项目应当根据"应付长期政府债券"科目的期末余额分析填列。

（24）"应付地方政府债券转贷款"项目，反映政府财政期末承担的偿还期限超过1年的地方政府债券转贷款的本金金额。本项目应当根据"应付地方政府债券转贷款"科目下"应付本金"明细科目的期末余额分析填列。

（25）"应付主权外债转贷款"项目，反映政府财政期末承担的偿还期限超过1年的主权外债转贷款的本金金额。本项目应当根据"应付主权外债转贷款"科目下"应付本金"明细科目的期末余额分析填列。

（26）"借入款项"项目，反映政府财政期末承担的偿还期限超过1年的借入款项的本金金额。本项目应当根据"借入款项"科目下"应付本金"明细科目的期末余额分析填列。

（27）"其他负债"项目，反映政府财政期末承担的偿还期限超过1年的其他负债金额。本项目应当根据"其他负债"科目的期末余额分析填列。

（28）"一般公共预算结转结余"项目，反映政府财政期末滚存的一般公共预算结转金额。本项目应当根据"一般公共预算结转结余"科目的期末余额填列。

（29）"政府性基金预算结转结余"项目，反映政府财政期末滚存的政府性基金预算结转结余金额。本项目应当根据"政府性基金预算结转结余"科目的期末余额填列。

（30）"国有资本经营预算结转结余"项目，反映政府财政期末滚存的国有资本经营预算结转结余金额。本项目应当根据"国有资本经营预算结转结余"科目的期末余额填列。

（31）"财政专户管理资金结余"项目，反映政府财政期末滚存的财政专户管理资金结余金额。本项目应当根据"财政专户管理资金结余"科目的期末余额填列。

（32）"专用基金结余"项目，反映政府财政期末滚存的专用基金结余金额。本项目应当根据"专用基金结余"科目的期末余额填列。

（33）"预算稳定调节基金"项目，反映政府财政期末预算稳定调节基金的余额。本项目应当根据"预算稳定调节基金"科目的期末余额填列。

（34）"预算周转金"项目，反映政府财政期末预算周转金的余额。本项目应当根据"预算周转金"科目的期末余额填列。

（35）"资产基金"项目，反映政府财政期末持有的应收地方政府债券转贷款、应收主权外债转贷款、股权投资和应收股利等资产在净资产中占用的金额。本项目应当根据"资产基金"科目的期末余额填列。

（36）"待偿债净资产"项目，反映政府财政期末因承担应付短期政府债券、应付长期政府债券、借入款项、应付地方政府债券转贷款、应付主权外债转贷款、其他负债等负债相应需在净资产中冲减的金额。本项目应当根据"待偿债净资产"科目的期末借方余额以"－"号填列。

27

收入支出表的编制说明

收入支出表是反映政府财政在某一会计期间各类财政资金收支余情况的报表。收入支出表根据资金性质按照收入、支出、结转结余的构成分类、分项列示。收入支出表的格式如表9所示。

表 9　　　　　　　　　收入支出表　　　　　　　　会财政02表

编制单位：　　　　　　　　　年　月　　　　　　　　　单位：元

项目	一般公共预算		政府性基金预算		国有资本经营预算		财政专户管理资金		专用基金	
	本月数	本年累计数	本月数	本年累计数	本月数	本年累计数	本月数	本年累计数	本月数	本年累计数
年初结转结余										
收入合计										
本级收入										
其中：来自预算安排的收入	—	—	—	—	—	—	—	—	—	—
补助收入					—	—	—	—	—	—
上解收入									—	—
地区间援助收入			—	—	—	—	—	—	—	—
债务收入										
债务转贷收入					—	—	—	—	—	—
动用预算稳定调节基金			—	—	—	—	—	—	—	—
调入资金										
支出合计										
本级支出										
其中：权责发生制列支							—	—	—	—
预算安排专用基金的支出							—	—	—	—
补助支出									—	—
上解支出					—	—	—	—	—	—

续表

项　　目	一般公共预算		政府性基金预算		国有资本经营预算		财政专户管理资金		专用基金	
	本月数	本年累计数	本月数	本年累计数	本月数	本年累计数	本月数	本年累计数	本月数	本年累计数
地区间援助支出		—		—		—		—		—
债务还本支出						—		—		—
债务转贷支出						—		—		—
安排预算稳定调节基金						—		—		—
调出资金										
结余转出										
其中：增设预算周转金				—		—		—		—
年末结转结余										

本表"本月数"栏反映各项目的本月实际发生数。在编制年度收入支出表时，应将本栏改为"上年数"栏，反映上年度各项目的实际发生数；如果本年度收入支出表规定的各个项目的名称和内容同上年度不一致，应对上年度收入支出表各项目的名称和数字按照本年度的规定进行调整，填入本年度收入支出表的"上年数"栏。本表"本年累计数"栏反映各项目自年初起至报告期末止的累计实际发生数。编制年度收入支出表时，应当将本栏改为"本年数"。本表"本月数"栏各项目的内容和填列方法如下：

（1）"年初结转结余"项目，反映政府财政本年初各类资金结转结余金额。其中，一般公共预算的"年初结转结余"应当根据"一般公共预算结转结余"科目的年初余额填列；政府性基金预算的"年初结转结余"应当根据"政府性基金预算结转结余"科目的年初余额填列；国有资本经营预算的"年初结转结余"应当根据"国有资本经营预算结转结余"科目的年初余额填列；财政专户管理资金的"年初结转结余"应当根据"财政专户管理资金结余"科目的年初余额填列；专用基金的"年初结转结余"应当根据"专用基金结余"科目的年初余额填列。

（2）"收入合计"项目，反映政府财政本期取得的各类资金的收入合计金额。其中，一般公共预算的"收入合计"应当根据属于一般公共预算的"本级收入"、"补助收入"、"上解收入"、"地区间援助收入"、"债务收入"、"债务转贷收入"、"动用预算稳定调节基金"和"调入资金"各行项目金额的合计填列；政府性基金预算的"收入合计"应当根据属于政府性基金预算的"本级收入"、

"补助收入"、"上解收入"、"债务收入"、"债务转贷收入"和"调入资金"各行项目金额的合计填列；国有资本经营预算的"收入合计"应当根据属于国有资本经营预算的"本级收入"项目的金额填列；财政专户管理资金的"收入合计"应当根据属于财政专户管理资金的"本级收入"项目的金额填列；专用基金的"收入合计"应当根据属于专用基金的"本级收入"项目的金额填列。

（3）"本级收入"项目，反映政府财政本期取得的各类资金的本级收入金额。其中，一般公共预算的"本级收入"应当根据"一般公共预算本级收入"科目的本期发生额填列；政府性基金预算的"本级收入"应当根据"政府性基金预算本级收入"科目的本期发生额填列；国有资本经营预算的"本级收入"应当根据"国有资本经营预算本级收入"科目的本期发生额填列；财政专户管理资金的"本级收入"应当根据"财政专户管理资金收入"科目的本期发生额填列；专用基金的"本级收入"应当根据"专用基金收入"科目的本期发生额填列。

（4）"补助收入"项目，反映政府财政本期取得的各类资金的补助收入金额。其中，一般公共预算的"补助收入"应当根据"补助收入"科目下的"一般公共预算补助收入"明细科目的本期发生额填列；政府性基金预算的"补助收入"应当根据"补助收入"科目下的"政府性基金预算补助收入"明细科目的本期发生额填列。

（5）"上解收入"项目，反映政府财政本期取得的各类资金的上解收入金额。其中，一般公共预算的"上解收入"应当根据"上解收入"科目下的"一般公共预算上解收入"明细科目的本期发生额填列；政府性基金预算的"上解收入"应当根据"上解收入"科目下的"政府性基金预算上解收入"明细科目的本期发生额填列。

（6）"地区间援助收入"项目，反映政府财政本期取得的地区间援助收入金额。本项目应当根据"地区间援助收入"科目的本期发生额填列。

（7）"债务收入"项目，反映政府财政本期取得的债务收入金额。其中，一般公共预算的"债务收入"应当根据"债务收入"科目下除"专项债务收入"以外的其他明细科目的本期发生额填列；政府性基金预算的"债务收入"应当根据"债务收入"科目下的"专项债务收入"明细科目的本期发生额填列。

（8）"债务转贷收入"项目，反映政府财政本期取得的债务转贷收入金额。其中，一般公共预算的"债务转贷收入"应当根据"债务转贷收入"科目下"地方政府一般债务转贷收入"明细科目的本期发生额填列；政府性基金预算的"债务转贷收入"应当根据"债务转贷收入"科目下的"地方政府专项债务转贷收入"明细科目的本期发生额填列。

（9）"动用预算稳定调节基金"项目，反映政府财政本期调用的预算稳定调节基金金额。本项目应当根据"动用预算稳定调节基金"科目的本期发生额填列。

（10）"调入资金"项目，反映政府财政本期取得的调入资金金额。其中，一般公共预算的"调入资金"应当根据"调入资金"科目下"一般公共预算调入资金"明细科目的本期发生额填列；政府性基金预算的"调入资金"应当根据"调入资金"科目下"政府性基金预算调入资金"明细科目的本期发生额填列。

（11）"支出合计"项目，反映政府财政本期发生的各类资金的支出合计金额。其中，一般公共预算的"支出合计"应当根据属于一般公共预算的"本级支出"、"补助支出"、"上解支出"、"地区间援助支出"、"债务还本支出"、"债务转贷支出"、"安排预算稳定调节基金"和"调出资金"各行项目金额的合计填列；政府性基金预算的"支出合计"应当根据属于政府性基金预算的"本级支出"、"补助支出"、"上解支出"、"债务还本支出"、"债务转贷支出"和"调出资金"各行项目金额的合计填列；国有资本经营预算的"支出合计"应当根据属于国有资本经营预算的"本级支出"和"调出资金"项目金额的合计填列；财政专户管理资金的"支出合计"应当根据属于财政专户管理资金的"本级支出"项目的金额填列；专用基金的"支出合计"应当根据属于专用基金的"本级支出"项目的金额填列。

（12）"补助支出"项目，反映政府财政本期发生的各类资金的补助支出金额。其中，一般公共预算的"补助支出"应当根据"补助支出"科目下的"一般公共预算补助支出"明细科目的本期发生额填列；政府性基金预算的"补助支出"应当根据"补助支出"科目下的"政府性基金预算补助支出"明细科目的本期发生额填列。

（13）"上解支出"项目，反映政府财政本期发生的各类资金的上解支出金额。其中，一般公共预算的"上解支出"应当根据"上解支出"科目下的"一般公共预算上解支出"明细科目的本期发生额填列；政府性基金预算的"上解支出"应当根据"上解支出"科目下的"政府性基金预算上解支出"明细科目的本期发生额填列。

（14）"地区间援助支出"项目，反映政府财政本期发生的地区间援助支出金额。本项目应当根据"地区间援助支出"科目的本期发生额填列。

（15）"债务还本支出"项目，反映政府财政本期发生的债务还本支出金额。

其中，一般公共预算的"债务还本支出"应当根据"债务还本支出"科目下除"专项债务还本支出"以外的其他明细科目的本期发生额填列；政府性基金预算的"债务还本支出"应当根据"债务还本支出"科目下的"专项债务还本支出"明细科目的本期发生额填列。

（16）"债务转贷支出"项目，反映政府财政本期发生的债务转贷支出金额。其中，一般公共预算的"债务转贷支出"应当根据"债务转贷支出"科目下"地方政府一般债务转贷支出"明细科目的本期发生额填列；政府性基金预算的"债务转贷支出"应当根据"债务转贷支出"科目下的"地方政府专项债务转贷支出"明细科目的本期发生额填列。

（17）"安排预算稳定调节基金"项目，反映政府财政本期安排的预算稳定调节基金金额。本项目根据"安排预算稳定调节基金"科目的本期发生额填列。

（18）"调出资金"项目，反映政府财政本期发生的各类资金的调出资金金额。其中，一般公共预算的"调出资金"应当根据"调出资金"科目下"一般公共预算调出资金"明细科目的本期发生额填列；政府性基金预算的"调出资金"应当根据"调出资金"科目下"政府性基金预算调出资金"明细科目的本期发生额填列；国有资本经营预算的"调出资金"应当根据"调出资金"科目下"国有资本经营预算调出资金"明细科目的本期发生额填列。

（19）"增设预算周转金"项目，反映政府财政本期设置和补充预算周转金的金额。本项目应当根据"预算周转金"科目的本期贷方发生额填列。

（20）"年末结转结余"项目，反映政府财政本年末的各类资金的结转结余金额。其中，一般公共预算的"年末结转结余"应当根据"一般公共预算结转结余"科目的年末余额填列；政府性基金预算的"年末结转结余"应当根据"政府性基金预算结转结余"科目的年末余额填列；国有资本经营预算的"年末结转结余"应当根据"国有资本经营预算结转结余"科目的年末余额填列；财政专户管理资金的"年末结转结余"应当根据"财政专户管理资金结余"科目的年末余额填列；专用基金的"年末结转结余"应当根据"专用基金结余"科目的年末余额填列。

28

一般公共预算、政府性基金预算和国有资本经营预算执行情况表的编制说明

一般公共预算执行情况表是反映政府财政在某一会计期间一般公共预算收支

执行结果的报表，按照《政府收支分类科目》中一般公共预算收支科目列示。一般公共预算执行情况表的格式如表10所示。

表10　　　　　　　　一般公共预算执行情况表　　　　　　会财政03-1表

编制单位：　　　　　　　　年　月　旬　　　　　　　　　　　单位：元

项　目	本月（旬）数	本年（月）累计数
一般公共预算本级收入		
101 税收收入		
10101 增值税		
1010101 国内增值税		
……		
一般公共预算本级支出		
201 一般公共服务支出		
20101 人大事务		
2010101 行政运行		
……		

"一般公共预算本级收入"项目及所属各明细项目，应当根据"一般公共预算本级收入"科目及所属各明细科目的本期发生额填列。

"一般公共预算本级支出"项目及所属各明细项目，应当根据"一般公共预算本级支出"科目及所属各明细科目的本期发生额填列。

政府性基金预算执行情况表是反映政府财政在某一会计期间政府性基金预算收支执行结果的报表，按照《政府收支分类科目》中政府性基金预算收支科目列示。政府性基金预算执行情况表的格式如表11所示。

表11　　　　　　　　政府性基金预算执行情况表　　　　　　会财政03-2表

编制单位：　　　　　　　　年　月　旬　　　　　　　　　　　单位：元

项　目	本月（旬）数	本年（月）累计数
政府性基金预算本级收入		
10301 政府性基金收入		
1030102 农网还贷资金收入		
103010201 中央农网还贷资金收入		
……		

续表

项 目	本月（旬）数	本年（月）累计数
政府性基金预算本级支出		
206 科学技术支出		
20610 核电站乏燃料处理处置基金支出		
2061001 乏燃料运输		
……		

"政府性基金预算本级收入"项目及所属各明细项目，应当根据"政府性基金预算本级收入"科目及所属各明细科目的本期发生额填列。

"政府性基金预算本级支出"项目及所属各明细项目，应当根据"政府性基金预算本级支出"科目及所属各明细科目的本期发生额填列。

国有资本经营预算执行情况表是反映政府财政在某一会计期间国有资本经营预算收支执行结果的报表，按照《政府收支分类科目》中国有资本经营预算收支科目列示。国有资本经营预算执行情况表的格式如表12所示。

表 12　　　　　　　　　国有资本经营预算执行情况表　　　　　会财政03-3表

编制单位：　　　　　　　　　　年　月　旬　　　　　　　　　　单位：元

项 目	本月（旬）数	本年（月）累计数
国有资本经营预算本级收入		
10306 国有资本经营收入		
1030601 利润收入		
103060103 烟草企业利润收入		
……		
国有资本经营预算本级支出		
208 社会保障和就业支出		
20804 补充全国社会保障基金		
2080451 国有资本经营预算补充社保基金支出		
……		

"国有资本经营预算本级收入"项目及所属各明细项目，应当根据"国有资本经营预算本级收入"科目及所属各明细科目的本期发生额填列。

"国有资本经营预算本级支出"项目及所属各明细项目，应当根据"国有资本经营预算本级支出"科目及所属各明细科目的本期发生额填列。

29

财政专户管理资金和专用基金收支情况表的编制说明

财政专户管理资金收支情况表是反映政府财政在某一会计期间纳入财政专户管理的财政专户管理资金全部收支情况的报表,按照相关政府收支分类科目列示。财政专户管理资金收支情况表的格式如表 13 所示。

表 13　　　　　　　　　财政专户管理资金收支情况表　　　　　　会财政 04 表

编制单位：　　　　　　　　　　　年　　月　　　　　　　　　　　单位：元

项　目	本 月 数	本年累计数
财政专户管理资金收入		
财政专户管理资金支出		

"财政专户管理资金收入"项目及所属各明细项目,应当根据"财政专户管理资金收入"科目及所属各明细科目的本期发生额填列。

"财政专户管理资金支出"项目及所属各明细项目,应当根据"财政专户管理资金支出"科目及所属各明细科目的本期发生额填列。

专用基金收支情况表是反映政府财政在某一会计期间专用基金全部收支情况的报表,按照不同类型的专用基金分别列示。专用基金收支情况表的格式如表 14 所示。

"专用基金收入"项目及所属各明细项目,应当根据"专用基金收入"科目及所属各明细科目的本期发生额填列。

"专用基金支出"项目及所属各明细项目,应当根据"专用基金支出"科目及所属各明细科目的本期发生额填列。

表 14　　　　　　　　　专用基金收支情况表　　　　　　　会财政 05 表

编制单位：　　　　　　　　　　　年　　月　　　　　　　　　　　　单位：元

项目	本月数	本年累计数
专用基金收入		
粮食风险基金		
……		
专用基金支出		
粮食风险基金		
……		

30

行政单位会计要素及其会计科目

　　行政单位会计要素是对会计核算对象的基本分类。行政单位会计应当按照业务或事项的经济特征确定会计要素。会计要素包括资产、负债、净资产、收入和支出。

　　资产是指行政单位占有或者使用的，能以货币计量的经济资源。所谓占有，是指行政单位对经济资源拥有法律上的占有权。由行政单位管理，供社会公众使用的政府储备物资、公共基础设施等，也属于行政单位核算的资产。行政单位的资产包括流动资产和非流动资产两类。其中，流动资产是指可以在 1 年内（含 1 年）变现或者耗用的资产，包括库存现金、银行存款、零余额账户用款额度、财政应返还额度、应收及预付款项、存货。非流动资产是指一年以上变现或耗用的资产，包括固定资产、在建工程、无形资产和受托代理资产。行政单位资产的初始计量应当按照取得时实际成本进行计量。除国家另有规定外，行政单位不得自行调整其账面价值。行政单位资产有原始凭证的，按照原始凭证记账；无原始凭证的，应当依法进行评估，按照评估价值记账。应收及预付款项应当按照实际发生额计量。以支付对价方式取得的资产，应当按照取得资产时支付的现金或者现金等价物的金额，以及所付出的非货币性资产的评估价值等金额计量。取得资产时没有支付对价的，其计量金额应当按照有关凭据注明的金额加上相关税费、运输费等确定；没有相关凭据的，依法经过资产评估的，其计量金额应当按照评估价值加上相关税费、运输费等确定；没有相关凭据，也未经评估的，其计量金额比照同类或类似资产的市场价格加上相关税费、运输费等确定；没有相关凭据也未经评估，其同类或类似资产的市场价格无法可靠取得，所取得的资产应当按照名义金额（即人民币1元）入账。行政单位无形资产后续计量应当按照规定对无形资产进行摊销，对无形资产计提摊销的金额，应当根据无形资产原价和摊销年限确定。行政单位对固定资产、公共基础设施是否计提折旧由财政部另行规定。行政单位按照有关规定对固定资产进行折旧的，对固定资产计提折旧的金额，应当根据固定资产原价和折旧年限确定。

行政单位负债是指行政单位所承担的能以货币计量，需要以资产偿还的债务。行政单位的负债按照偿还时间的要求，分为流动负债和非流动负债。流动负债是指要求在1年以内（含1年）偿还的负债，包括应缴财政款、应缴税费、应付职工薪酬、应付及暂存款项、应付政府补贴款等。非流动负债是指要求在1年以后（不含1年）偿还的负债，包括长期应付款等。行政单位对符合负债定义的债务，应当在确定承担偿债责任并且能够可靠地进行货币计量时确认。行政单位的负债，应当按照承担的相关合同金额或实际发生额进行计量。符合负债定义并确认的负债项目，应当列入资产负债表；行政单位承担或有责任（偿债责任需要通过未来不确定事项的发生或不发生予以证实）的负债，不列入资产负债表，但应当在报表附注中进行披露。

净资产是指行政单位资产扣除负债的余额。行政单位的净资产包括财政拨款结转、财政拨款结余、资产基金、待偿债净资产、其他资金结转结余等。其中，财政拨款结转资金（以下简称结转资金）是指当年支出预算已执行但尚未完成，或因故未执行，下年需按原用途继续使用的财政拨款资金。财政拨款结余资金（以下简称结余资金）是指支出预算工作目标已完成，或由于受政策变化、计划调整等因素影响工作终止，当年剩余的财政拨款资金。资产基金则是指行政单位的预付账款、存货、固定资产、在建工程、无形资产、政府储备物资、公共基础设施等非货币性资产在净资产中占用的金额。待偿债净资产是指行政单位因发生应付账款和长期应付款而相应需在净资产中冲减的金额。

收入是指行政单位依法取得的非偿还性资金。行政单位的收入包括财政拨款收入和其他收入。财政拨款收入是指行政单位从同级财政部门取得的财政预算资金。其他收入是指行政单位依法取得的除财政拨款收入以外的各项收入。行政单位依法取得的应当上缴财政的罚没收入、行政事业性收费、政府性基金、国有资产处置和出租出借收入等，不属于行政单位的收入。

支出是指行政单位为保障机构正常运转和完成工作任务所发生的资金耗费和损失。行政单位的支出包括经费支出和拨出经费。经费支出是指行政单位自身开展业务活动使用各项资金发生的基本支出和项目支出。拨出经费是指行政单位纳入单位预算管理、拨给所附属单位的非同级财政拨款资金。

行政单位会计核算一般采用收付实现制，特殊经济业务和事项应当按照制度的规定采用权责发生核算。会计科目是行政单位会计设置账户、归集和核算经济业务的依据。行政单位通用的会计科目可分为资产、负债、净资产、收入和支出五大类，具体会计科目类别、名称及其编码情况如表15所示。

表15　　　　　　　　　　行政单位会计科目表

类别	编号	科目名称	类别	编码	科目名称
资产类	1001	库存现金	负债类	2301	应付账款
	1002	银行存款		2302	应付政府补贴款
	1011	零余额账户用款额度		2305	其他应付款
	1021	财政应返还额度		2401	长期应付款
	102101	财政直接支付		2901	受托代理负债
	102102	财政授权支付	净资产	3001	财政拨款结转
	1212	应收账款		3002	财政拨款结余
	1213	预付账款		3101	其他资金结转结余
	1215	其他应收款		3501	资产基金
	1301	存货		350101	预付款项
	1501	固定资产		350111	存款
	1502	累计折旧		350121	固定资产
	1511	在建工程		350131	在建工程
	1601	无形资产		350141	无形资产
	1602	累计摊销		350151	政府储备物资
	1701	待处理财产损溢		350152	公共基础设施
	1801	政府储备物资		3502	待偿债净资产
	1901	受托代理资产	收入类	4001	财政拨款收入
负债类	2001	应缴财政款		4011	其他收入
	2101	应缴税费	支出类	5001	经费支出
	2201	应付职工薪酬		5101	拨出经费

行政单位应当对有关法律、法规允许进行的经济活动，按照规定使用会计科目进行会计核算，不得以规定的会计科目及使用说明作为进行有关法律、法规禁止的经济活动的依据。有基本建设投资的行政单位，应当按照国家有关基本建设投资会计核算规定，对基本建设投资单独设账核算。行政单位应当按照规定设置

和使用会计科目，因没有相关业务不需要使用的总账科目可以不用；在不影响会计处理和编报财务报表的前提下，行政单位可以根据实际情况自行增设规定以外的明细科目，或者自行减少、合并规定的明细科目。行政单位暂不对固定资产计提折旧的，可不设置"累计折旧"科目，在进行账务处理时不考虑规定中其他科目说明中涉及的"累计折旧"科目。财政部统一规定会计科目的编号，以便于填制会计凭证、登记账簿、查阅账目，实行会计信息化管理。行政单位不得随意打乱重编规定的会计科目编号。

31

行政单位收入的内容及其管理

行政单位收入是指行政单位依法取得的非偿还性资金。行政单位的收入包括财政拨款收入和其他收入。财政拨款收入，是指行政单位从同级财政部门取得的财政预算资金。其他收入，是指行政单位依法取得的除财政拨款收入以外的各项收入，包括库存现金溢余、后勤服务收入、专项收入、银行存款利息收入等。行政单位依法取得的应当上缴财政的罚没收入、行政事业性收费、政府性基金、国有资产处置和出租出借收入等，不属于行政单位的收入。

行政单位取得各项收入，应当符合国家规定，各项收入应当全部纳入单位预算，统一分项如实核算，统一管理。行政单位应当建立健全收入内部管理制度。各项收入应当由财会部门归口管理并进行会计核算，严禁设立账外账。业务部门应当在涉及收入的合同协议签订后，及时将合同等有关材料提交财会部门作为财务处理依据，确保各项收入应收尽收，及时入账。财会部门应当定期检查收入金额是否与合同约定相符；对应收未收项目应当查明情况，明确责任主体，落实催收责任。有政府非税收入收缴职能的单位，应当按照规定项目和标准征收政府非税收入，按照规定开具财政票据，做到收缴职能分离、票款一致，并及时、足额上缴国库和财政专户，不得以任何形式截留、挪用或者私分。

非税收入采取直接征收和委托征收两种方式。法律、法规、规章规定了执收单位的非税收入项目，由法定执收单位直接征收。法定执收单位根据法律、法规、规章的规定委托其他单位征收的，应签订委托协议，并报非税收入管理局备案。采取委托征收方式的，应当对受委托单位的征收行为实施严格监督，并承担受委托征收行为的法律责任；受委托单位在委托范围内，以委托单位的名义征收非税收入，不得转委托。非税收入管理局可根据实际情况需要，设立征收窗口或执收点。

采取直接缴款方式，执收单位在办理收款业务时，应当向缴款义务人出具非税收入一般缴款书。通过转账方式缴纳非税收入款项的，缴款义务人须到其开户银行办理缴款手续，其中，缴款义务人开户银行是非税收入代理银行的，非税收入应直接划解财政部门在该代理银行设立的"非税收入汇缴结算账户"；缴款义务人开户银行不是非税收入代理银行的，资金缴入执收单位或缴款义务人选择的非税收入代理银行主办行。通过现金方式缴纳非税收入款项的，由缴款义务人就近到非税收入收款代理银行缴款。

集中汇缴只适用于按有关规定向缴款义务人开具非税收入专用收据的非税收入执收单位。非税收入执收单位按有关规定向缴款义务人开具非税收入专用收据并收取款项后，由执收单位按日分收费项目汇总并填表制非税收入一般缴款书，将所收款项集中缴入示范区"非税收入汇缴结算账户"。

32

行政单位支出的内容及其管理

行政单位支出是指行政单位为保障机构正常运转和完成工作任务所发生的资金耗费和损失，包括经费支出和拨出经费。经费支出是指行政单位自身开展业务活动使用各项资金发生的基本支出和项目支出。拨出经费是指行政单位纳入单位预算管理、拨付给所属单位的非同级财政拨款资金。单位的各项支出实行统一领导，分级归口管理原则，由财务部门统一安排、掌握使用，重大项目的安排，建立集体讨论审批制度。支出应严格执行国家财经纪律、财务制度和开支标准、开支范围。各项支出的使用应划清资金渠道分别列支，对项目支出（如贵重仪器、设备）均应事先进行可行性讨论，专项安排支出。

为全面反映行政单位各项经费支出的内容，分析和考核各项支出的实际发生和使用效果，提高行政单位资金使用的社会效益和经济效益，有必要了解经费支出的不同分类。按照《政府收支分类科目》经济分类为标准，行政单位的经费支出可分为"工资福利支出"、"商品和服务支出"、"对个人和家庭的补助"、"基本建设支出"等类级科目，类级科目下再设款级科目，从类级科目到款级科目，内容逐级细化。按部门预算要求进行的分类，经费支出首先分为基本支出和项目支出两类。基本支出包括人员经费预算支出和日常办公经费预算支出。人员经费预算支出由工资福利支出和对个人和家庭的补助组成。日常办公经费预算支出由商品和服务支出、基本建设支出、其他资本性支出组成。项目支出根据需要选择使用"工资福利支出"、"商品和服务支出"、"基本建设支出"、"其他资本性支出"类级科目及有关的款级科目。

按不同经费来源的分类，行政单位的经费支出可分为财政拨款支出和其他资金支出。其中，财政拨款支出可分为一般预算经费支出和基金预算经费支出两种来源。一般预算经费支出是指行政单位使用财政一般预算拨入经费而发生的经费支出，基金预算经费支出，是指行政单位使用财政基金预算拨入经费而发生的经费支出，其他资金支出是指行政单位使用非财政一般预算拨入经费和非财政基金预算拨入经费而发生的经费支出，如使用财政专户管理资金而发生的支出。

33

行政单位财政拨款收入的核算

行政单位财政拨款收入是指行政单位从同级财政部门取得的财政预算资金。为了核算行政单位从同级财政部门取得的各类财政预算资金，行政单位应设置"财政拨款收入"总账科目。该科目应当设置"基本支出拨款"和"项目支出拨款"两个明细科目，分别核算行政单位取得用于基本支出和项目支出的财政拨款资金；同时，还要按照《政府收支分类科目》中功能分类科目的项级科目进行明细核算；在"基本支出拨款"明细科目下按照"人员经费"和"日常公用经费"进行明细核算，在"项目支出拨款"明细科目下按照具体项目进行明细核算。有公共财政预算拨款、政府性基金预算拨款等两种或两种以上财政预算拨款的行政单位，还应当按照财政拨款的种类分别进行明细核算。财政直接支付方式下，行政单位在收到财政国库支付执行机构委托代理银行转来的财政直接支付入账通知书及原始凭证时确认收入。财政授权支付方式下，行政单位在收到财政授权支付额度到账通知书及原始凭证时确认收入。其他结算方式下，实际收到财政拨款时确认收入。

财政直接支付方式下，行政单位根据财政国库支付执行机构委托代理银行转来的财政直接支付入账通知书及原始凭证，借记"经费支出"科目，贷记"财政拨款收入"科目。年末，行政单位根据本年度财政直接支付预算指标数与财政直接支付实际支出的差额，借记"财政应返还额度——财政直接支付"明细科目，贷记"财政拨款收入"科目。本年度财政直接支付的资金收回时，借记"财政拨款收入"科目，贷记"经费支出"科目。

例题 30：某市审计局收到财政部门委托其代理银行转来的财政直接支付入账通知书。财政部门为该行政单位支付了一笔日常行政活动经费 60 000 元，根据相关单据编制会计分录如下：

借：经费支出——基本支出——支出功能分类——支出经济分类
                60 000.00
 贷：财政拨款收入——基本支出拨款——日常公用经费 60 000.00

例题 31：某市审计局收到财政部门委托其代理银行转来的财政直接支付入账通知书，财政部门为该行政单位支付在职人员工资 150 000 元。根据相关单据编制会计分录如下：

借：应付职工薪酬   150 000.00
 贷：财政拨款收入——基本支出拨款——人员经费——行政运行
                150 000.00

财政授权支付方式下，行政单位根据收到财政授权支付额度到账通知书，借记"零余额账户用款额度"科目，贷记"财政拨款收入"科目。年末，如单位本年度财政授权支付预算指数大于财政授权支付额度下达数，根据两者间的差额，借记"财政应返还额度——财政授权支付"明细科目，贷记"财政拨款收入"科目。

例题 32：某行政单位收到其代理银行转来的财政授权支付额度到账通知书，收到财政部门拨入一笔财政授权支付用款额度 20 000 元，规定用于开展某专项活动。根据相关单据编制会计分录如下：

借：零余额账户用款额度   20 000.00
 贷：财政拨款收入——项目支出拨款 20 000.00

其他支付方式行政单位取得财政拨款收入的账务处理，实际收到财政拨款收入时，借记"银行存款"科目，贷记"财政拨款收入"科目。

例题 33：某行政单位尚未纳入财政国库单一账户制度管理。该行政单位收到其开户银行转来的收款通知，收到财政部门拨入一笔预算经费 40 000 元，规定用于该单位的日常行政活动开支。根据相关单据编制会计分录如下：

借：银行存款   40 000.00
 贷：财政拨款收入——基本支出拨款——日常公用经费 40 000.00

年末，如单位本年度财政授权支付预算指标数大于财政授权支付额度下达数，根据两者间的差额，借记"财政应返还额度——财政授权支付"明细科目，贷记"财政拨款收入"科目。

例题 34：某行政单位本年度财政授权支付的预算指标数为 1 500 000 元，其中：基本支出拨款指标数为 1 000 000 元，项目支出拨款指标数为 500 000 元。汇总当年财政授权支付额度下达数 1 300 000 元，其中：基本支出拨款支付额度下达数 900 000 元，项目支出拨款支付额度下达数 400 000 元。年末确定行政单位应收财政返还的资金额度为 200 000 元。根据相关单据编制会计分录如下：

  借：财政应返还额度——财政授权支   200 000.00
    贷：财政拨款收入——基本支出拨款   100 000.00
       ——项目支出拨款   100 000.00

34

行政单位其他收入的核算

  为核算取得的除财政拨款收入以外其他各项收入，行政单位会计应设置"其他收入"总账科目。行政单位从上级政府单位、本级政府其他单位、下级政府单位取得的用于完成项目或专项任务的资金，也在"其他收入"科目核算。行政单位从上级单位等取得的用于转给下级单位、不纳入本单位预算的资金，不通过"其他收入"科目核算，而是通"其他应付款"科目核算。"其他收入"科目应当按照其他收入的类别、项目资金和非项目资金进行明细核算，对于项目资金收入，还应当按照具体项目进行明细核算。其他收入来源于上级政府单位、下级政府单位以及本级政府其他单位的，还应当按照"上级政府"、"下级政府"、"本级政府其他部门"、"本部门上级单位"、"本部门附属单位"设置明细科目分别进行明细核算。

  收到属于其他收入的各种款项，按照实际收到的金额，借记"银行存款"科目、"库存现金"科目，贷记"其他收入"科目。年末将"其他收入"科目本期发生额转入其他资金结转结余，借记"其他收入"科目，贷记"其他资金结转结余"科目，结转后，"其他收入"科目无余额。

  例题 35：某行政单位收到其基本账户开户银行的存款利息通知，本期银行存款利息收入 10 000 元。根据相关单据编制会计分录如下：

  借：银行存款   10 000.00
    贷：其他收入——利息收入   10 000.00

  例题 36：某行政单位出纳人员当日结账时发现有 2 000 元的现金溢余，无法查明原因，按照规定报经批准作为其他收入处理。年终结转，该行政单位"其他收入"总账账户的贷方余额为 130 000 元，其他收入明细账户的贷方余额为利息收入 20 000 元，后勤服务收入 50 000 元，项目专项收入 60 000 元。根据相关单据编制会计分录如下：

发现现金溢余时：

借：库存现金 2 000.00
　　贷：待处理财产损溢 2 000.00

报经批准作为其他收入处理时：

借：待处理财产损溢 2 000.00
　　贷：其他收入——库存现金溢余 2 000.00
借：其他收入——利息收入 20 000.00
　　　　　　——后勤服务收入 50 000.00
　　　　　　——项目专项收入 60 000.00
　　　　　　——库存现金溢余 2 000.00
　　贷：其他资金结余 132 000.00

35

行政单位经费支出的核算

行政单位经费支出是行政单位在业务活动中发生的各项支出。为核算开展业务活动发生的支出，行政单位应设置"经费支出"总账科目。该科目应当分别按照"财政拨款支出"和"其他资金支出"、"基本支出"和"项目支出"设置明细科目分类进行明细核算；并按照《政府收支分类科目》中功能分类科目的项级科目进行明细核算；在"项目支出"明细科目下按照具体项目进行明细核算；同时，在"基本支出"和"项目支出"明细科目下还应当按照《政府收支分类科目》中经济分类科目的款级科目进行明细核算。有公共财政预算拨款、政府性基金预算拨款等两种或两种以上财政预算拨款的行政单位，还应当将该科目按照财政拨款的种类分别进行明细核算。行政单位的支出一般应当在支付款项时予以确认，并按照实际支付金额进行计量。

薪酬级劳务费支出，计提单位职工薪酬时，按照实际支付的金额，借记"经费支出"科目，贷记"应付职工薪酬"科目。在支付时，借记"应付职工薪酬"科目，贷记"财政拨款收入"科目、"零余额帐户用款额度"科目和"银行存款"科目。年末，将"经费支出"科目的本期发生额，分别转入财政拨款结转和其他资金结转结余，年终结账后，"经费支出"科目应无余额。支付单位外部人员劳务费，按照应当支付的金额，借记"经费支出"科目，按照代扣代缴个人所得税的金额贷记"应缴税费"科目，按照扣税后直接支付的金额贷记"财政拨款收入"科目，按照扣税后授权支付的金额贷记"零余额账户用款额度"科目，按照扣税后银行存款支付的金额贷记"银行存款"科目。

例题37：某行政单位从银行提取现金，发放职工的基本工资20 000元，津贴10 000元，奖金8 000元。根据相关单据编制会计分录如下：

借：库存现金   38 000.00
　　贷：银行存款   38 000.00
借：经费支出——经常性支出——基本工资   20 000.00
　　　　　　　　　　　　　——津贴   10 000.00
　　　　　　　　　　　　　——奖金   8 000.00
　　贷：库存现金   38 000.00

例题38：某行政单位开出转账支票，支付办公用房的维修费5 500元。根据相关单据编制会计分录如下：

借：经费支出——经常性支出——维修费   5 500.00
　　贷：银行存款   5 500.00

例题39：某行政单位3月月末计提3月份税前工资总额68万元。其中，基本工资28万元，津贴补贴20万元，离休费11万元，退休费9万元。4月11日收到代理银行转来的财政直接支付到账通知单，支付了3月的工薪64万元，4万元为代扣代缴个人所得税金额。聘请软件公司开发专用软件，应付个人所得税前劳务费15万元。4月5日收到代理银行转来的财政授权支付到账通知单，为该行政单位支付了软件开发人员劳务费14万元，其余1万元为代扣代缴个人所得税额。根据相关单据编制会计分录如下：

借：经费支出——基本支出——工资福利支出——基本工资
　　　　　　　　　　　　　　　　　　　　　　　280 000.00
　　　　　　　　　　　　　　　　　　　　——津贴补贴
　　　　　　　　　　　　　　　　　　　　　　　200 000.00
　　　　　　　　——对个人和家庭的补助——离休费
　　　　　　　　　　　　　　　　　　　　　　　110 000.00
　　　　　　　　　　　　　　　　　　　　——退休费
　　　　　　　　　　　　　　　　　　　　　　　90 000.00
　　贷：应付职工薪酬——工资（离退休费）   680 000.00
借：应付职工薪酬——工资（离退休费）   680 000.00

贷：应缴税费　　　　　　　　　　　　　　　　40 000.00
　　　　财政拨款收入——基本支出拨款　　　　　640 000.00
　借：经费支出——基本支出——商品和服务支出　150 000.00
　　贷：应缴税费　　　　　　　　　　　　　　　　10 000.00
　　　　零余额账户用款额度　　　　　　　　　　140 000.00

购买货物支出包括购买存货、固定资产、工程物资、无形资产、政府储备物资等，有现购、预购和赊购三种方式，每种方式下会计处理不尽相同。在现购的情况下，付款时，借记"经费支出"科目，贷记"财政拨款收入"科目、"零余额账户用款额度"科目、"银行存款"科目。收货时，借记"存货"科目、"固定资产"科目、"在建工程"科目、"无形资产"科目或"政府储备物资"科目，贷记"资产基金——存货"明细科目、"资产基金——固定资产"明细科目、"资产基金——在建工程"明细科目、"资产基金——无形资产"明细科目或"资产基金——政府储备物资"明细科目。在预购的情况下，其会计分录编制与现购付款分录基本相同，同时确认资产基金，借记"预付账款"科目，贷记"资产基金——预付款项"明细科目；补付货款时，其会计分录编制也与现购付款分录基本相同。收货时，分录与限购收货分录基本相同。同时冲销已确认资产基金，借记"资产基金——预付款项"明细科目，贷记"预付账款"科目。在赊购的情况下，其收货时会计分录编制也与现购收货分录基本相同，同时确认负债，借记"待偿债净资产"科目，贷记"应付账款"科目。支付货款时，其会计分录编制也与现购付款分录基本相同，但同时需要冲销已确认待偿债净资产，借记"应付账款"科目，贷记"待偿债净资产"科目。

例题40：某行政单位开出转账支票，购买一批办公用设备，价款20 000元，设备已到货。根据相关单据编制会计分录如下：

　借：经费支出——经常性支出——办公设备购置费　20 000.00
　　贷：银行存款　　　　　　　　　　　　　　　　20 000.00
　借：固定资产　　　　　　　　　　　　　　　　　20 000.00
　　贷：固定基金　　　　　　　　　　　　　　　　20 000.00

例题41：某行政单位用专项资金支付10 000元的修理费。根据相关单据编制会计分录如下：

　借：经费支出——专项支出　　　　　　　　　　　10 000.00
　　贷：银行存款　　　　　　　　　　　　　　　　10 000.00

例题42：某行政单位领用库存材料300元。根据相关单据编制会计分录如下：

借：经费支出——经常性支出——办公费　　　　　300.00
　　贷：库存材料　　　　　　　　　　　　　　　　　　300.00

收回经费支出，行政单位因退货等原因发生支出收回时，属于当年支出收回的，按照收回国库的金额借记"财政拨款收入"科目，按照收回单位零余额账户的金额借记"零余额账户用款额度"科目，按照收回单位银行存款账户的金额借记"银行存款"科目，贷记"经费支出"科目。属于以前年度支出收回的，借记"财政应返还额度"科目、零余额账户用款额度"科目或"银行存款"科目，按照资金来源于财政拨款但未结转至结余的金额贷记"财政拨款结转"科目，按照资金来源于财政拨款但已结转至结余的金额贷记"财政拨款结余"科目，按照资金来源于非财政拨款的金额贷记"其他资金结转结余"科目。

例题43：某行政单位上月购买的一台办公用设备，价值1 500元，因无法使用，经与生产厂家联系，同意退货，现已收到退货款。根据相关单据编制会计分录如下：

借：银行存款　　　　　　　　　　　　　　　　　　1 500.00
　　贷：经费支出——经常性支出——办公设备购置费　　1 500.00
借：固定基金　　　　　　　　　　　　　　　　　　1 500.00
　　贷：固定资产　　　　　　　　　　　　　　　　　　1 500.00

例题44：某行政单位将本年上半年购买的不符合合同规格的办公用品50 000元退回供货单位。供货单位已经退货款直接支付国库。已经收到财政国库支付执行机构转来的入账通知书。根据相关单据编制会计分录如下：

借：财政拨款收入　　　　　　　　　　　　　　　　50 000.00
　　贷：经费支出——基本支出——商品和服务支出——办公费
　　　　　　　　　　　　　　　　　　　　　　　　　50 000.00

36

行政单位拨出经费的核算

拨出经费是指行政单位按核定预算将财政或上级单位拨入的经费，按预算级次转拨给下属预算单位资金。包括两部：拨出经常性经费、拨出专项经费。

行政单位应设置"拨出经费"科目核算向所属单位拨出的纳入单位预算管理的非同级财政拨款资金，如拨给所属单位的专项经费和补助经费。该科目应当分别按照"基本支出"和"项目支出"等进行明细核算；还应当按照接受拨出经费的具体单位和款项类别等分别进行明细核算。年终结账后，该科目应无余额。

支付拨出经费，向其他行政单位支付属于拨出经费的款项时，借记"拨出经费"科目，贷记"银行存款"科目。收回拨出经费时，借记"银行存款"科目，贷记"拨出经费"科目。

例题45：拨给下属单位的经费拨款150 000元，开出转账支票付讫。根据相关单据编制会计分录如下：

借：拨出经费——拨出经常性经费　　　　150 000.00
　　贷：银行存款　　　　　　　　　　　　　　150 000.00

例题46：某行政单位按核定预算，通过开户银行向所属A二级会计单位拨出预算经费800 000元，其中，基本工资200 000元，津贴补贴50 000元，办公费用80 000元，专用设备购置470 000元。根据相关单据编制会计分录如下：

借：拨出经费——A单位——基本支出——工资福利支出——基本工资
　　　　　　　　　　　　　　　　　　　　　　　　　200 000.00
　　　　　　　　　　　　　　　　　　　　　　——津贴补贴
　　　　　　　　　　　　　　　　　　　　　　　　　 50 000.00
　　　　　　　　　——商品和服务支出——办公费
　　　　　　　　　　　　　　　　　　　　　　　　　 80 000.00
　　　　　　　　　——项目支出——基本建设支出——专项建设支出
　　——专用设备购置　　　　　　　　　　　　　　　470 000.00
　　贷：银行存款　　　　　　　　　　　　　　　　　800 000.00

例题47：某行政单位未实现财政国库集中支付制度。该行政单位收到所属甲附属会计单位缴回的多余地专用设备维修费20 000元。根据相关单据编制会计分录如下：

借：银行存款　　　　　　　　　　　　　　20 000.00
　　贷：拨出经费——甲单位——项目支出——基本建设支出——专用设备维修　　　　　　　　　　　　　　　　　　　20 000.00

37

行政单位收入与支出的年终结转核算

对于收入与支出的年终结转工作，行政单位应设置"财政拨款结转"科目核算行政单位滚存的财政拨款结转资金,包括基本支出结转、项目支出结转。该科目应当设置"基本支出结转"和"项目支出结转"两个明细科目;在"基本支出结转"明细科目下按照"人员经费"和"日常公用经费"进行明细核算,在"项目支出结转"明细科目下按照具体项目进行明细核算。该科目还应当按照《政府收支分类科目》中功能分类科目的项级科目进行明细核算。有公共财政预算拨款、政府性基金预算拨款等两种或两种以上财政拨款的行政单位,还应当按照财政拨款种类分别进行明细核算。该科目还可以根据管理需要按照财政拨款结转变动原因,设置"收支转账"、"结余转账"、"年初余额调整"、"归集上缴"、"归集调入"、"单位内部调剂"或"剩余结转"等明细科目,进行明细核算。

行政单位应设置"其他资金结转结余"科目核算行政单位除财政拨款收支以外的其他各项收支相抵后剩余的滚存资金。该科目应当设置"项目结转"和"非项目结余"明细科目,分别对项目资金和非项目资金进行明细核算。对于项目结转,还应当按照具体项目进行明细核算。该科目还可以根据管理需要按照其他资金结转结余变动原因,设置"收支转账"、"年初余额调整"、"结余调剂"和"剩余结转结余"等明细科目,进行明细核算。

财政拨款收入及支出的结转,年末,将财政拨款收入本年发生额转入"财政拨款结转"科目,借记"财政拨款收入——基本支出拨款"明细科目、"财政拨款收入——项目支出拨款"明细科目,贷记"财政拨款结转——收支转账——基本支出结构"明细科目、"财政拨款结转——收支转账——基本支出结转"明细科目,贷记"财政拨款结转——收支转账——项目支出结转"明细科目,年末将"经费支出"科目中的财政拨款支出本年发生额转入"财政拨款结转"科目,借记"财政拨款结转——收支转账——基本支出结转"明细科目、"财政拨款结转——收支转账——项目支出结转"明细科目,贷记"经费支出——财政拨款支出——基本支出"明细科目、"经费支出——财政拨款支出——项目支出"明细科目。

非财政拨款收入及支出的结转,年末,将其他收入中的项目资金收入、非项目资金收入本年发生额分别转入"其他资金结转结余"科目及其相关应明细科目,借记"其他收入"科目,贷记"其他资金结转结余——收支转账——项目结转"明细科目、"其他资金结转结余——收支转账——非项目结余"明细科目。年末,将"经费支出——其他资金支出"明细科目中的项目支出本年发生额、基本支出本年发生额,以及"拨出经费"中的项目支出本年发生额、基本支出本年发生额分别转入"其他资金结转结余"的项目结余及非项目结余及其明细科目，借记"其他资金结转结余——收支转账——项目结转"明细科目、"其他资金结转结余——收支转账——非项目结余"明细科目，贷记"经费支出——其他资金支出——项目支出——××项目"明细科目、"经费支出——其他资金支出——基本支出"明细科目、"拨出经费——项目支出——××项目"明细科目、"拨出经费——基本支出"或明细科目。

例题48：年度终了，某市科技局有关收支科目结账前余额资料如表16所示。

表 16　　　　　某市科技局有关收支科目结账前余额资料　　　　　单位：万元

类级科目	款级科目	项级科目	目级科目	借方余额	贷方余额
财政拨款收入	基本支出拨款	人员经费			300
	项目支出拨款	A 项目			200
其他收入	上级政府	基本支出拨款			100
	本部门上级单位	A 项目			50
经费支出	财政拨款支出	基本支出		350	
		项目支出	A 项目	250	
	其他资金支出	项目支出	A 项目	150	
拨出经费	基本支出	甲单位		50	
	项目支出	B 项目		20	

市科技局根据上面收支科目结账前余额资料编制会计分录如下：

借：财政拨款收入——基本支出拨款——人员经费　3 000 000.00
　　　　　　　　——项目支出拨款——A 项目　　2 000 000.00
　　其他收入——上级政府——基本支出拨款　　　1 000 000.00
　　　　　　——本部门上级单位——A 项目　　　　500 000.00
贷：财政拨款结转——收支转账——基本支出结转——人员经费
　　　　　　　　　　　　　　　　　　　　　　　3 000 000.00
　　　　　　　　——项目支出结转——A 项目
　　　　　　　　　　　　　　　　　　　　　　　2 000 000.00
　　其他资金结转结余——收支转账——非项目结余　1 000 000.00
　　　　　　　　　　——项目结余——A 项目　　　　500 000.00
借：财政拨款结转——收支转账——基本支出结转——人员经费
　　　　　　　　　　　　　　　　　　　　　　　3 500 000.00
　　　　　　　　——项目支出结转——A 项目
　　　　　　　　　　　　　　　　　　　　　　　2 500 000.00

其他资金结转结余——收支转账——非项目资金　500 000.00
　　　　　　　　　　　　——项目资金——A项目　1 500 000.00
　　　　　　　　　　　　　　　　　——B项目　200 000.00
贷：经费支出——财政拨款支出——基本支出　3 500 000.00
　　　　　——项目支出——A项目　2 500 000.00
　　　　　——其他资金支出——项目支出拨款——A项目
　　　　　　　　　　　　　　　　　　　　　　1 500 000.00
　　拨出经费——基本支出——甲单位　500 000.00
　　　　　——项目支出——B项目　200 000.00

38

行政单位库存现金的核算

　　行政单位的现金指库存现金,是指存于行政单位会计部门、用于日常零星开支的货币资金。在行政单位的所有资产中,库存现金最能够直接转化为其他资产,流动性最大。因而,加强现金的管理对保护其完整安全,防止意外或损失有着极为重要的意义。行政单位对库存现金的管理要注意以下几个方面：各行政单位出纳和会计要分别管理、按国家规定的范围使用现金、严格遵守银行核定的库存现金的限额和不准坐支现金、严格现金收付手续,现金收支应及时入账。

　　行政单位应设置"库存现金"科目核算存放在行政单位会计部门的现金。该科目期末借方余额,反映行政单位实际持有的库存现金。行政单位应当设置"现金日记账",由出纳人员根据收付款凭证,按照业务发生顺序逐笔登记。每日终了,应当计算当日的现金收入合计数、现金支出合计数和结余数,并将结余数与实际库存数核对,做到账款相符。行政单位有外币现金的,应当分别按照人民币、各种外币设置"现金日记账"进行明细核算。有关外币现金业务的账务处理参见"银行存款"科目的会计处理。有现金为受托代理资产的行政单位,应当在"库存现金"科目下设置"受托代理资产"明细账,对单位受托代理资产中的库存现金进行明细核算。为了反映行政单位库存现金的收入、支出和结存情况,应设置"库存现金"科目,该科目属于资产类科目,用来核算行政单位的库存现金,其借方反映库存现金的增加,贷方反映库存现金的减少,本科目期末借方余额,反映行政单位库存现金数额。

　　从银行等金融机构提取现金,按照实际提取的金额,借记"库存现金"科目,贷记"银行存款"科目或"零余额账户用款额度"科目。将现金存入银行等金融机构,借记"银行存款"科目,贷记"库存现金"科目。将现金退回单位零余额账户,借记"零余额账户用款额度"科目,贷记"库存现金"科目。因支付内部职工出差等原因所借的现金,借记"其他应收款"科目,贷记"库存现金"科目。出差人员报销差旅费时,按应报销的金额借记"经费支出"科目,按其差额借记或贷记"库存现金"科目,按实际借出的现金金额贷记"其他应收款"科目。因开展业务或其他事项收到现金,借记"库存现金"科目,贷记"有关科目"。因购买服务、商品或者其他事项支出现金借记"有关科目",贷记"库存现金"科目。收到受托代理的现金时,借记"库存现金——受托代理资产"明细科目,贷记"受托代理负债"科目。支付受托代理的现金时,借记"受托代理负债"科目,贷记"库存现金——受托代理资产"明细科目。每日终了结算现金收支,核对库存现金时发现有待查明原因的现金短缺或溢余,应通过"待处理财产损溢"科目核算。属于现金短缺,应当按照实际短缺的金额,借记"待处理财产损溢"科目,贷记"库存现金"科目。属于现金溢余,应当按照实际溢余的金额,借记"库存现金"科目,贷记"待处理财产损溢"。查明原因后做如下处理,如为现金短缺,属于应由责任人赔偿或向有关人员追回的部分借记"其他应收款"科目,属于无法查明原因的现金短缺,报经批准核销的借记"经费支出"科目,贷记"待处理财产损溢"科目,如为现金溢余,借记"待处理财产损溢"科目,属于应支付给有关人员或单位的贷记"其他应付款"科目,属于无法查明原因的,根据管理权限经批准后贷记"其他收入"科目。

例题49:某机关开出"现金支票",从银行提取现金2 000元作为备用金。根据相关单据编制会计分录如下:

　　借:库存现金　　　　　　　　　　　　　　　2 000.00
　　　　贷:银行存款　　　　　　　　　　　　　　　2 000.00

例题50:某行政单位从财政部门为本单位在商业银行开设的零余额账户中提取现金5 000元,用于支付单位工作人员李某出差费,实际支出4 800元,余款200元退回单位零余额账户。根据相关单据编制会计分录如下:

　　借:库存现金　　　　　　　　　　　　　　　5 000.00
　　　　贷:零余额账户用款额度　　　　　　　　　　5 000.00
　预支时,
　　借:其他应收款——李某　　　　　　　　　　5 000.00
　　　　贷:库存现金　　　　　　　　　　　　　　　5 000.00
　报销及将余款200元退回单位时,

借：经费支出　　　　　　　　　　　　　　　　　4 800.00
　　　　库存现金　　　　　　　　　　　　　　　　　　200.00
　　　　贷：其他应收款——李某　　　　　　　　　　　　5 000.00
　　例题 51：某行政单位盘点现金发现短款 100 元，60 元为多付给员工李红报销的差旅费，余下 40 元无法查明原因。根据相关单据编制会计分录如下：
　　借：待处理财产损溢　　　　　　　　　　　　　　100.00
　　　　贷：库存现金　　　　　　　　　　　　　　　　100.00
　　借：其他应收款——李红　　　　　　　　　　　　　60.00
　　　　经费支出　　　　　　　　　　　　　　　　　　40.00
　　　　贷：待处理财产损溢　　　　　　　　　　　　　100.00

39

行政单位银行存款的核算

　　对于银行存款的收付，行政单位应设置"银行存款"科目核算行政单位存入银行或其他金融机构的各种存款。行政单位应当按开户银行和其他金融机构、存款种类及币种等，分别设置"银行存款日记账"，由出纳人员根据收付款凭证，按照业务的发生顺序逐笔登记，每日终了应结出余额。"银行存款日记账"应定期与"银行对账单"核对，至少每月核对一次。月度终了，行政单位账面余额与银行对账单余额之间如有差额，必须逐笔查明原因并进行处理，按月编制"银行存款余额调节表"，调节相符。有银行存款为受托代理资产的行政单位，应当在本科目下设置"受托代理资产"明细账，对单位受托代理资产中的银行存款进行明细核算。

　　将款项存入银行或者其他金融机构，借记"银行存款"科目，贷记"库存现金"科目或"其他收入"科目。提取和支出存款时，借记"库存现金"科目或"拨出经费"科目，贷记"银行存款"科目，收到银行存款利息，借记"银行存款"科目，贷记"其他收入"科目，支付银行手续费或银行扣收罚金等时，借记"经费支出"科目，贷记"银行存款"科目。收到受托代理的银行存款时，借记"银行存款——受托代理资产"明细科目，贷记"受托代理负债"科目。支付受托代理的存款时，借记"受托代理负债"科目，贷记"银行存款——受托代理资产"明细科目。

　　行政单位发生外币业务的，应当按照业务发生当日或当期期初的即期汇率，将外币折算为人民币金额记账,并登记外币金额和汇率。期末,各种外币账户的期末余额,应按照期末的即期汇率折算为人民币,作为外币账户期末人民币余额。调整后的各种外币账户人民币余额与原账面余额的差额,作为汇兑损益计入当期支出。

以外币购买物资或者劳务的,按照购入当日或当期期初的即期汇率将支付的外币或应支付的外币折算为人民币金额,借记"有关科目",贷记"银行存款"科目或"应付账款"科目。以外币收取相关款项等,按照收入确认当日或当期期初的即期汇率将收取的外币或应收取的外币折算为人民币金额,借记"银行存款"科目或"应收账款"科目,贷记"有关科目"。期末,根据各外币账户按期末汇率调整后的人民币余额与原账面人民币余额的差额,作为汇兑损益,借记或贷记"银行存款"科目、"应收账款"科目或"应付账款"科目,贷记或借记"经费支出"科目。

例题 52:某机关收到上级拨入的经费 100 000 元。用银行存款 5 000 元购买办公用品。向所属基层单位转拨上级拨入经费 50 000 元。根据相关单据编制会计分录如下:

借:银行存款	100 000.00
贷:拨入经费	100 000.00
借:经费支出	5 000.00
贷:银行存款	5 000.00
借:拨出经费	50 000.00
贷:银行存款	50 000.00

例题 53:月末,某行政单位"银行存款——美元户"账面余额为 20 000 美元,折合人民币 130 566.20 元。月末按美元对人民币的汇率为"1 美元 = 6.51381 元人民币"折算,汇兑损溢 = 20 000 × 6.51381 - 130 566.20 = -290(元)。根据相关单据编制会计分录如下:

借:经费支出	290.00
贷:银行存款	290.00

40

行政单位零余额账户用款额度与财政应返还额度的核算

零余额账户用款额度是指实行国库集中支付的行政单位根据财政部门批复的

用款计划收到和支用的零余额账户用款额度。零余额账户用款额度是预算单位零余额账户的用款额度，具有与人民币存款相同的支付结算功能。只能用于办理转账、汇兑、委托收款和提取现金等支付业务，单位的自有收入、经营收入、往来收入等非财政性资金，不得进入本单位零余额账户。当财政部门向行政单位零余额账户的代理银行下达零余额账户用款额度时，行政单位的零余额账户用款额度增加。单位零余额账户由行政单位根据经批准的单位预算和用款计划，向单位零余额账户的代理银行开具支付令。通过单位零余额账户向收款人支付款项、提取现金时，零余额账户用款额度减少。零余额账户用款额度大于零余额账户的实际支用数时，就产生尚未支用的零余额账户用款额度。

　　财政应返还额度是指实行国库集中支付的行政事业单位应收财政返还的资金额度。财政应返还额度包括财政直接支付下的和财政授权支付下的财政应返还额度。财政直接支付下的财政应返还额度。财政直接支付下的财政应返还额度为行政单位本年度财政直接支付用款额度与当年财政直接支付实际支出数的差额，对该差额，行政单位年末应同时确认为一项债权及本年度的收入。财政授权支付下的财政应返还额度。财政授权支付下的财政应返还额度包括两部分。一是财政已授权但尚未下达至行政单位零余额账户，行政单位应同时确认为一项债权及本年度的收入，次年，财政将差额的额度下达至行政单位零余额账户时，再从债权转入"零余额账户用款额度"科目。二是财政已授权下达至行政单位零余额账户，但尚未使用的额度，对该差额财政年末应先注销该零余额账户用款额度，次年初由财政予以恢复，恢复后行政单位可按规定继续使用。

　　行政单位应设置"零余额账户用款额度"科目核算实行国库集中支付的行政单位根据财政部门批复的用款计划收到和支用的零余额账户用款额度。该科目期末借方余额，反映行政单位尚未支用的零余额账户用款额度。该科目年末应无余额。行政单位应设置"财政应返还额"科目核算实行国库集中支付的行政单位应收财政返还的资金额度。该科目期末借方余额，反映行政单位尚未使用的以前年度财政资金额度。"财政应返还额"科目应当设置"财政直接支付"和"财政授权支付"两个明细科目，进行明细核算。

　　财政直接支付下的账务处理收到财政直接支付入账通知书时，借记"经费支出"科目，贷记"财政拨款收入"科目，年末，行政单位根据本年度财政直接支付预算指标数与财政直接支付实际支出数的差额，借记"财政应返还额——财政直接支付"明细科目，贷记"财政拨款收入"科目。

　　财政授权支付下的账务处理收到财政授权支付额度到账通知书时，根据通知书所列数额，借记"零余额账户用款额度"科目，贷记"财政拨款收入"科目，按规定支用额度时，借记"经费支出"科目，贷记"零余额账户用款额度"科目。经财政部门批准，单位从零余额账户向其他银行存款户归还使用其他资金垫付的款项时，借记"银行存款"科目，贷记"零余额账户用款额度"科目。同时，借记"经费支出——财政拨款支出"明细科目，贷记"经费支出——其他资金支出"明细科目。年末，根据代理银行提供的对账单做注销额度的相关账务处理，借记"财政应返还额度——财政授权支付"明细科目，贷记"零余额账户用款额度"科目。年末，年度直接支付预算数与已下达额度的差额，借记"财政应返还额度——财政授权支付"明细科目，贷记"财政拨款收入"科目。下年度年初，行政单位根据代理银行提供的额度恢复到账通知书做恢复额度的相关账务处理，借记"零余额账户用款额度"科目，贷记"财政应返还额度——财政授权支付"明细科目。行政单位收到财政部门批复的上年未下达零余额账户用款额度时，借记"零余额账户用款额度"科目，贷记"财政应返还额度——财政授权支付"明细科目。

例题54：某行政单位收到财政授权支付额度到账通知书，列明本月授权支付额度为 1 000 000 元。根据相关单据编制会计分录如下：

借：零余额账户用款额度　　　　　　　　　　1 000 000.00
　　贷：财政拨款收入　　　　　　　　　　　　1 000 000.00

例题55：某行政单位采用财政授权支付方式购买计算机 1 台，价款 12 000 元，计算机直接交付使用。根据相关单据编制会计分录如下：

借：经费支出　　　　　　　　　　　　　　　12 000.00
　　贷：零余额账户用款额度　　　　　　　　　12 000.00
借：固定资产　　　　　　　　　　　　　　　12 000.00
　　贷：资产基金——固定资产　　　　　　　　12 000.00

例题56：某行政单位 2016 年有授权支付预算指标 5 000 000 元，已下达额度 4 000 000 元，实际使用 3 710 000 元额度支付前欠材料价款。年终财政收回额度，并于 2017 年 1 月恢复全部额度。2017 年 1 月实际授权支付 218 000 元用于工资支出。根据相关单据编制会计分录如下：

财政下达授权支付额度 4 000 000 元时，编制会计分录如下：

借：零余额账户用款额度　　　　　　　　　　4 000 000.00
　　贷：财政拨款收入　　　　　　　　　　　　4 000 000.00

预算单位实际使用授权额度时，

借：经费支出　　　　　　　　　　　　　　　3 710 000.00
　　贷：零余额账户用款额度　　　　　　　　　3 710 000.00

年终时，注销已下达的未用额度 290 000 元，确认未下达的额度 1 000 000 元，编制会计分录如下：

借：财政应返还额度——财政授权支付　　　　　　1 290 000.00
　　贷：财政补助收入——财政授权支付　　　　　　　1 000 000.00
　　　　零余额账户用款额度　　　　　　　　　　　　　290 000.00

2017 年恢复上年已注销未用额度 290 000 元时，编制会计分录如下：

借：零余额账户用款额度　　　　　　　　　　　　　290 000.00
　　贷：财政应返还额度——财政授权支付　　　　　　　290 000.00

行政单位收到财政部门批复的上年未下达零余额账户用款额度 1 000 000 元时，编制会计分录如下：

借：零余额账户用款额度　　　　　　　　　　　　　1 000 000.00
　　贷：财政应返还额度——财政授权支付　　　　　　　1 000 000.00

2017 年实际授权支付时，编制会计分录如下：

借：经费支出　　　　　　　　　　　　　　　　　　218 000.00
　　贷：零余额账户用款额度　　　　　　　　　　　　　218 000.00

41

行政单位存货的核算

存货是指行政单位为完成业务活动而储存、耗用的物资，包括材料、燃料、物品和低值易耗品，以及未达到固定资产标准的工具、器具等。库存材料应当在其到达存放地点并验收时确认。行政单位应设置"存货"科目核算行政单位为完成业务活动而储存、耗用的物资。"存货"科目期末借方余额，反映行政单位库存材料的实际成本。库存用于工程建设的物资，应当通过"在建工程"科目核算，不通过"存货"科目核算。行政单位接受委托人指定受赠人的转赠物资，应当通过"受托代理资产"科目核算，不通过"存货"科目核算。行政单位随买随用的零星办公用品等，可以在购进时直接列作支出，不通过"存货"科目核算。"存货"科目应当按照存货的种类、规格和保管地点等进行明细核算。行政单位有委托加工存货业务的，应当在本科目下设置"委托加工存货成本"科目。出租、出借、委托加工的存货，应当设置备查簿进行登记。

存货的账务处理包括存货的取得、发出、盘盈、盘亏、报废和毁损。存货的取得包括外购、换入、接受捐赠、无偿调入和委托加工等方式。取得的存货应当按照成本入账。购入的存货成本包括购买价款、相关税费、运输费、装卸费、保险费以及其他使得库存材料达到目前场所和状态所发生的支出。购入存货又分为现购、预购和赊购3种情形，每种情形下，账务处理不尽相同，但每一情形下均需要同时做"双分录"。在现购情形下，付款时，按支付金额借记"经费支出"科目，贷记"财政拨款收入"科目、"零余额账户用款额度"科目或"银行存款"科目。收货时，同时，按确定的存货成本，借记"存货"科目，贷记"资产基金——存货"明细科目。在预购情形下，付款时，分录与现购付款相同，同时借记"预付账款"科目，贷记"资产基金——预付款项"明细科目。收货时，分录与现购收货相同，同时借记"资产基金——预付款项"明细科目，贷记"预付账款"科目。在赊购情况下，收货时，分录与现购收货相同，同时借记"待偿债净资产"科目，贷记"应付账款"科目。付款时，分录与现购付款时相同，同时借记"应付账款"科目，贷记"待偿债净资产"科目。

例题57：某行政单位购入专用甲材料1 000千克，每千克1 000元，增值税税额170 000元，材料款实行财政直接支付。另外，以银行存款支付运输费1 000元，增值税110元。根据相关单据编制会计分录如下：

借：存货——甲材料　　　　　　　　　　　　1 171 110.00
　　贷：资产基金——存货　　　　　　　　　　　　1 171 110.00
借：经费支出　　　　　　　　　　　　　　　1 171 110.00
　　贷：财政拨款收入　　　　　　　　　　　　　　1 170 000.00
　　　　银行存款　　　　　　　　　　　　　　　　　　1 110.00

通过置换方式换入的存货，其成本按照换出资产的评估价值加上支付的补价或减去收到的补价、加上为换入存货支付的其他费用（运输费等）确定。换入的存货验收入库，按照确定的成本，借记"存货"科目，贷记"资产基金——存货"明细科目，同时，按实际支付的补价、运输费等金额，借记"经费支出"科目，贷记"财政拨款收入"科目、"零余额账户用款额度"科目或"银行存款"科目。

接受捐赠、无偿调入的存货，其成本按照有关凭据注明的金额加上相关税费、运输费等确定；没有相关凭据可供取得，但依法经过资产评估的，其成本应当按照评估价值加上相关税费、运输费等确定；没有相关凭据可供取得也未经评估的，其比照同类或类似存货的市场价格加上相关税费、运输费等确定；没有相关凭据也未经评估，其同类或类似存货的市场价格无法可靠取得，该存货按照名义金额入账。

接受捐赠、无偿调入的存货验收入库，按照确定的成本，借记"存货"科目，贷记"资产基金——存货"明细科目。同时，按实际支付的相关税费、运输费等金额，借记"经费支出"科目，贷记"财政拨款收入"科目、"零余额账户用款额度"科目或"银行存款"科目。

委托加工的存货，其委托加工成本按照加工成本和委托加工材料往返的运费等确定。委托加工的存货出库时，借记"存货——委托加工存货成本"明细科目，贷记"资产基金——××材料"明细科目。支付加工费和相关运费等时，借记"经费支出"科目，贷记"财政拨款收入"科目、"零余额账户用款额度"科目或"银行存款"科目。同时，按照相同的金额，借记"存货——委托加工存货成本"明细科目，贷记"资产基金——存货"明细科目。委托加工完成的存货验收入库时，按照委托加工存货的成本，借记"存货——××产品"明细科目，贷记"存货——委托加工存货成本"明细科目。

例题58：某行政单位经批准以账面余额为 50 000 元、评估价值为 40 000 元的包装物置换 F 单位的丙材料。另外，以现金支付运输费 800 元，增值税 88 元。根据相关单据编制会计分录如下：

```
借：存货——丙材料                           40 888.00
    贷：资产基金——存货                      40 888.00
借：经费支出                                   888.00
    贷：库存现金                                888.00
```

例题59：某行政单位接受一公司捐赠的 M 材料一批，价值 50 000 元，发生运输费 500 元，增值税 55 元，以现金支付。根据相关单据编制会计分录如下：

```
借：存货——M 材料                          50 555.00
    贷：资产基金——存货                      50 555.00
借：经费支出                                   555.00
    贷：库存现金                                555.00
```

例题60：某行政单位使用 A 材料委托甲公司加工成 C 专用材料，领用 A 材料实际成本 5 000 元，以银行存款支付运输费 3 153.15 元，增值税 346.85 元。C 专用材料加工完成并已验收入库。A 材料出库时，编制会计分录如下：

```
借：存货——委托加工存货成本                  5 000.00
    贷：存货——A 材料                         5 000.00
```

支付料工费和运输费时，编制会计分录如下：

```
借：经费支出                                 3 500.00
    贷：银行存款                              3 500.00
借：存货——委托加工存货成本                  3 500.00
```

贷：资产基金——存货　　　　　　　　　　　　　3 500.00

加工完成验收入库时，编制会计分录如下：

　　借：存货——C专用材料　　　　　　　　　　　8 500.00

　　　贷：存货——委托加工存货成本　　　　　　　　8 500.00

　　存货发出时，应当根据实际情况采用先进先出法、加权平均法或个别计价法确定发出存货的实际成本。计价方法一经确定，不得随意变更。领用存货。开展业务活动等领用存货或经批准对外捐赠、无偿调出存货，按照领用存货的实际成本，借记"资产基金——存货"明细科目，贷记"存货"科目。对外捐赠、无偿调出存货发生由行政单位承担的运输费等支出，借记"经费支出"科目，贷记"财政拨款收入"科目、"零余额账户用款额度"科目或"银行存款"科目。出售、换出存货。经批准对外出售、置换换出存货时，应当转入待处理财产损溢，按照对外出售、置换换出存货的实际成本，借记"待处理财产损溢——待处理财产价值"明细科目，贷记"存货"科目。实现出售、置换换出时，借记"资产基金——存货"明细科目，贷记"待处理财产损溢——待处理财产价值"明细科目。出售、置换换出资产过程中收到价款、补价等收入，借记"库存现金"科目或"银行存款"科目，贷记"待处理财产损溢——处理净收入"明细科目。出售、置换换出资产过程中发生相关费用，借记"待处理财产损溢——处理净收入"明细科目，贷记"库存现金"科目、"银行存款"科目或"应缴税费"科目。出售、置换换出完毕，按照处置收入扣除相关税费后的净收入，借记"待处理财产损溢——处理净收入"明细科目，贷记"应缴财政款"科目。如果处置收入小于相关税费的，按照相关税费减去处置收入后的净支出，借记"经费支出"科目，贷记"待处理财产损溢——处理净收入"明细科目。

　　例题61：某行政单位领用甲材料500千克，每千克平均单价为980元。根据相关单据编制会计分录如下：

　　借：资产基金——存货　　　　　　　　　　　490 000.00

　　　贷：存货——甲材料　　　　　　　　　　　　490 000.00

　　例题62：某行政单位经批准向地震灾区捐赠B材料一批，该材料实际成本58 500元。根据相关单据编制会计分录如下：

　　借：资产基金——存货　　　　　　　　　　　　58 500.00

　　　贷：存货——B材料　　　　　　　　　　　　　58 500.00

　　例题63：某行政单位经上级批准将不需要的C材料出售，该材料的实际成本10 000元，出售价款5 000元，款项已存入银行。转入待处理财产时，编制会计分录如下：

借：待处理财产损溢——待处理财产价值　　　　10 000.00
　　贷：存货——C材料　　　　　　　　　　　　　　　10 000.00
实现出售时，编制会计分录如下：
借：资产基金——存货　　　　　　　　　　　　10 000.00
　　贷：待处理财产损溢——待处理财产价值　　　　　10 000.00
取得出售价款时，编制会计分录如下：
借：银行存款　　　　　　　　　　　　　　　　5 000.00
　　贷：待处理财产损溢——处理净收入　　　　　　　 5 000.00
处理净收入时，编制会计分录如下：
借：待处理财产损溢——处理净收入　　　　　　5 000.00
　　贷：应缴财政款　　　　　　　　　　　　　　　　 5 000.00

行政单位的存货应当定期进行清查盘点，每年至少盘点一次。存货盘盈、盘亏，应及时查明原因，按规定报经批准后进行账务处理。

盘盈的存货，按照同类或类似存货的实际成本或市场价格确定入账值，没有同类或类似存货的实际成本，按照同类或类似存货的市场价格确定入账价值；同类或类似存货的实际成本或市场价格无法可靠取得，按照名义金额入账。借记"存货"科目，贷记"待处理财产损溢"科目。报经批准予以处理时，借记"待处理财产损溢"科目，贷记"资产基金——存货"明细科目。存货盘亏、报废、毁损时，应当及时查明原因，按照规定报经批准后进行账务处理。发现存货盘亏、报废、毁损，应先转入待处理财产损溢时，按照盘亏、毁损、报废存货的实际成本，借记"待处理财产损溢——待处理财产价值"明细科目，贷记"存货"科目。经批准予以处理后，借记"资产基金——存货"明细科目，贷记"待处理财产损溢——待处理财产价值"明细科目。

例题64：某行政单位在年终清理中，盘点存货，发现甲材料多余20千克，每千克1 000元尚未入账。根据相关单据编制会计分录如下：

借：存货——甲材料　　　　　　　　　　　　　20 000.00
　　贷：待处理财产损溢　　　　　　　　　　　　　　 20 000.00
上述盘盈的甲材料报经批准予以处理时，编制会计分录如下：
借：待处理财产损溢——待处理财产价值　　　　20 000.00
　　贷：资产基金——存货　　　　　　　　　　　　　 20 000.00

例题65：某行政单位在年终清理中，盘点存货，发现乙材料缺短40千克，每千克50元。根据相关单据编制会计分录如下：

借：待处理财产损溢　　　　　　　　　　　　　2 000.00

贷：存货——乙材料　　　　　　　　　　　　　　　2 000.00
　上述盘亏的乙材料报经批准予以核销时，编制会计分录如下：
　　借：资产基金——存货　　　　　　　　　　　　　　2 000.00
　　贷：待处理财产损溢——待处理财产价值　　　　　　2 000.00

42

行政单位应收及预付款项的核算

　　行政单位应设置"应收账款"科目核算行政单位出租资产、出售物资等应当收取的款项及商业汇票。该科目应当按照购货、接受劳务单位（或个人）和开出、承兑商业汇票的单位等进行明细核算。行政单位应当设置"应收票据备查簿"，逐笔登记每一笔应收商业汇票及相关信息资料。商业汇票到期结清票款或退票后，应当在备查簿内逐笔注销。

　　出租资产尚未收到款项或收到商业汇票时，按照应收款或商业汇票票面金额借记"应收账款"科目，按照应收款或商业汇票票面金额贷记"其他应付款"科目，收回应收账款时，借记"银行存款"科目，贷记"应收账款"科目，同时借记"其他应付款"科目，按照应缴的税费金额贷记"应缴税费"科目，按照扣除应缴税费后的净额贷记"应缴财政款"科目。出售物资尚未收到款项或收到商业汇票，按照应收款或商业汇票的票面金额借记"应收账款"科目，贷记"待处理财产损溢"科目。到期收回款项时，按照实际收到金额借记"银行存款"科目，按照应收款或商业汇票的票面金额贷记"应收账款"科目，按照商业汇票的利息贷记"应缴财政款"科目。

　　例题66：某行政单位经批准向A单位出租办公室一间，期限2个月，租金每月5 000元。尚未收到A单位租金。收到A单位交来的租金10 000元，已存入银行。假设不考虑相关税费，根据相关单据编制会计分录如下：
　　借：应收账款　　　　　　　　　　　　　　　　　10 000.00
　　　贷：其他应付款　　　　　　　　　　　　　　　　10 000.00
　　借：银行存款　　　　　　　　　　　　　　　　　10 000.00
　　　贷：应收账款　　　　　　　　　　　　　　　　　10 000.00
　　借：其他应付款　　　　　　　　　　　　　　　　10 000.00
　　　贷：应缴财政款　　　　　　　　　　　　　　　　10 000.00

　　例题67：某行政单位经上级批准将不需用的材料出售，出售价款5 000元，材料已发出，但款项尚未收到。确认应收账款时，根据相关单据编制会计分录如下：

借：应收账款　　　　　　　　　　　　　　　　　5 000.00
　　贷：待处理财产损溢　　　　　　　　　　　　　　　　5 000.00

收到出售材料价款时，编制会计分录如下：

借：银行存款　　　　　　　　　　　　　　　　　5 000.00
　　贷：应收账款　　　　　　　　　　　　　　　　　　　5 000.00
借：待处理财产损溢　　　　　　　　　　　　　　5 000.00
　　贷：应缴财政款　　　　　　　　　　　　　　　　　　5 000.00

　　行政单位应设置"预付账款"科目核算行政单位按照购货、服务合同规定预付给供应单位（或个人）的款项。该科目应当按照供应单位（或个人）进行明细核算。行政单位支付可以收回的订金，属于代垫款项，不在"预付账款"科目核算，应当通过"其他应收款"科目核算。

　　行政单位应设置"其他应收款"科目核算行政单位除应收账款、预付账款以外的其他各项应收及暂付款项，如职工预借的差旅费、拨付给内部有关部门的备用金、应向职工收取的各种垫付款项等。该科目应当按照其他应收款的类别以及债务单位（或个人）进行明细核算。

　　预购货物或劳务账务处理付款时，借记"经费支出"科目，贷记"财政拨款收入"科目、"零余额账户用款额度"科目或"银行存款"科目。同时借记"预付账款"科目，贷记"资产基金——预付账款"明细科目。收货时，借记"存货"科目，贷记"资产基金——存货"明细科目，同时借记"资产基金——预付款项"明细科目，贷记"预付账款"科目。

　　预付账款退回分为当年发生退回和发生以前年度退回两种情形，第一种情形，当年发生当年预付账款退回的，借记"资产基金——预付款项"明细科目，贷记"预付款项"科目，同时借记"财政拨款收入"科目、"零余额账户用款额度"科目或"银行存款"科目，贷记"经费支出"科目。第二种情形，当年发生往年预付账款退回时，借记"资产基金——预付款项"明细科目，贷记"预付款项"科目。同时，借记"财政拨款收入"科目、"零余额账户用款额度"科目或"银行存款"科目，按照财政拨款支出未从结转转入结余贷记"财政拨款结转"科目，按照财政拨款支出已从结转转入结余贷记"财政拨款结余"科目，按照其他资金支出转入贷记"其他资金结转结余"科目。

　　发生其他应收及暂付款项时，借记"其他应收款"科目，贷记"零余额账户用款额度"科目或"银行存款"等科目。收回或转销上述款项时，借记"银行存款"科目、"零余额账户用款额度"科目或"经费支出"科目，贷记"其他应收款"科目。行政单位内部实行备用金制度的，财务部门核定并领用备用金时，借记"其他应收款"科目，贷记"库存现金"科目。根据报销数用现金补足备用金时，借记"经费支出"科目，贷记"库存现金"科目。

例题 68：某行政单位向 D 公司采购办公用大巴车 1 辆，价值 400 000 元。按照合同规定预付货款 50%，货到后结算其余货款。该单位采用财政直接支付方式预付 50% 的货款即 200 000 元时，根据相关单据编制会计分录如下：

借：预付账款——D 公司　　　　　　　　　　　200 000.00
　　贷：资产基金——预付款项　　　　　　　　　　200 000.00
借：经费支出　　　　　　　　　　　　　　　　200 000.00
　　贷：财政拨款收入　　　　　　　　　　　　　　200 000.00

例题 69：例题 68 中的行政单位收到大巴车一辆，且通过财政部门零余额账户补付货款 200 000 元。根据相关单据编制会计分录如下：

借：资产基金——预付款项　　　　　　　　　　200 000.00
　　经费支出　　　　　　　　　　　　　　　　200 000.00
　　贷：预付款项——D 公司　　　　　　　　　　　200 000.00
　　　　财政拨款收入　　　　　　　　　　　　　　200 000.00
借：固定资产　　　　　　　　　　　　　　　　400 000.00
　　贷：资产基金——固定资产　　　　　　　　　　400 000.00

行政单位坏账的核销包括应收账款、预付账款和其他应收款的核销。逾期三年及三年以上、有确凿证据表明确实无法收回的应收账款、预付账款或其他应收款，按规定报经批准后予以核销。核销的应收账款应在备查簿中保留登记。

转入待处理时，按照待核销的金额，以前未应收账款的借记"待处理财产损溢"科目，贷记"应收账款"科目，以前预付账款的借记"待处理财产损溢"科目，贷记"预付账款"科目，以前为其他应收款得借记"待处理财产损溢"科目，贷记"其他应收款"科目。对无法收回的应收账款予以核销时，以前为应收账款的借记"其他应付款"科目，贷记"待处理财产损溢"科目，以前为预付账款的借记"资产基金——预付款项"明细科目，贷记"待处理财产损溢"科目，以前为其他应收款的借记"经费支出"科目，贷记"待处理财产损溢"科目。已核销的应收账款在以后又收回，以前为应收账款的借记"银行存款"科目，贷记"应缴财政款"科目，以前为预付账款的借记"零余额账户用款额度"科目或"银行存款"科目，贷记"财政拨款结转"科目、"财政拨款结余"科目或"其他资金结余"科目。以前未其他应收款的，在核销年度内收回，借记"银行存款"科目,贷记"经费支出"科目。核销年度以后收回,借记"银行存款"科目,贷记"财政拨款结转"科目、"财政拨款结余"科目或"其他资金结转结余"科目。

例题 70:某行政单位经核查确认 4 年之前向 E 公司预付的采购技术设备款 200 000 元,因 E 公司被撤销已无望再收到所购物资,也确实无法收回预付账款。该款项预付时使用的财政授权支付方式,属于基本支出。待核销的预付账款转入待处理财产损溢时,根据相关单据编制会计分录如下:

借:待处理财产损溢 200 000.00
　　贷:预付账款——E 公司 200 000.00

报经批准予以核销时,编制会计分录如下:

借:资产基金——预付款项 200 000.00
　　贷:待处理财产损溢 200 000.00

假如上述已核销预付账款在年末又全额收回时,编制会计分录如下:

借:零余额账户用款额度 200 000.00
　　贷:财政拨款结转 200 000.00

例题 71:某行政单位年初经核查,确认 3 年之前以非财政拨款收入为职工张某代垫的房租 5 000 元,因其下落不明,无法收回。根据相关单据编制会计分录如下:

待核销的其他应收款转入待处理财产损溢时,

借:待处理财产损溢 5 000.00
　　贷:其他应收账款——代垫房租——张某 5 000.00

报经批准予以核销时,

借:经费支出 5 000.00
　　贷:待处理财产损溢 5 000.00

假如年末张某回来偿还房租现金 5 000 元时,

借:库存现金 5 000.00
　　贷:经费支出 5 000.00

43

行政单位固定资产业务的核算

固定资产是指使用期限超过 1 年(不含 1 年),单位价值在规定标准以上,并在使用过程中基本保持原有物质形态的资产。行政单位固定资产一般分为6类：房屋及构筑物；通用设备；专用设备；文物和陈列品；图书、档案；家具、用具、装具及动植物。

若固定资产的各组成部分具有不同的使用寿命、适用不同折旧率的，应当将固定资产各组成部分分别确认。单位价值虽未达到规定标准，但是耐用时间超过1年（不含1年）的大批同类物资，应确认为固定资产。行政单位的软件，如果其构成相关硬件不可缺少的组成部分，应当将该软件的价值包括在所属的硬件价值中，一并作为固定资产确认；如果其不构成相关硬件不可缺少的组成部分，该软件应当确认为无形资产。行政单位购建房屋及构筑物不能分清支付价款中的房屋及构筑物与土地使用权部分的，应当全部确认为固定资产；能够分清支付价款中的房屋及构筑物与土地使用权部分的，应当将其中的房屋及构筑物部分确认为固定资产；将其中的土地使用权部分确认为无形资产；境外行政单位购买具有所有权的土地，确认为固定资产。境外行政单位购买具有所有权的土地，确认为固定资产。行政单位租入、借入的固定资产，不确认为行政单位的固定资产，应当设置备查簿进行登记。

购入、换入、无偿调入、接受捐赠无须安装的固定资产，在固定资产验收合格时确认。购入、换入、无偿调入、接受捐赠需要安装的固定资产，在固定资产安装完成交付使用时确认。自行建造、改建、扩建的固定资产，在建造完成交付使用时确认。

行政单位应设置"固定资产"科目核算行政单位固定资产的原价。行政单位应当根据固定资产定义、有关主管部门对固定资产的统一分类，结合本单位的具体情况，制定适合本单位的固定资产目录、具体分类方法，作为进行固定资产明细核算的依据。行政单位还应当设置"固定资产登记簿"和"固定资产卡片"，按照固定资产类别、项目和使用部门等进行明细核算。出租、出借的固定资产，应当设置备查簿进行登记。借入、以经营租赁方式租入的固定资产，不通过"固定资产"科目核算，应当设置备查簿进行登记。

行政单位应设置"在建工程"科目核算行政单位已经发生必要支出，但尚未完工交付使用的各种建筑（包括新建、改建、扩建、修缮等）、设备安装工程和信息系统建设工程的实际成本。不能够增加固定资产、公共基础设施使用效能或延长其使用寿命的改建、修缮等，直接计入当期支出，不通过"在建工程"科目核算。"在建工程"科目应当按照具体工程项目等进行明细核算。需要分摊计入有关工程项目的间接工程成本，应当通过"在建工程"科目下设置的"待摊投资"明细科目核算。为工程建设准备的各种物资成本，应当通过"在建工程"科目下设置的"工程物资"明细科目核算。行政单位的基本建设投资应当按照国家有关规定单独建账、单独核算，同时按照本制度的规定至少按月并入"在建工程"科目及其他相关科目反映。行政单位应当在"在建工程"科目下设置"基建工程"明细科目，核算由基建账套并入的在建工程成本。有关基建并账的具体账务处理另行规定。

行政单位应设置"累计折旧"科目核算行政单位固定资产、公共基础设施计提的累计折旧。"累计折旧"科目应当按照固定资产、公共基础设施的类别、项目等进行明细核算。占有公共基础设施的行政单位，应当在"累计折旧"科目下设置"固定资产累计折旧"和"公共基础设施累计折旧"两个明细科目，分别核算对固定资产和公共基础设施计提的折旧。

固定资产的账务处理包括固定资产的取得、后续支出、无偿调出、对外捐赠、出售置换、报废毁损、盘盈、盘亏和核销。

购入的固定资产其成本包括实际支付的购买价款、相关税费，以及使固定资产达到交付使用前所发生的可归属于该项资产的运输费、装卸费、安装费和专业人员服务费等。以一笔款项购入多项没有单独标价的固定资产，按照各项固定资产同类或类似固定资产市场价格的比例对总成本进行分配，分别确定各项固定资产的入账价值。购入不需要安装的固定资产、需要安装的固定资产、建造固定资产所需的工程物资时，账务处理与购入存货的账务处理类似。发生扣留的维修保证金等，与赊购存货的账务处理类似。

例题72：某行政单位购买办公用计算机一批，取得的增值税专用发票上注明计算机价款500 000元，增值税税额85 000元，支付运杂费4 504.50元，增值税495.50元，款项实行财政直接支付，计算机直接交付使用。根据相关单据编制会计分录如下：

  借：固定资产——通用设备   590 000.00
    贷：资产基金——固定资产   590 000.00
  同时，
  借：经费支出   590 000.00
    贷：财政拨款收入   590 000.00

例题73：某行政单位通过单位零余额账户支用款项购入公用汽车一辆，价值200 000元。汽车直接支付使用。根据相关单据编制会计分录如下：

  借：经费支出   200 000.00
    贷：零余额账户用款额度   200 000.00
  同时，

借：固定资产——通用设备　　　　　　　　　　　　200 000.00
　　贷：资产基金——固定资产　　　　　　　　　　　200 000.00

置换取得的固定资产成本按照换出资产的评估价值加上支付的补价或减去收到的补价，加上为换入固定资产支付的其他费用（运输费等）确定。换入固定资产按照确定的成本，借记"固定资产——不需要安装"明细科目或"在建工程——需要安装"明细科目，贷记"资产基金——固定资产"明细科目或"资产基金——在建工程"等明细科目。按照实际支付的补价、相关税费、运输费等，借记"经费支出"科目，贷记"财政拨款收入"科目"零余额账户用款额度"科目或"银行存款"科目。换出固定资产的账务处理比照处置存货资产，通过"待处理财产损溢"科目核算。

例题74：某行政单位以账面价值100 000元，已计提折旧100 000元的汽车置换甲单位的通信工具。汽车的评估价值为80 000元，采用财政授权支付方式支付补价款40 000元。通信工具直接交付使用。对于置换换入的通信工具，根据相关单据编制会计分录如下：

借：固定资产——通用设备　　　　　　　　　　　　120 000.00
　　贷：资产基金——固定资产　　　　　　　　　　　120 000.00
借：经费支出　　　　　　　　　　　　　　　　　　　40 000.00
　　贷：零余额账户用款额度　　　　　　　　　　　　40 000.00

接受捐赠、无偿调入的固定资产或工程物资的成本按下列顺序确定：按照有关凭据注明的金额加上相关税费、运输费等确定；没有相关凭据可供取得但依法经过资产评估的，其成本应当按照评估价值加上相关税费、运输费等确定；没有相关凭据可供取得也未经评估的，其成本比照同类或类似固定资产的市场价格加上相关税费、运输费等确定；没有相关凭据也未经评估，其同类或类似固定资产的市场价格无法可靠取得，所取得的固定资产应当按照名义金额入账。接受捐赠、无偿调入的固定资产，按照确定的成本，借记"固定资产——不需要安装"明细科目、"在建工程——需要安装"明细科目或"在建工程——工程物资"明细科目，贷记"资产基金——固定资产"明细科目或"资产基金——在建工程"明细科目。按照实际支付的相关税费、运输费等，借记"经费支出"科目，贷记"财政拨款收入"科目、"零余额账户用款额度"科目或"银行存款"等科目。

例题75：某行政单位接受外单位捐赠专用设备一台，发票金额250 000元，发生与该设备相关的费用20 000元，以银行存款付讫。设备直接交付使用。根据相关单据编制会计分录如下：

借：固定资产——专用设备　　　　　　　　　　270 000.00
　　贷：资产基金——固定资产　　　　　　　　　　270 000.00
借：经费支出　　　　　　　　　　　　　　　　 20 000.00
　　贷：银行存款　　　　　　　　　　　　　　　　 20 000.00

　　设备安装账务处理涉及"双分录"，购入需要安装设备，按照实际支付的金额，借记"经费支出"科目，贷记"财政拨款收入"科目、"零余额账户用款额度"科目或"银行存款"等科目。同时，按照购入的成本借记"在建工程"科目，贷记"资产基金——在建工程"明细科目。将领用工程物资，按工程物资成本，借记"在建工程——××项目"明细科目，贷记"在建工程——工程物资"明细科目，领用存货，按照存货成本借记"资产基金——存货"明细科目，贷记"存货"科目。同时借记"在建工程"科目，贷记"资产基金——在建工程"明细科目。支付设备安装费时，按照实际支付的金额借记"经费支出"科目，贷记"财政拨款收入"科目、"零余额账户用款额度"科目或"银行存款"科目。同时借记"在建工程"科目，贷记"资产基金——在建工程"明细科目。建筑工程项目完工交付使用时，按照交付使用工程所发生的实际成本借记"固定资产"科目，能够单独区分成本核算的借记"无形资产"科目，贷记"资产基金——固定资产"明细科目或"资产基金——无形资产"明细科目。同时，借记"资产基金——在建工程"明细科目，贷记"在建工程"科目。

　　信息系统建设的账务处理涉及"双分录"发生各项建设支出时，按照实际支付的金额借记"经费支出"科目，贷记"财政拨款收入"科目、"零余额账户用款额度"科目或"银行存款"等科目。同时借记"在建工程"科目，贷记"资产基金——在建工程"明细科目，信息系统建设完成交付使用时，按照交付使用信息系统的实际成本借记"固定资产"科目，贷记"资产基金——固定资产"明细科目，同时，借记"资产基金——在建工程"明细科目，贷记"在建工程"科目。

　　固定资产、公共基础设施计提折旧是指在固定资产、公共基础设施预计使用寿命内，按照确定的方法对应折旧金额进行系统分摊。行政单位的固定资产是否计提折旧，由财政部另行规定。按照财政部规定须计提固定资产、公共基础设施折旧的行政单位，应当对除下列固定资产以外的其他固定资产计提折旧：文物及陈列品；图书、档案；动植物；以名义金额入账的固定资产；境外行政单位持有的能够与房屋及构筑物区分、拥有所有权的土地。行政单位应当根据固定资产、公共基础设施的性质、折旧范围、原价和折旧年限、采用年限平均法或工作量法按月计提折旧。行政单位固定资产、公共基础设施的应折旧金额为其成本，计提固定资产、公共基础设施折旧不考虑预计净残值。固定资产、公共基础设施提足折旧后，无论能否继续使用，均不再提取折旧；提前报废的固定资产、公共基础设施，也不再补提折旧。

行政单位一般应当按月计提固定资产、公共基础设施折旧。当月增加的固定资产、公共基础设施，当月不提折旧，从下月起计提折旧；当月减少的固定资产、公共基础设施，当月照提折旧，从下月起不提折旧。

按月计提固定资产、公共基础设施折旧时，按照应计提折旧金额，借记"资产基金——固定资产"明细科目或"资产基金——公共基础设施"明细科目，贷记"累计折旧"科目。

与固定资产有关的后续支出，分别计入固定资产成本和不计入固定资产成本两种情况进行处理。为增加固定资产使用效能或延长其使用寿命而发生的改建、扩建或修缮等后续支出，应当计入固定资产成本。在原有固定资产基础上进行改建、扩建、修缮的固定资产，其成本由四个部分确定：一是原固定资产的账面价值；二是应加上的改建、扩建、修缮发生的支出，既包括根据工程价款结算账单支付的工程款，也包括支付工程价款结算账单以外的款项；三是予以扣除的固定资产拆除部分残值收入；四是应扣除的固定资产拆除部分的账面价值。

转入改扩建将固定资产转入改建、扩建、修缮时，按照固定资产的账面价值，借记"资产基金——固定资产"明细科目，贷记"累计折旧"科目或"固定资产"科目，同时，按照固定资产的账面价值借记"在建工程"科目，贷记"资产基金——在建工程"明细科目。拆除部分固定资产，将改建、扩建或修缮的建筑部分拆除时，按照拆除部分的账面价值（没有固定资产拆除部分的账面价值的，比照同类或类似固定资产的实际成本或市场价格及其拆除部分占全部固定资产价值的比例确定），借记"银行存款"科目，贷记"经费支出"科目，同时，借记"资产基金——在建工程"明细科目，贷记"在建工程"科目。根据工程进度支付工程时，按照实际支付的金额，借记"经费支出"科目，贷记"财政拨款收入"科目、"零余额账户用款额度"科目或"银行存款"科目。同时按照相同的金额借记"在建工程"科目，贷记"资产基金——在建工程"明细科目。按照实际支付的金额，借记"经费支出"科目，贷记"财政拨款收入"科目、"零余额账户用款额度"科目或"银行存款"等科目。按照应付未得金额，借记"待偿债净资产"科目，贷记"应付账款"科目，同时，根据工程价款结算账单与施工企业结算工程价款时，按照工程价款结算账单上列明的金额（扣除已支付的金额），借记"在建工程"科目，贷记"资产基金——在建工程"明细科目。支付工程价款结算账单以外的款项时，借记"经费支出"科目，贷记"财政拨款收入"科目、"零余额账户用款额度"科目或"银行存款"科目,同时,借记"在建工程"科目,贷记"资产基金——在建工程"明细科目。工程项目结束,需要分摊间接工程成本的,按照应当分摊到该项目的间接工程成本,借记"在建工程——××项目"明细科目,贷记"在建工程——待摊投资"明细科目。建筑工程项目完工交付使用时,按照交付使用工程的实际成本借记"固定资产"科目,工程项目中有能单独区分成本的借记"无形资产"科目,贷记"资产基金——固定资产"明细科目或"资产基金——无形资产"明细科目。同时,按照交付使用工程的实际成本借记"资产基金——在建工程"明细科目,贷记"在建工程"科目。建筑工程项目完工交付使用时扣留质量保证金的,按照扣留的质量保证金金额借记"待偿债净资产"科目,贷记"长期应付款"科目。为工程项目配套而建成的、产权不归属本单位的专用设施,将专用设施产权移交其他单位时,按照应当交付专用设施的实际成本,借记"资产基金——在建工程"明细科目,贷记"在建工程"科目。工程完工但不能形成资产的项目,应当按照规定报经批准后予以核销。转入待处理财产损溢时,按照不能形成资产的工程项目的实际成本,借记"待处理财产损溢"科目,贷记"在建工程"科目。

为维护固定资产正常使用而发生的日常修理等后续支出,应当计入当期支出但不计入固定资产成本,借记"经费支出"科目,贷记"财政拨款收入"科目、"零余额账户用款额度"科目或"银行存款"等科目。

例题 76:某行政单位对一幢办公楼进行扩建,该办公楼账面余额 8 000 000 元,已计提折旧 6 000 000 元。该办公楼用两个月完成扩建,共支付施工单位工程价款 1 000 000 元,全部实行财政直接支付。办公楼扩建完工后直接交付使用。转入扩建时,根据相关单据编制会计分录如下:

  借:在建工程——建筑工程——办公楼   2 000 000.00
    贷:资产基金——在建工程   2 000 000.00
  借:资产基金——固定资产   2 000 000.00
    累计折旧   6 000 000.00
    贷:固定资产   8 000 000.00

支付工程价款时,编制会计分录如下:

  借:在建工程——建筑工程——办公楼   1 000 000.00
    贷:资产基金——在建工程   1 000 000.00
  借:经费支出   1 000 000.00
    贷:财政拨款收入   1 000 000.00

扩建完工直接交付使用时，编制会计分录如下：

借：固定资产　　　　　　　　　　　　　　　3 000 000.00
　　贷：资产基金——固定资产　　　　　　　　　　3 000 000.00
借：资产基金——在建工程　　　　　　　　　3 000 000.00
　　贷：在建工程——建筑工程——办公楼　　　　3 000 000.00

无偿调出、对外捐赠固定资产，应当按照规定报经批准后进行账务处理。经批准无偿调出、对外捐赠固定资产时，按照无偿调出、对外捐赠固定资产的账面价值，借记"资产基金——固定资产"明细科目和"累计折旧"科目，贷记"固定资产"科目。无偿调出、对外捐赠固定资产发生由行政单位承担的拆除费用、运输费支出等，按照实际支付的金额，借记"经费支出"科目，贷记"财政拨款收入"科目、"零余额账户用款额度"科目或"银行存款"科目。

经批准出售、换出的固定资产应通过"待处理财产损溢"科目进行核算。其账务处理比照出售、换出存货部分的账务处理。经批准的固定资产报废、毁损通过"待处理财产损溢"科目核算。

行政单位的固定资产应当定期进行清查盘点，每年至少盘点一次。对于固定资产或工程物资发生盘盈、盘亏的，应当及时查明原因，按照规定报经批准后进行账务处理。

盘盈的固定资产，按照取得同类或类似固定资产的实际成本确定入账价值；没有同类或类似固定资产的实际成本，按照同类或类似固定资产的市场价格确定入账价值；同类或类似固定资产的实际成本或市场价格无法可靠取得，按照名义金额入账。盘盈的固定资产，按照确定的入账价值，借记"固定资产"科目，贷记"待处理财产损溢"科目。报经批准予以处理时，借记"待处理财产损溢"科目，贷记"资产基金——固定资产"明细科目。盘亏的固定资产，按照盘亏固定资产的账面价值，借记"待处理财产损溢——待处理财产价值"明细科目和"累计折旧"科目，贷记"固定资产"科目。报经批准予以核销时，借记"资产基金——固定资产"明细科目，贷记"待处理财产损溢——待处理财产价值"明细科目。

工程完工但不能形成资产的项目，应当按照规定报经批准后予以核销。转入待处理财产损溢时，借记"待处理财产损溢——待处理财产价值"明细科目，贷记"在建工程"科目。报经批准予以核销时，借记"资产基金——在建工程"明细科目，贷记"待处理财产损溢——待处理财产价值"明细科目。行政单位出租固定资产应收未收的租金通过"其他应付款"科目核算。

例题77：某行政单位经上级批准报废已经无法使用的汽车一辆，其账面余额为 200 000 元，已提折旧 160 000 元，出售价款 10 000 元，款项已存入银行，以现金支付清理费用 500 元。假设不考虑相关税费，转入待处理财产时，根据相关单据编制会计分录如下：

  借：待处理财产损溢   40 000.00
    累计折旧   160 000.00
    贷：固定资产——通用设备   200 000.00

报经批准予以处理时，编制会计分录如下：

  借：资产基金——固定资产   40 000.00
    贷：待处理财产损溢   40 000.00

取得出售价款时，编制会计分录如下：

  借：银行存款   10 000.00
    贷：待处理财产损溢   10 000.00

支付清理费用时，编制会计分录如下：

  借：待处理财产损溢   500.00
    贷：库存现金   500.00

处理净收入时，编制会计分录如下：

  借：待处理财损溢   9 500.00
    贷：应缴财政款   9 500.00

例题 78： 某行政单位年终在固定资产清查过程中，发现一台电脑没有入账，该类电脑市场价格为 12 000 元。转入待处理财产时，根据相关单据编制会计分录如下：

  借：固定资产——通用设备   12 000.00
    贷：待处理财产损溢   12 000.00

报经批准予以处理时，

  借：待处理财产损溢   12 000.00
    贷：资产基金——固定资产   12 000.00

44

行政单位无形资产的核算

  无形资产是指不具有实物形态而能够为行政单位提供某种权利的非货币性资产，包括土地使用权、著作权、专利权、非专利技术等。行政单位购入的不构成相关硬件不可缺少组成部分的软件,应当作为无形资产核算。行政单位应设置"无形资产"科目核算行政单位各项无形资产的原价。该科目按无形资产的类别、项目等进行明细核算。行政单位应设置"累计摊销"科目核算行政单位无形资产计提的累计摊销。该科目应当按照无形资产的类别、项目等进行明细核算。

无形资产的账务处理包括取得、摊销、后续支出、出售、换出、核销、无偿调出、对外捐赠。

取得的无形资产应当在完成对其权属的规定登记或其他证明单位取得无形资产的产权或使用权时按照其成本入账。外购的无形资产,其成本包括实际支付的购买价款、相关税费以及可归属于该项资产达到预定用途所发生的其他支出。现购、赊购、预购取得的无形资产比照购入存货的账务处理进行。委托软件公司开发软件,视同外购,账务处理比照购入存货的账务处理进行。

自行开发并按法律程序申请取得的专利权等无形资产,按照依法取得时发生的注册费、聘请律师费等费用确定成本。依法取得专利权等无形资产前所发生的研究开发支出及支付的注册费、聘请律师费,应当于发生时直接计入当期支出,借记"经费支出"科目,贷记"财政拨款收入"科目、"零余额账户用款额度"科目或"银行存款"科目。取得专利权等无形资产时,按照确定的成本,借记"无形资产"科目,贷记"资产基金——无形资产"明细科目。置换、接受捐赠、无偿调入和信息系统建设的无形资产的账务处理分别与固定资产置换、接受捐赠、无偿调入和信息系统建设的账务处理类似。

摊销是指在无形资产使用寿命内,按照确定的方法对应摊销金额进行系统分摊。行政单位应当对无形资产进行摊销,以名义金额计量的无形资产除外。行政单位应当自无形资产取得当月起,按月计提无形资产摊销;无形资产减少的当月,不再计提摊销。无形资产提足摊销后,无论能否继续带来服务潜力或经济利益,均不再计提摊销;核销的无形资产,如果未提足摊销,也不再补提摊销。行政单位应当根据无形资产原价和摊销年限,采用年限平均法进行摊销。因后续支出增加无形资产成本的,应当重新确定的无形资产成本,重新计算摊销额。行政单位应当按照以下原则确定无形资产的摊销年限:法律规定了有效年限的,按照法律规定的有效年限作为摊销年限;法律没有规定有效年限的,按照相关合同或单位申请书中的受益年限作为摊销年限;法律没有规定有效年限、相关合同或单位申请书也没有规定受益年限的,按照不少于10年的期限摊销;非大批量购入、单价小于1 000元的无形资产,可以于购买的当期,一次将成本全部摊销。

按月计提无形资产摊销时,按照应计提摊销金额,借记"资产基金——无形资产"明细科目,贷记"累计摊销"科目。与无形资产有关的后续支出,应分别计入无形资产成本和不计入无形资产成本两种情况处理。计入无形资产成本的后续支出。为增加无形资产使用效能而发生的后续支出,如对软件进行升级改造或扩展其功能所发生的支出,应当既计入无形资产的成本也计入当期支出,借记"无形资产"科目,贷记"资产基金——无形资产"明细科目,同时,借记"经费支出"科目,贷记"财政拨款收入"科目、"零余额账户用款额度"科目或"银行存款"科目。

为维护无形资产的正常使用而发生的后续支出,如对软件进行的漏洞修补、技术维护等所发生的支出,应当仅计入当期支出,不计入无形资产成本。借记"经费支出"科目,贷记"财政拨款收入"科目、"零余额账户用款额度"科目或"银行存款"等科目。

出售、置换换出、无偿调出、对外捐赠、核销无形资产,应当按规定报经批准后进行账务处理,分别与出售、置换换出、无偿调出、对外捐赠及核销固定资产类似。

例题79:某行政单位采用财政授权支付方式购买专利权一项,价值200 000元。经批准获得500平方米的土地使用权,价值2 000 000元,该款项尚未支付。根据相关单据编制会计分录如下:

借:无形资产——专利权　　　　　　　　　　　　　200 000.00
　　贷:资产基金——无形资产　　　　　　　　　　　　200 000.00
借:经费支出　　　　　　　　　　　　　　　　　　　200 000.00
　　贷:零余额账户用款额度　　　　　　　　　　　　　200 000.00
借:无形资产——土地使用权　　　　　　　　　　　2 000 000.00
　　贷:资产基金——无形资产　　　　　　　　　　　2 000 000.00
借:待偿债净资产　　　　　　　　　　　　　　　　2 000 000.00
　　贷:应付账款　　　　　　　　　　　　　　　　　2 000 000.00

例题80:某行政单位出售一项专利权,该专利权的账面余额为200 000元,已计提摊销120 000元,取得出售价款92 700元,款项已存入银行。假设行政单位为小规模纳税人,转入待处理财产时,根据相关单据编制会计分录如下:

借:待处理财产损溢　　　　　　　　　　　　　　　　80 000.00
　　累计摊销　　　　　　　　　　　　　　　　　　　120 000.00
　　贷:无形资产——专利权　　　　　　　　　　　　　200 000.00
实现出售时,编制会计分录如下:
借:资产基金——无形资产　　　　　　　　　　　　　80 000.00

    贷：待处理财产损溢　　　　　　　　　　　　　　80 000.00
　　取得出售价款时，编制会计分录如下：
　　借：银行存款　　　　　　　　　　　　　　　　92 700.00
　　　　贷：待处理财产损溢　　　　　　　　　　　　92 700.00
　　计算相关税费，应交增值税 = 92 700 ÷（1 + 3%）× 3% = 2 700（元），应交城市维护建设税 = 2 700 × 7% = 189（元），应交教育费附加 = 2 700 × 3% = 81（元），应交地方教育附加 = 2 700 × 2% = 54（元）。编制会计分录如下：
　　借：待处理财产损溢　　　　　　　　　　　　　　3 024.00
　　　　贷：应缴税费　　　　　　　　　　　　　　　3 024.00
　　处置净收入时，编制会计分录如下：
　　借：待处理财产损溢　　　　　　　　　　　　　　89 676.00
　　　　贷：应缴财政款　　　　　　　　　　　　　　89 676.00

45

行政单位政府储备物资和公共基础设施的核算

　　政府储备物资是各级地方政府为应对突发公共事件、调节市场供求、保障社会经济正常。运行而储备的各种物资。例如，帐篷、救生衣、毛毯、睡袋、发电机、发电机组、切割机等纳入政府应急储备项目的各种物资。负责采购并拥有储备物资调拨权力的行政单位（采购单位），交由其他行政单位（代储单位）代为储备的，代储单位将受托代储的政府储备物资作为受托代理资产核算。政府储备物资应当在其到达存放地点并验收时确认。

　　行政单位应设置"政府储备物资"核算行政单位直接储存管理的各项政府应急或救灾储备物资。该科目应当按照政府储备物资的种类、品种、存放地点等进行明细核算。科目期末借方余额，反映行政单位管理的政府储备物资的实际成本。

　　因政府储备物资的购入、接受捐赠、无偿调入、发出、对外捐赠、无偿调出、盘盈、盘亏、报废、毁损的账务处理与存货基本相同。值得注意的是，单位支付的政府储备物资保管费、仓库租赁费等日常储备费用，不计入政府储备物资的成本。

　　例题 81：某行政单位为地震灾区购入帐篷一批，取得的增值税专用发票上注明的价款是 500 000 元，增值税税额 85 000 元，支付装卸费 5 000 元，款项实行财政直接支付。根据相关单据编制会计分录如下：
　　借：政府储备物资——救灾帐篷　　　　　　　　590 000.00

  贷：资产基金——政府储备物资   590 000.00
 借：经费支出   590 000.00
  贷：财政拨款收入   590 000.00

例题 82： 某行政单位经批准将不需储备的救灾帐篷出售，该物资的账面余额 100 000 元，出售价款 90 000 元，款项已存入银行。不考虑相关税费，根据相关单据编制会计分录如下：

转入待处理财产时，

 借：待处理财产损溢   100 000.00
  贷：政府储备物资——救灾帐篷   100 000.00

实现出售时，编制会计分录如下：

 借：资产基金——政府储备物资   100 000.00
  贷：待处理财产损溢   100 000.00

  公共基础设施是指由行政单位占有并直接负责维护管理、供社会公众使用的工程性公共基础设施资产，包括城市交通设施、公共照明设施、环保设施、防灾设施、健身设施、广场及公共构筑物等其他公共设施。

  行政单位应设置"公共基础设施"科目核算行政单位占有并直接负责维护管理的公共基础设施资产。该科目期末借方余额，反映行政单位管理的公共基础设施的实际成本。但"公共基础设施"科目不核算下列内容：与公共基础设施配套使用的修理设备、工具器具、车辆等动产。与公共基础设施配套、供行政单位在公共基础设施管理中自行使用的房屋构筑物等，能够与公共基础设施分开核算的。这些资产作为管理公共基础设施的行政单位的固定资产核算。"公共基础设施"科目应当按照公共基础设施的类别和项目进行明细核算。行政单位应当结合本单位的具体情况，制定适合于本单位管理的公共基础设施目录、分类方法，作为进行公共基础设施核算的依据。

  公共基础设施应当在对其取得占有权利时确认。取得公共基础设施时，应当按照其成本入账。自行建设的公共基础设施的账务处理与自行建造的固定资产账务处理类似。接受其他单位移交的公共基础设施，其成本按照公共基础设施的原账面价值确认，借记"公共基础设施"科目，贷记"资产基金——公共基础设施"明细科目。公共基础设施后续支出的账务处理与固定资产后续支出的账务处理类似。行政单位管理报废、毁损公共基础设施的账务处理与固定资产报废、毁损的账务处理类似。经批准向其他单位移交公共基础设施时，按照移交公共基础设施的账面价值，借记"资产基金——公共基础设施"明细科目或"累计折旧"科目，贷记"公共基础设施"科目。

例题 83：某 A 行政单位接受其他 B 行政单位移交的公共基础设施，该设施的原价为 2 275 000 元，累计折旧 1 131 000 元。根据相关单据编制会计分录如下：

A 行政单位接受移交的公共基础设施时，编制会计分录如下：

借：公共基础设施   1 144 000.00
    贷：资产基金——公共基础设施   1 144 000.00

B 行政单位向 A 移交公共基础设施时，编制会计分录如下：

借：资产基金——公共基础设施   1 144 000.00
    累计折旧——固定资产累计折旧   1 131 000.00
    贷：固定资产   2 275 000.00

46

行政单位受托代理业务的核算

行政单位的受托代理业务包括行政单位受托指定转赠物资和资金、受托储存管理物资等。受托代理资产是行政单位接受委托方委托管理的各项资产，包括受托指定转赠的物资和资金、受托储存管理的物资等。受托代理负债是行政单位接受委托，获得受托管理资产时形成的负债。

行政单位应设置"受托代理资产"科目核算行政单位接受委托方委托管理的各项资产。行政单位收到的受托代理资产为现金和银行存款的，不通过本科目核算，应当在"库存现金"科目或"银行存款"科目下设置"受托代理资产"明细科目进行核算。"受托代理资产"科目应当按照资产的种类和委托人进行明细核算；属于转赠资产的，还应当按照受赠人进行明细核算。

行政单位应设置"受托代理负债"科目核算行政单位接受委托，获得受托管理资产时形成的负债。该科目应按照委托人等进行明细核算；属于指定转赠物资和资金的，还应当按照指定受赠人进行明细核算。

受托代理负债应当在行政单位收到受托代理资产并产生受托代理义务时确认。接受委托人委托需要转赠给受赠人的物资，其成本按照有关凭据注明的金额确定；没有相关凭据可供取得的，其成本比照同类或类似物资的市场价格确定。接受委托的转赠物资验收入库，按照确定的成本，借记"受托代理资产"科目，贷记"受托代理负债"科目。受托协议约定由行政单位承担相关税费、运输费等的，还应按照实际支付的相关税费、运输费等金额，借记"经费支出"科目，贷记"银行存款"科目。将受托转赠物资交付受赠人时，按照转赠物资的成本，借记"受托代理负债"科目,贷记"受托代理资产"科目。转赠物资的委托人取消了对捐赠物资的转赠要求,且不再收回捐赠物资的,应当将转赠物资转为存货或固定资产。按照转赠物资的成本,借记"受托代理负债"科目,贷记"受托代理资产"科目。同时,借记"存货"科目或"固定资产"科目,贷记"资产基金——存货"明细科目或"资产基金——固定资产"明细科目。

接受委托人委托储存管理的物资,其成本按照有关凭据注明的金额确定。接受委托储存的物资验收入库,按照确定的成本,借记"受托代理资产"科目,贷记"受托代理负债"科目。支付应当由受托单位承担的与受托储存管理物资相关的运输费、保管费等费用时,按照实际支付的金额,借记"经费支出"科目,贷记"银行存款"科目。根据委托人要求交付受托储存管理物资时,按照储存管理物资的成本,借记"受托代理负债"科目,贷记"受托代理资产"科目。收到委托转赠的资金,借记"库存现金——受托代理资产"明细科目或"银行存款——受托代理资产"等明细科目,贷记"受托代理负债"科目。将受托转赠资金交付指定的受赠人,借记"受托代理负债"科目,贷记"库存现金——受托代理资产"明细科目或"银行存款——受托代理资产"明细科目。

例题84:某行政单位接受某基金会的委托,将一批地震灾区所需药品转赠给地震灾区。该批药品的市场价格为50 000元,并验收入库。假设不考虑相关税费,根据相关单据编制会计分录如下:

借:受托代理资产——某基金——药品　　　　　　50 000.00
　　贷:受托代理负债　　　　　　　　　　　　　　50 000.00

如果上述基金取消了转赠,且不再收回捐赠物资时,编制会计分录如下:

借:受托代理负债　　　　　　　　　　　　　　　50 000.00
　　贷:受托代理资产——某基金会——药品　　　　50 000.00

47

行政单位应缴财政款和应缴税费的核算

应缴财政款是指行政单位按照规定取得的应当上缴财政的款项,包括罚没收入、行政事业性收费、政府性基金、国有资产处置和出借收入等。行政单位应设置"应缴财政款"科目核算行政单位应当上缴财政的各种款项。该科目应当按照应缴财政款项的类别进行明细核算,科目贷方余额,反映行政单位应当上缴财政但尚未缴纳的款项。

应缴财政款应当在收到应当上缴财政的款项时确认。取得按照规定应上缴财政的款项时,借记"银行存款"科目,贷记"应缴财政款"科目。上缴应缴财政的款项时,按照实际上缴的金额,借记"应缴财政款"科目,贷记"银行存款"科目。

应缴税费是指行政单位按照国家税法等有关规定应当缴纳的各种税费,包括增值税、城市建设维护税、教育费附加、房产税、车船税、城镇土地使用税、代缴的个人所得税等。行政单位应设置"应缴税费"科目核算行政单位按照国家税法等有关规定应当缴纳的各种税费,该科目应当按照应缴纳的税费种类进行明细核算。行政单位的主要应缴税费账务处理归纳如表17所示。

表17　　　　　　　　行政单位应缴税费账务处理归纳表

序号	税费项目	借方科目	贷方科目	备注
1	增值税	银行存款/应收账款	应缴税费——应缴增值税	小规模/一般纳税人
		支出科目		出租固定资产
		待处理财产损溢		无形资产、不动产处置
2	城市维护建设税	支出科目	应缴税费——应缴城市维护建设税	出租固定资产
		待处理财产损溢		资产处置
3	教育费附加地方教育附加	支出科目	应缴税费——应缴教育费附加 ——应缴地方教育附加	出租固定资产
		待处理财产损溢		资产处置
4	房产税	支出科目	应缴税费——应缴房产税	
5	城镇土地使用税	支出科目	应缴税费——应缴城镇土地使用税	
6	车船税	支出科目	应缴税费——应缴车船税	
7	印花税	支出科目	银行存款	
8	个人所得税	应付职工薪酬	应缴税费——代扣代缴个人所得税	
9	消费税	支出科目	应缴税费——应缴消费税	
10	关税	支出科目	应缴税费——应缴出口关税 ——应缴进口关税	同时计入资产成本
11	土地增值税	待处理财产损溢	应缴税费——应缴土地增值税	不动产处置
12	耕地占用税	土地成本	银行存款	同时计入资产成本
13	车辆购置税	资产成本	银行存款	同时计入资产成本
14	排污费	支出科目	应缴税费——应缴排污费	

因资产处置等发生增值税、城市维护建设税、教育费附加缴纳义务的,按照税法等规定计算的应缴税费金额,借记"待处理财产损溢"科目,贷记"应缴

税费"科目。实际缴纳时,借记"应缴税费"科目,贷记"银行存款"科目。因出租资产等发生增值税、城市维护建设税、教育费附加等缴纳义务的;按照税法等规定计算的应缴税费金额,借记"应缴财政款"科目,贷记"应缴税费"科目。实际缴纳时,借记"应缴税费"科目,贷记"银行存款"科目。

例题85:某行政单位出租会议室,取得租金收入5 150元,已存入银行。假设该行政单位为增值税小规模纳税人,根据相关单据编制会计分录如下:

取得租金收入,

借:银行存款　　　　　　　　　　　　　　5 150.00
　　贷:应缴财政款　　　　　　　　　　　　　5 150.00

计提增值税、城市维护建设税、教育费附加金额,应交增值税 = 5 150 ÷ (1 + 3%) × 3% = 150(元),应交城市维护建设税 = 150 × 7% = 10.50(元),应交教育费附加 = 150 × 3% = 4.50(元),应交地方教育附加 = 150 × 2% = 3.00(元)。编制会计分录如下:

借:应缴财政款　　　　　　　　　　　　　　168.00
　　贷:应缴税费——应交增值税　　　　　　　150.00
　　　　　　　——应缴城市维护建设税　　　　 10.50
　　　　　　　——应缴教育费附加　　　　　　　4.50
　　　　　　　——应缴地方教育附加　　　　　　3.00

实际缴纳时,

借:应缴税费——应交增值税　　　　　　　　150.00
　　　　　——应缴城市维护建设税　　　　　 10.50
　　　　　——应缴教育费附加　　　　　　　　4.50
　　　　　——应缴地方教育附加　　　　　　　3.00
　　贷:银行存款　　　　　　　　　　　　　　168.00

48

行政单位应付职工薪酬的核算

应付职工薪酬是指行政单位按照有关规定应当支付给职工的各种薪酬,包括基本工资、津贴补贴等。行政单位应设置"应付职工薪酬"科目核算行政单位按照有关规定应当支付给职工的各种薪酬。该科目应根据国家有关规定按照"工资(离退休费)""地方(部门)津贴补贴""其他个人收入"以及"社会保险费""住房公积金"等进行明细核算。

应付职工薪酬应当在规定支付职工薪酬的时间确认。发生应付职工薪酬时，按照计算出的应付职工薪酬金额，借记"经费支出"科目，贷记"应付职工薪酬"科目。向职工支付工资、津贴补贴等薪酬时，按照实际支付的金额，借记"应付职工薪酬"科目，贷记"财政拨款收入"科目、"零余额账户用款额度"科目或"银行存款"科目。从应付职工薪酬中代扣费用的，按照实际扣除的金额，借记"应付职工薪酬——工资"明细科目，按代扣已为职工垫付的水电费、房租金额，贷记"其他应收款"科目，按代扣代缴个人所得税金额，贷记"应缴税费"科目，按代扣代缴社会保险费和住房公积金金额，贷记"其他应付款"科目。按缴纳单位为职工承担社会保险费金额，借记"应付职工薪酬——社会保险费"明细科目，按缴纳单位为职工承担住房公积金金额，借记"应付职工薪酬——住房公积金"明细科目，按缴纳职工承担的社会保险费和住房公积金金额，借记"其他应付款"科目，贷记"财政拨款收入"科目、"零余额账户用款额度"科目或"银行存款"科目。

例题86：某行政单位计算出本月应付职工基本工资总额450 000元、津贴300 000元，离退休人员离退休费50 000元，其他个人收入25 000元。其中，代扣个人所得税20 000元，代扣由职工个人承担的住房公积金54 000元，单位配套补贴住房公积金54 000元。根据相关单据编制会计分录如下：

借：经费支出　　　　　　　　　　　　　　　　879 000.00
　　贷：应付职工薪酬——工资（离退休费）　　　500 000.00
　　　　　　　　　　——地方（部门）津贴补贴　300 000.00
　　　　　　　　　　——其他个人收入　　　　　 25 000.00
　　　　　　　　　　——住房公积金　　　　　　 54 000.00
借：应付职工薪酬——工资（离退休费）　　　　　74 000.00
　　贷：其他应付款——住房公积金　　　　　　　 54 000.00
　　　　应缴税费——个人所得税　　　　　　　　 20 000.00

49

行政单位应付款项和长期应付款的核算

行政单位的应付款项仅仅包括有应付账款、应付政府补贴款和其他应付款三项。行政单位应设置"应付账款"科目核算因购买物资或服务等而承担的偿还期限不超过 1 年（含 1 年）的款项，该科目应当按照债权人进行明细核算。期末贷方余额，反映行政单位尚未支付的应付账款。行政单位应设置"应付政府补贴款"科目核算行政单位负责发放、按照规定应当支付给政府补贴接受者的各种政府补贴款，该科目应当按照政府补贴的种类进行明细核算。行政单位还应当建立按照补贴接受人登记的备查簿，进行应付政府补贴的明细核算。

行政单位应设置"其他应付款"核算行政单位除应缴财政款、应缴税费、应付职工薪酬、应付账款、应付政府补贴款之外的其他各项偿还期在 1 年以内（含 1 年）的应付及暂存款项，包括收取的押金、保证金、未纳入行政单位预算管理的转拨资金、代扣代缴职工社会保险费和住房公积金等。该科目应当按照其他应付款的类别以及债权单位（或个人）进行明细核算。

行政单位收到购买的物资或已接受服务、完成工程，发生的应付账款的账务处理比照购入存货中延期付款业务的账务处理方法。行政单位应当在规定发放政府补贴的期末确认应付政府补贴款。发生应付政府补贴款时，按照规定计算出的政府补贴金额，借记"经费支出"科目，贷记"应付政府补贴款"科目。支付应付政府补贴款时，借记"应付政府补贴款"科目，贷记"零余额账户用款额度"科目或"银行存款"科目。行政单位发生各项其他应付款项时，借记"银行存款"科目，贷记"其他应付款"科目。支付各项其他应付款项时，借记"其他应付款"科目，贷记"银行存款"科目。无法偿付或债权人豁免偿还的应付账款和其他应付款，应当按照规定报经批准后进行账务处理。应付账款经批准核销时，借记"应付账款"科目，贷记"待偿债净资产"科目。其他应付款经批准核销时，借记"其他应付款"科目，贷记"其他收入"科目。核销的应付账款和其他应付款均应在备查簿中保留登记。

行政单位应设置"长期应付款"科目核算行政单位应付的偿还期限超过 1 年（不含 1 年）的款项，如跨年度分期付款购入固定资产的未付价款等。该科目应按长期应付款的类别以及债权人进行明细核算。

长期应付款应当按照以下条件确认：因购买物资或服务等应付的长期应付款，应当在收到物资和服务时确认。因其他原因发生的长期应付款，应当在承担付款义务时确认。

长期应付款发生、支付、核销的账务处理比照购入存货中赊购涉及的应付账款的账务处理方法。

例题 87：某行政单位收到向甲公司采购的计算机一批，取得的增值税专用发票上注明计算机价款 500 000 元，增值税税额 85 000 元，款项在两个月内支付，计算机直接交付使用。根据相关单据编制会计分录如下：

借：待偿债净资产 585 000.00
　　贷：应付账款——甲公司 585 000.00
借：固定资产 585 000.00
　　贷：资产基金——固定资产 585 000.00

例题88：某行政单位2015年6月30日购入专用设备一批，价值5 000 000元，当日通过财政部门零余额账户支付价款50%，余款将在2016年11月30日通过财政部门零余额账户支付，专用设备收到并直接投入使用。2015年6月30日收到专用设备并支付50%货款时，根据相关单据编制会计分录如下：

借：经费支出 2 500 000.00
　　贷：财政拨款收入 2 500 000.00
借：固定资产 5 000 000.00
　　贷：资产基金——固定资产 5 000 000.00
借：待偿债净资产 2 500 000.00
　　贷：长期应付款——专用设备价款 2 500 000.00

2016年11月30日支付另外50%货款时，编制会计分录如下：

借：经费支出 2 500 000.00
　　贷：财政拨款收入 2 500 000.00
借：长期应付款 2 500 000.00
　　贷：待偿债净资产 2 500 000.00

50

行政单位财政拨款结转的核算

财政拨款结转资金（简称结转资金）是指行政单位当年支出预算已执行但尚未完成，或因故未执行，下年需按原用途继续使用的财政拨款资金。财政拨款结转资金的性质属于行政单位的净资产。它包括基本支出结转、项目支出结转。

行政单位应设置"财政拨款结转"科目核算行政单位的财政拨款结转资金，该科目应当设置"基本支出结转"和"项目支出结转"两个明细科目；在"基本支出结转"明细科目下按照"人员经费"和"日常公用经费"进行明细核算，在"项目支出结转"明细科目下按照具体项目进行明细核算；还应当按照《政府收支分类科目》中"支出功能分类科目"的项级科目进行明细核算。有公共财政预算拨款、政府性基金预算拨款等两种或两种以上财政预算拨款的行政单位，还应当按照财政预算拨款种类分别进行明细核算。"财政拨款结转"科目还可以根据管理需要按照财政拨款结转变动原因，设置"收支转账"、"结余转账"、"年初余额调整"、"归集上缴"、"归集调入"、"单位内部调剂"和"剩余结转"等明细科目，进行明细核算。

年末，将财政拨款收入本年发生额转入"财政拨款结转"科目及其明细科目，借记"财政拨款收入——基本支出拨款"明细科目或"财政拨款收入——项目支出拨款"明细科目，贷记"财政拨款结转——收支转账——基本支出结转"明细科目或"财政拨款结转——收支转账——项目支出结转"明细科目。年末，将财政拨款支出本期发生额转入"财政拨款结转"科目及其明细科目，借记"财政拨款结转——收支转账——基本支出结转"明细科目或"财政拨款结转——收支转账——项目支出结转"明细科目，贷记"经费支出——财政拨款支出——基本支出"明细科目或"经费支出——财政拨款支出——项目支出"。

将完成项目的结转资金转入财政拨款结余。年末完成上述财政拨款收支转账后，对各项目执行情况进行分析，按照有关规定将符合财政拨款结余性质的项目余额转入财政拨款结余，借记"财政拨款结转——结余转账——项目支出结转"明细科目，贷记"财政拨款结余——结余转账——项目支出结余"明细科目。

调整以前年度财政拨款结转。因发生差错更正、以前年度支出收回等原因，需要调整财政拨款结转的，按照实际调增财政拨款结转的金额，借记"有关科目"，贷记"财政拨款结转——年初余额调整"明细科目。按照实际调减财政拨款结转的金额，借记"财政拨款结转——年初余额调整"明细科目，贷记"有关科目"。

从其他单位调入财政拨款结转资金。按照规定从其他单位调入的财政拨款结转资金，按照实际调入的资金数额或调增的额度数额，借记"零余额账户用款额度"科目或"银行存款"，贷记"财政拨款结转——归集调入"。

上缴财政拨款结转。按照规定上缴财政拨款结转资金时，按照实际上缴资金数额或核销的额度数额，借记"财政拨款结转——归集上缴"明细科目，按核销的直接支付额度数额贷记"财政应返还额度"科目，按核销的授权支付额度数额，贷记"零余额账户用款额度"科目，按银行存款上缴资金贷记"银行存款"科目。

单位内部调剂结转结余资金。经财政部门批准对财政拨款结转结余资金改变用途，调整用于其他未完成项目等，按照调整的金额，借记"财政拨款结余——单位内部调剂"明细科目，贷记"财政拨款结转——单位内部调剂"明细科目。

年末冲销有关明细科目余额。年末收支转账后，将"财政拨款结转"科目所属"收支转账""结余转账""年初余额调整""归集上缴""归集调入""单位内部调剂"等明细科目余额转入"剩余结转"明细科目；转账后，"财政拨款结转"科目除"剩余结转"明细科目外，其他明细科目应无余额。

例题89：某行政单位批准增加日常办公经费，增加经费按规定从其他单位的财政拨款结余资金调入，月末财政向单位零余额账户下达新增的用款额度470 000元。根据相关单据编制会计分录如下：

借：零余额账户用款额度　　　　　　　　　　　　470 000.00
　　贷：财政拨款结转——归集调入——基本支出结转——日常公用经费
　　　　　　　　　　　　　　　　　　　　　　　　470 000.00

例题90：某行政单位按规定削减某项目经费，削减的项目经费按照规定将项目结转资金上缴财政，行政单位通过零余额账户上缴了630 000元。根据相关单据编制会计分录如下：

借：财政拨款结转——归集上缴——项目支出结转　630 000.00
　　贷：零余额账户用款额度　　　　　　　　　　　630 000.00

51

行政单位财政拨款结余的核算

财政拨款结余是指行政单位当年预算工作目标已完成，或因故终止，剩余的财政拨款滚存资金。行政单位应设置"财政拨款结余"科目核算行政单位的财政拨款项目支出结余资金。该科目应当按照具体项目进行明细核算，还应当按照《政府收支分类科目》中功能分类科目的项级科目进行明细核算。有公共财政预算拨款、政府性基金预算拨款等两种或两种以上财政拨款的行政单位，还应当按照财政拨款的种类分别进行明细核算。"财政拨款结余"科目还应当按照财政拨款结余变动原因，设置"结余转账"、"年初余额调整"、"归集上缴"、"归集调入"、"单位内部调剂"等明细科目，进行明细核算。

因发生差错更正、以前年度支出收回等原因，需要调整财政拨款结余的，按照实际调增财政拨款结余的金额，借记"有关科目"，贷记"财政拨款结余——年初余额调整"明细科目。按照实际调减财政拨款结余的金额，借记"财政拨款结余——年初余额调整"明细科目，贷记"有关科目"。

按照规定上缴财政拨款结余时，按照实际上缴资金数额或核销的额度数额，借记"财政拨款结余——归集上缴"明细科目，贷记"财政应返还额度"科目、

"零余额账户用款额度"科目或"银行存款"等科目。经财政部门批准将本单位完成项目结余资金调整用于基本支出或其他未完成项目支出时,按照批准调剂的金额,借记"财政拨款结余——单位内部调剂"明细科目,贷记"财政拨款结转——单位内部调剂"明细科目。年末将完成项目的结转资金转入财政拨款结余,对财政拨款各项目执行情况进行分析,按照有关规定将符合财政拨款结余资金性质的项目余额转入"财政拨款结余"科目,借记"财政拨款结转——结余转账——项目支出结转"明细科目,贷记"财政拨款结余——结余转账——项目支出结余"明细科目。年末,将"财政拨款结余"科目所属"结余转账"、"年初余额调整"、"归集上缴"、"单位内部调剂"等明细科目余额转入"剩余结余"明细科目;转账后,"财政拨款结余"科目除"剩余结余"明细科目外,其他明细科目应无余额。

例题91:某行政单位是只有公共财政预算拨款的单位。年终结账前有关财政拨款收入和支出科目的本期发生额如表18所示。

表18　　　　　年终结账前财政拨款收入和支出科目本期发生额　　　　　单位:元

收入科目名称			贷方金额
财政拨款收入	基本支出		500 000
	项目支出(未完成项目)		200 000
	项目支出(已完成项目)		100 000
支出科目名称			借方金额
经费支出	财政拨款支出	基本支出	480 000
		项目支出(未完成项目)	190 000
		项目支出(已完成项目)	70 000

年终结账时,将"财政拨款收入"科目本期发生额转入"财政拨款结转"科目及其明细科目,该行政单位编制会计分录如下:

借:财政拨款收入　　　　　　　　　　　　　　800 000.00
　　贷:财政拨款结转——收支转账——基本支出结转　500 000.00
　　　　　　　　　　——项目结转——项目支出结转　300 000.00

将"经费支出"科目本期发生额转入"财政拨款结转"科目及其明细科目,编制会计分录如下:

借:财政拨款结转——收支转账——基本支出结转　480 000.00
　　　　　　　　——收支结转——项目支出结转　260 000.00
　　贷:经费支出　　　　　　　　　　　　　　740 000.00

将完成项目的结转资金转入"财政拨款结余"科目及其明细科目，编制会计分录如下：

  借：财政拨款结转——结余转账——项目支出结转 30 000.00
    贷：财政拨款结余——结余转账——项目支出结转 30 000.00

将"财政拨款结转"科目所属明细科目余额转入"剩余结转"明细科目，编制会计分录如下：

  借：财政拨款结转——收支转账   60 000.00
    贷：财政拨款结转——剩余结转   30 000.00
        ——结余转账   30 000.00

将"财政拨款结余"科目所属"结余转账"明细科目余额转入"剩余结余"明细科目，

  借：财政拨款结余——结余转账   30 000.00
    贷：财政拨款结余——剩余结余   30 000.00

52

行政单位其他资金结转结余的核算

  行政单位其他资金结转结余是指行政单位除财政拨款收支以外的其他各项收支相抵后剩余的滚存资金。对于其他资金结转结余业务的核算，行政单位应设置"其他资金结转结余"科目核算行政单位除财政拨款收支以外的各项收支相抵后剩余的滚存资金。该科目应当设置"项目结余"和"非项目结余"明细科目，分别对非财政拨款项目资金和非项目资金进行明细核算；对于项目结余，还应当按照具体项目进行明细核算。该科目还可以根据管理需要按照其他资金结转结余变动的原因，设置"收支转账""年初余额调整"、"结余调剂"和"剩余结转结余"等明细科目，进行明细核算。年末冲销有关明细科目余额年末收支转账后，将"其他资金结转结余"科目所属"收支转账"、"年初余额调整"、"结余调剂"等明细科目余额转入"剩余结转结余"明细科目；转账后，"其他资金结转结余"科目除"剩余结转结余"明细科目外，其他明细科目应无余额。

  调整以前年度其他资金结转结余，因发生差错更正、以前年度支出收回等原因，需要调整其他资金结余的，按照实际调增的金额，借记"有关科目"，贷记"其他资金结转结余——年初余额调整"明细科目。按照实际调减的金额，借记"其他资金结转结余——年初余额调整"明细科目，贷记"有关科目"。

年末，将其他收入发生额转入"其他资金结转结余"科目及其明细科目，借记"其他收入"科目，按项目资金收入本期发生额，贷记"其他资金结转结余——收支转账——项目结转"明细科目，按非项目资金收入本期发生额，贷记"其他资金结转结余——收支转账——非项目结转"明细科目。年末，将非财政拨款资金支出中的项目支出本期发生额转入"其他资金结转结余"科目及其明细科目，在按项目支出本期发生额，借记"其他资金结转结余——收支转账——项目结转"明细科目，按基本支出本期发生额，借记"其他资金结转结余——收支转账——非项目结余"明细科目。按项目支出本期发生额，贷记"经费支出——其他资金支出——项目支出"明细科目，按基本支出本期发生额，贷记"经费支出——其他资金支出——基本支出"明细科目，按项目支出本期发生额，贷记"经费支出——项目支出"明细科目，按基本支出本期发生额，贷记"经费支出——基本支出"明细科目。

完成上述结转本年其他收入和支出转账后，对本年末各项目执行情况进行分析，区分年末已执行完成项目和尚未完成项目，在此基础上，根据不同情况进行账务处理：需要缴回原专项资金出资单位的，按照缴回的金额，借记"其他资金结转结余——结余调剂——项目结转"明细科目，贷记"银行存款"科目或"其他应付款"科目。将项目剩余资金留归本单位用于其他非项目用途的，按照实际剩余的项目资金金额，借记"其他资金结转结余——结余调剂——项目结转"明细科目，贷记"其他资金结转结余——结余调剂——非项目结余"明细科目。用非项目资金补充项目资金的，按照实际补充项目资金的金额，借记"其他资金结转结余——结余调剂——非项目结余"明细科目，贷记"其他资金结转结余——结余调剂——项目结转"明细科目。

例题92：某行政单位是只有公共财政预算拨款的单位。年终结账前有关财政拨款收支以外的其他收入和支出科目本期发生额如表19所示。假设已完成项目的剩余资金50%缴回原项目出资单位，50%留归本单位用于其他非项目用途；非项目结余用于补充项目资金。

年终结账时，将"其他收入"科目本期发生额转入"其他资金结转结余"科目及其明细科目，该行政单位编制会计分录如下：

借：其他收入　　　　　　　　　　　　　　1 150 000.00
　　贷：其他资金结转结余——非项目结余——收支转账　800 000.00
　　　　　　　　　　　　——项目结转——收支转账　　350 000.00

将财政拨款支出以外的其他资金支出本期发生额转入"其他资金结转结余"科目及其明细科目时，编制会计分录如下：

表19　年终结账前财政拨款收支以外的其他收入和支出科目本期发生额　　单位：元

收入科目名称			贷方金额
其他收入	非项目资金收入		800 000
	项目资金收入（未完成项目）		200 000
	项目资金收入（已完成项目）		1 500 000
支出科目名称			借方金额
经费支出	其他资金支出	基本支出	700 000
		项目支出（未完成项目）	120 000
拨出经费	基本支出		50 000
	项目支出（已完成项目）		140 000

借：其他资金结转结余——非项目结余——收支转账　　750 000.00
　　　　　　　　　　——项目结转——收支转账　　260 000.00
　贷：经费支出——其他资金支出　　　　　　　　　820 000.00
　　　拨出经费　　　　　　　　　　　　　　　　　190 000.00

缴回和转出项目结余时，编制会计分录如下：
借：其他资金结转结余——项目结转——结余调剂　　10 000.00
　贷：其他应付款　　　　　　　　　　　　　　　　5 000.00
　　　其他资金结转结余——非项目结余——结余调剂　5 000.00

用非项目结余资金补充项目资金时，编制会计分录如下：
借：其他资金结转结余——非项目结余——结余调剂　50 000.00
　贷：其他资金结转结余——非项目结余——结余调剂　50 000.00

年末冲销有关明细科目余额，编制会计分录如下：
借：其他资金结转结余——收支转账　　　　　　　140 000.00
　贷：其他资金结转结余——剩余结转结余　　　　　135 000.00
　　　　　　　　　　——结余调剂　　　　　　　　5 000.00

53

行政单位资产基金和待偿债净资产的核算

资产基金是指行政单位的非货币性资产在净资产中占用的金额。行政单位应设置"资产基金"科目核算行政单位的预付账款、存货、固定资产、在建工程、无形资产、政府储备物资、公共基础设施等非货币性资产在净资产中占用的金额。该科目应当设置"预付款项"、"存货"、"固定资产"、"在建工程"、"无形资产"、"政府储备物资"和"公共基础设施"等明细科目,进行明细核算。本科目期末贷方余额,反映行政单位非货币性资产在净资产中占用的金额。

资产基金应当在发生预付账款,取得存货、固定资产、在建工程、无形资产、政府储备物资、公共基础设施时确认。发生预付款时,按照实际发生的金额,借记"预付账款"科目,贷记本科目(预付款项);同时,按照实际支付的金额,借记"经费支出"科目,贷记"财政拨款收入"科目、"零余额账户用款额度"科目或"银行存款"等科目。取得存货、固定资产、在建工程、无形资产、政府储备物资、公共基础设施等资产时,按照取得资产的成本,借记"存货"科目、"固定资产"科目、"在建工程"科目、"无形资产"科目、"政府储备物资"科目或"公共基础设施"科目,贷记本科目(取得存货、固定资产、在建工程、无形资产、政府储备物资、公共基础设施);同时,按照实际发生的支出,借记"经费支出"科目,贷记"财政拨款收入"科目、"零余额账户用款额度"科目或"银行存款"科目。

收到预付账款购买的物资或服务时,应当相应冲减资产基金,按照相应的预付账款金额,借记本科目(预付款项),贷记"预付账款"科目。领用和发出存货、政府储备物资时,应当相应冲减资产基金。领用和发出存货、政府储备物资时,按照领用和发出存货、政府储备物资的成本,借记本科目(存货、政府储备物资),贷记"存货"科目或"政府储备物资"科目。计提固定资产折旧、公共基础设施折旧、无形资产摊销时,应当冲减资产基金。计提固定资产折旧、公共基础设施折旧、无形资产摊销时,按照计提的折旧、摊销金额,借记本科目(固定资产、公共基础设施、无形资产),贷记"累计折旧"科目或"累计摊销"科目。无偿调出、对外捐赠存货、固定资产、无形资产、政府储备物资、公共基础设施时,应当冲减该资产对应的资产基金。无偿调出、对外捐赠存货、政府储备物资时,按照存货、政府储备物资的账面余额,借记本科目及其明细,贷记"存货"科目或"政府储备物资"科目。无偿调出、对外捐赠固定资产、公共基础设施、无形资产时,按照相关固定资产、公共基础设施、无形资产的账面价值,借记本科目及其明细,按照已计提折旧、已计提摊销的金额,借记"累计折旧"科目或"累计摊销"科目,按照固定资产、公共基础设施、无形资产的账面余额,贷记"固定资产"科目、"公共基础设施"科目或"无形资产"科目。有关资产基金发生和冲减的核算举例参见预付账款、存货、固定资产、在建工程、无形资产、政府储备物资、公共基础设施等核算的相关例题。

待偿债净资产是指行政单位因发生应付账款和长期应付款而相应需在净资产

中冲减的金额。行政单位应设置"待偿债净资产"科目对其进行核算。待偿债净资产的主要账务与应付账款和长期应付款的账务处理密切相连,参见其会计处理方法。

54

行政单位资产负债表的编制说明

资产负债表是反映行政单位在某一特定日期财务状况的报表。资产负债表应当按照资产、负债和净资产分类、分项列示。行政单位资产负债表的格式如表20所示。

表20　　　　　　　　　　　资产负债表　　　　　　　　　　　财行政01表

编制单位：　　　　　　　　　　年　月　日　　　　　　　　　　单位:元

资产	年初余额	期末余额	负债与净资产	年初余额	期末余额
流动资产:			流动负债:		
库存现金			应缴财政款		
银行存款			应缴税费		
财政应返还额度			应付职工薪酬		
应收账款			应付账款		
预付账款			应付政府补贴		
其他应收款			其他应付款		
存货			一年内到期的非流动负债		
流动资产合计			流动负债合计		
非流动资产:					
固定资产			非流动负债:		
固定资产原价			长期应付款		
减:固定资产累计折旧			受托代理负债		
在建工程			负债合计		
无形资产					
无形资产原价					
减:累计摊销			净资产:		
待处理财产损溢			财政拨款结转		
政府储备物资			财政拨款结余		

续表

资产	年初余额	期末余额	负债与净资产	年初余额	期末余额
公共基础设施			其他资金结转结余		
公共基础设施原价			其中：项目结余		
减：公共基础设施累计折旧			资产基金		
公共基础设施在建工程			待偿债净资产		
受托代理资产			净资产合计		
资产总计			负债和净资产总计		

资产类项目的具体内容，流动资产项目包括："库存现金"项目，反映行政单位期末库存现金的金额。"银行存库"项目，反映行政单位期末银行存款的金额。"财政应返还额度"项目，反应行政单位期末财政应返还额度的金额。"应收账款"项目，反映行政单位期末尚未收回的应收账款余额。"预付账款"项目，反映行政但预付给商品或者劳务供应者的款项。"其他应收款"项目，反映行政单位期末尚未收回的其他应收款余额。"存货"项目，反映行政单位期末为展业务活动好用而储存的存货实际成本。

非流动资产项目包括："固定资产"项目，政单位期末各项固定资产的账面价值。"固定资产原价"项目，反映行政单位期末各项固定资产的原价。"固定资产累计折旧"项目，反映行政单位期末各项固定资产的累计折旧。"在建工程"项目，反映行政单位期末除公共基础设施在建工程以外的尚未完工交付使用的在建工程的实际成本。"无形资产"项目，反映行政单位期末各项无形资产的账面价值。"无形资产原价"项目，反映行政单位期末各项无形资产的原价"累计摊销"项目，位期末各项无形资产的累计摊销。"待处理财产损溢"项目，反映行政单位期末待处理财产的价值以处置损溢。"政府储备物资"项目，反映行政单位期末储存管理的各种政府储备物资的实际成本。"公共基础设施"项目，反映行政单位期末占有并直接的、管理的公共基础设施的账面价值。"公共基础设施原价"项目，反映行政单位期末占有并直接管理的公共基础设施的原价。"公共基础设施累计折旧"项目，反映单位期末占有并直接管理的公共基础设施的累计折旧金额。"公共基础设施在建工程"项目，反映行政单位期末尚未完工交付使用的公共基础设施在建工程的实际成本。"受托代理资产"项目，反映行政单位期末受托代理资产的价值。

流动负债项目包括："应缴财政款"项目，反映行政单位按规定应当上缴财政的款项。"应缴税费"项目，反映行政单位应缴未缴的各种税费。"应付职工薪酬"项目，反映行政单位期末尚未支付给职工的各种薪酬。"应付账款"项目，反映单位期末尚未支付的偿还期限不超过1年（含1年）的应付账款的金额。"应付政府补贴款"项目，反映行政单位期末尚未支付的应付政府补贴款的金额。"其他应付款"项目，反映行政单位期末尚未支付的其他各项应付及暂收款项的金额。"一年内到期的非流动负债"项目，反映行政单位期末承担的将于1年内（含1年）偿还的长期负债。

非流动负债项目包括："长期应付款"项目，反映行政单位期末承担的偿还期限超过一年的应付款项。"受托代理负债"项目，反映行政单位期末受托代理负债的金额。

净资产类项目包括："财政拨款结转"项目，反映行政单位期末滚存的财政拨款结转资金。"财政拨款结余"项目，反映行政单位期末滚存的财政拨款结余资金。"其他资金结转结余"项目，反映行政单位期末滚存的除财政拨款意外的其他结转结余资金。其中"项目结余"项目，反映行政单位期末滚存的非财政拨款未完成项目结余资金。"资产基金"项目，反映行政单位期末为预付账款、存货、固定资产、在建工程、无形资产、政府储备物资、公共基础设施等非货币性资产在净资产中占用的金额。"待偿债净资产"项目，反映行政单位建、期末因应付账款等负债而相应需在净资产中冲减的金额。

（1）资产负债表"年初余额"栏内各项数字，应当根据上年年末资产负债表"期末余额"栏内数字填列。如果本年度资产负债表规定的各个项目的名称和内容同上年度不相一致，应对上年年末资产负债表各项目的名称和数字按照本年度的规定进行调整，填入本年资产负债表"年初余额"栏内。

（2）资产负债表"期末余额"各项目的填列方法可归纳为如下几种情况。根据相关科目的期末余额直接填列，直接填列的资产项目有：没有属于受托代理现金的库存现金、没有属于受托代理存款的银行存款、财政应返还额度、应收账款、其他应收款、预付账款、存货、固定资产原价、无形资产原价、累计摊销、待处理财产损溢、政府储备物资、公共基础设施原价。直接填列的负债项目有：应缴财政款、应缴税费、应付职工薪酬、应付账款、应付政府补贴款、其他应付款，这些项目如为借方余额，则以"-"号填列。直接填列的的净资产项目有：财政拨款结转、财政拨款结余、其他资金结转结余、资产基金、待偿债净资产（如为借方余额，则以"-"号填列）。

（3）根据相关科目的期末余额之差填列项目有："固定资产"项目，应当根据"固定资产"科目期末余额减去"累计折旧——固定资产累计折旧"科目期末余额后的金额填列。"无形资产"项目，应当根据"无形资产"科目期末余额减去"累计摊销"科目期末余额后的金额填列。"公共基础设施"项目，应当根据"公共基础设施"科目的期末余额减去"累计折旧——公共基础设施累计折旧"科目期末余额后的金额填列。

(4) 根据相关科目的期末余额分析填列的项目主要是涉及受托代理业务的库存现金、银行存款、受托代理资产、受托代理负债和一年内到期的非流动负债。有属于受托代理现金的"库存现金"时,"库存现金"项目应根据"库存现金"科目的期末余额减去其中属于受托代理现金余额后的金额填列。有属于受托代理存款的"银行存款"项目时,"银行存款"项目应根据"银行存款"科目的期末余额减去其中属于受托代理存款余额后的金额填列。"受托代理资产"项目:应当根据"受托代理资产"科目的期末余额(扣除其中受托储存管理物资的金额)填列;期末库存现金和银行存款中有属于受托代理资产的,应该根据"受托代理资产"科目的期末余额(扣除其中受托储存管理物资的金额)加上"库存现金"银行存款科目中属于受托代理资产的现金余额和银行存款余额的合计数填列。"在建工程"项目:应当根据"在建工程"科目中属于非公共基础设施在建工程的期末余额填列。"公共基础设施在建工程"项目:应当根据"在建工程"科目中属于公共基础设施在建工程的期末余额填列。一年内到期的长期负债项目:根据长期负债科目余额分析填列。长期应付款项目:应根据"长期应付款"科目的期末余额减去其中将于1年内(含1年)到期的长期应付款余额后的金额填列。受托代理负债项目:应根据"受托代理负债"科目的期末余额扣除其中受托储存管理物资对应的金额填列。

行政单位按月编制资产负债表的,应当遵照以下规定编制。"零余额账户用款额度"项目的填列,月度资产负债表应在资产部分"银行存款"项目下增加"零余额账户用款额度"项目。该项目反映行政单位期末零余额账户用款额度的金额,应当根据"零余额账户用款额度"科目的期末余额填列。财政拨款结转"财政拨款结转"科目的期末余额,加上财政拨款收入科目本年累计发生额,减去"经费支出——财政拨款支出"科目本年累计发生额后的余额填列。"其他资金结转结余"项目的填列,该项目应当根据"其他资金结转结余"科目的期末余额,加上其他收入科目本年累计发生额,减去"经费支出——其他资金支出"科目本年累计发生额,再减去"拨出经费"科目本年累计发生额后的余额填列。"项目结转"项目的填列。该项目应当根据"其他资金结转结余"科目中"项目结转"明细科目的期末余额,加上"其他收入"科目中项目收入的本年累计发生额,减去"经费支出——其他资金支出"科目中项目支出本年累计发生额,再减去"拨出经费"科目中项目支出本年累计发生额后的余额填列。其他项目的填列,月度资产负债表其他项目的填列方法与年度资产负债表的填列方法相同。

例题 93： A 行政单位 20*1 年 12 月 31 日的资产负债表（年初余额略）及 20×2 年 12 月 31 日的科目余额表分别如表 21、表 22 所示。

表 21　　　　　　　　　　　　资产负债表　　　　　　　　　　　会行政 01 表
编制单位：A 行政单位　　　　　　20*1 年 12 月 31 日　　　　　　　　单位：元

资　　　产	年初余额	期末余额	负债与净资产	年初余额	期末余额
流动资产：			流动负债：		
库存现金	11 500		应缴财政款		
银行存款	123 700		应缴税费	12 700	
财政应返还额度	21 500		应付职工薪酬	95 000	
应收账款	20 000		应付账款	120 000	
预付账款	10 000		应付政府补贴款		
其他应收款	13 000		其他应付款	5 000	
存货	78 000		一年内到期的非流动负债		
流动资产合计	277 700		流动负债合计	232 700	
非流动资产：					
固定资产	110 000		非流动负债：		
固定资产原价	150 000		长期应付款	60 000	
减：固定资产累计折旧	40 000		受托代理负债	25 000	
在建工程	140 000		负债合计	317 700	
无形资产					
无形资产原价					
减：累计摊销			净资产：		
待处理财产损溢			财政拨款结转	67 000	
政府储备物资	71 300		财政拨款结余		
公共基础设施			其他资金结转结余	10 000	
公共基础设施原价			其中：项目结余		
减：公共基础设施累计折旧			资产基金	409 300	
公共基础设施在建工程			待偿债净资产	-180 000	
受托代理资产	25 000		净资产合计	306 300	
资产总计	624 000		负债和净资产总计	624 000	

表22　　　　　　　　　　　　　　　　科目余额表

编制单位：A行政单位　　　　　　　　20*2年12月31日　　　　　　　　　　　　　单位：元

科目名称	借方余额	科目名称	贷方余额
库存现金	20 000	应缴税费	5 000
银行存款	83 000	应付职工薪酬	120 000
财政应返还额度	25 000	应付账款	50 000
应收账款	30 000	其他应付款	5 000
预付账款	20 000	长期应付款	60 000
其他应收款	9 000	财政拨款结转	32 000
存货	25 000	其他资金结转结余	5 000
固定资产	170 000	资产基金	503 000
累计折旧	-50 000	待偿债净资产	-110 000
在建工程	230 000		
无形资产	120 000		
累计摊销	-12 000		
合计	670 000	合计	670 000

根据上述资料，编制A行政单位20*2年12月31日的资产负债表如表23所示。

表23　　　　　　　　　　　　　　　　资产负债表　　　　　　　　　　　　　　　会行政01表

编制单位：A行政单位　　　　　　　　20*2年12月31日　　　　　　　　　　　　　单位：元

资产	年初余额	期末余额	负债与净资产	年初余额	期末余额
流动资产：			流动负债：		
库存现金	11 500	20 000	应缴财政款		
银行存款	123 700	83 000	应缴税费	12 700	5 000
财政应返还额度	21 500	25 000	应付职工薪酬	95 000	120 000
应收账款	20 000	30 000	应付账款	120 000	50 000
预付账款	10 000	20 000	应付政府补贴款		
其他应收款	13 000	9 000	其他应付款	5 000	5 000
存货	78 000	25 000	一年内到期的非流动负债		
流动资产合计	277 700	212 000	流动负债合计	232 700	180 000
非流动资产：					
固定资产	110 000	120 000	非流动负债：		
固定资产原价	150 000	170 000	长期应付款	60 000	60 000

续表

资　　产	年初余额	期末余额	负债与净资产	年初余额	期末余额
减：固定资产累计折旧	40 000	50 000	受托代理负债	25 000	
在建工程	140 000	230 000	负债合计	317 700	240 000
无形资产		108 000			
无形资产原价		120 000			
减：累计摊销		12 000	净资产：		
待处理财产损溢			财政拨款结转	67 000	3 200
政府储备物资	71 300		财政拨款结余		
公共基础设施			其他资金结转结余	10 000	5 000
公共基础设施原价			其中：项目结余		
减：公共基础设施累计折旧			资产基金	409 300	503 000
公共基础设施在建工程			待偿债净资产	-180 000	-110 000
受托代理资产	25 000		净资产合计	306 300	430 000
资产总计	624 000	670 000	负债和净资产总计	624 000	670 000

55

行政单位收入支出表的编制说明

收入支出表示反映行政单位在某一会计期间全部收支情况的报表。收入支出表应当按照收入、支出的构成和结转结余情况分类、分项列示，其格式如表24所示。

表24　　　　　　　　　　　收入支出表　　　　　　　　　会行政02表
编制单位：　　　　　　　　　　年　　月　　　　　　　　　　单位：元

项　　目	行　次	本月数	本年累计数
一、年初各项资金结转结余	1		
（一）年初财政拨款结转结余	2		
1. 财政拨款结转	3		
2. 财政拨款结余	4		
（二）年初其他资金结转结余	5		
二、各项资金结转结余调整及变动	6		

续表

项 目	行 次	本月数	本年累计数
（一）财政拨款结转结余调整及变动	7		
（二）其他资金结转结余调整及变动	8		
三、收入合计	9		
（一）财政拨款收入	10		
1. 基本支出拨款	11		
2. 项目支出拨款	12		
（二）其他资金收入	13		
1. 非项目收入	14		
2. 项目收入	15		
四、支出合计	16		
（一）财政拨款支出	17		
1. 基本支出	18		
2. 项目支出	19		
（二）其他资金支出	20		
1. 非项目支出	21		
2. 项目支出	22		
五、本期收支差额	23		
（一）财政拨款收支差额	24		
（二）其他资金收支差额	25		
六、年末项目资金结转结余	26		
（一）年末财政拨款结转结余	27		
1. 财政拨款结转	28		
2. 财政拨款结余	29		
（二）年末其他资金结转结余	30		

收入支出表"本月数"栏内反映各项目的本月实际发生数。"本年累计数"栏的具体内容包括：收入支出表"本年累计数"栏内反映各项目自年初起至报告期末止的累计实际发生数。"本月数"栏各项目的具体内容包括："年初各项资金结转结余调整及变动"项目及其所属各明细项目，反映行政单位本年初所有资金结转结余的金额。各项资金结转结余调整及变动包括："各项资金结转结余调整及变动"项目及其所属各明细项目，反映行政单位因发生需要调整以前年度各资金结转结余的事项，以及本年因调入、上缴或交回等导致各项资金结转结余变动的金额。"收入合计"项目，反映行政单位本期取得的的各项收入的金额。

"财政拨款收入"项目及其所属明细项目，反映行政单位本期从同级财政部门取得的各类财政预算拨款的金额。"其他资金收入"项目及其所属明细项目，反映行政单位本期取得的各类非财政拨款金额。"支出合计"项目，反映行政单位本期发生的各项资金支出金额。"财政拨款支出"项目及其所属明细项目，反映行政单位本期发生的财政拨款支出金额。"其他资金支出"项目及其所属明细项目，反映行政单位本期使用各类非财政拨款资金发生的支出金额。"本期收支差额"项目及其所属各明细项目，反映行政单位本期发生的各项资金收入和支出相抵后的金额。"财政拨款收支差额"项目，反映行政单位本期发生的各项资金收入和支出相抵后的余额。"其他资金收支差额"项目，反映行政单位本期发生的非财政拨款资金收入和支出相抵后的余额。年末各项资金结转结余"年末各项资金结转结余"项目及其所属各明细项目，反映行政单位截至本年末的各项资金结转结余金额。对于收入支出表的填列，应按照下列要求进行：

（1）在编制年度收入支出表时，应当将"本月数"栏改为"上年数"栏，反映上年度各项目的实际发生数；如果本年度该表规定的各个项目的名称和内容同上年度不一致，应对上年该表各项目的名称和数字按照本年度的规定进行调整，填入本年度该表的"上年数"栏。"本年累计数"栏的填列编制年度收入支出表时，应当将"本年累计数"栏改为"本年数"。"本月数"栏各显目的填列，各明细项目应当根据"财政拨款结转"、"财政拨款结余"、"其他资金结转结余"及其明细科目的年初余额填列。"年初各项资金结转结余"项目及其所属个明细项目的数额，应当与上年度收入支出表中"年末各项资金结转结余"中各明细项目的数额相等。

（2）"财政拨款结转结余调整及变动"项目，根据"财政拨款结转""财政拨款结余"科目下的"年初余额调整"、"归集调入"明细科目的本期贷方发生额合计数减去本期借方发生额合计数的差额填列；如为负数，以"－"号填列。"其他资金结余调整及变动"项目，根据"其他资金结转结余"科目下的"年初余额调整"、"结余调剂"明细科目的本期贷方发生额合计数减去本期借方发生额合计数的差额填列；如为负数，以"－"号填列。

（3）"收入合计"项目，应当根据"财政拨款收入"科目的本期发生额加上"其他收入"科目的本期发生额的合计数填列。"财政拨款收入"项目及其所属明细项目，应当根据"财政拨款收入"科目及其所属明细科目的本期发生额填列。"其他资金收入"项目及其所属明细项目，应当根据"其他收入"科目及其所属明细科目的本期发生额填列。"支出合计"项目，应当根据"经费支出"和"拨出经费"科目的本期发生额的合计数填列。"财政拨款支出"项目及其所属明细项目,应当根据"经费支出——财政拨款支出"科目及其所属明细科目的本期发生额填列。"其他资金支出"项目及其所属明细项目,应当根据"经费支出——其他资金支出"和"拨出经费"科目及其所属明细科目的本期发生额的合计数填列。"财政拨款收支差额"项目,应当根据本表中"财政拨款收入"项目金额减去"财政拨款支出"项目金额后的余额填列;如为负数,以"-"号填列。"其他资金收支差额"项目,应当根据本表中"其他资金收入"项目金额减去"其他资金支出"项目金额后的余额填列;如为负数,以"-"号填列。"年末各项资金结转结余"项目及其所属各明细项目,应当根据"财政拨款结转"、"财政拨款结余"、"其他资金结转结余"科目的年末余额填列。"年初各项资金结转结余"、"年末各项资金结转结余"项目及其所属各明细项目,只为在编制年度收入支出时填列编制月度收入支出表时,不填列此项目。

例题94:B行政单位20*1年收入支出表中"财政拨款结转"、"财政拨款结余"和"其他资金结转结余"的本年数分别为10 000元、5 000元和8 000元。20*2年度有关收入和支出科目本年度如表25所示。

表25　　　　B行政单位20*2年度有关收入和支出科目本年发生额　　　单位:元

收入科目名称			贷方金额
财政拨款收入	基本支出		850 000
	项目支出(未完成项目)		200 000
	项目支出(已完成项目)		100 000
其他收入	非项目资金收入		400 000
	项目资金收入(已完成项目)		150 000
支出科目名称			借方金额
经费支出	财政拨款支出	基本支出	700 000
		项目支出(未完成项目)	120 000
		项目支出(已完成项目)	80 000
拨出经费	基本支出		100 000
	项目支出(已完成项目)		80 000

根据上述资料,编制的B行政单位20*2年度收入支出表如表26所示。

表 26　　　　　　　　　　收入支出表　　　　　　　　　　会行政02表
编制单位：B行政单位　　　　　　　20＊2年度　　　　　　　　　单位：元

项　　目	行　次	上年数	本年数
一、年初各项资金结转结余	1	（略）	23 000
（一）年初财政拨款结转结余	2		15 000
1. 财政拨款结转	3		10 000
2. 财政拨款结余	4		5 000
（二）年初其他资金结转结余	5		8 000
二、各项资金结转结余调整及变动	6		
（一）财政拨款结转结余调整及变动	7		
（二）其他资金结转结余调整及变动	8		
三、收入合计	9		1 700 000
（一）财政拨款收入	10		1 150 000
1. 基本支出拨款	11		850 000
2. 项目支出拨款	12		300 000
（二）其他资金收入	13		550 000
1. 非项目收入	14		400 000
2. 项目收入	15		150 000
四、支出合计	16		1 380 000
（一）财政拨款支出	17		900 000
1. 基本支出	18		700 000
2. 项目支出	19		200 000
（二）其他资金支出	20		480 000
1. 非项目支出	21		350 000
2. 项目支出	22		130 000
五、本期收支差额	23		320 000
（一）财政拨款收支差额	24		250 000
（二）其他资金收支差额	25		70 000
六、年末项目资金结转结余	26		343 000
（一）年末财政拨款结转结余	27		265 000
1. 财政拨款结转	28		240 000
2. 财政拨款结余	29		25 000
（二）年末其他资金结转结余	30		78 000

56

行政单位财政拨款收入支出表的编制说明

　　财政拨款收入支出表是反映行政单位在某一会计期间财政拨款收入、支出、结转及结余情况的报表，其格式如表27所示。

表 27　　　　　　　　　　　财政拨款收入支出表　　　　　　　　　会行政 03 表

编制单位：　　　　　　　　　　　　　　年度　　　　　　　　　　　　单位：元

项目	年初财政拨款结转结余		调整年初财政拨款结转结余	归集调入或者上缴	单位内部调剂		本年财政拨款收入	本年财政拨款支出	年末财政拨款结转结余	
	结转	结余			结转	结余			结转	结余
一、公共财政预算资金										
（一）基本支出										
1. 人员经费										
2. 日常公用经费										
（二）项目支出										
1. ××项目										
2. ××项目										
……										
二、政府性基金预算资金										
（一）基本支出										
1. 人员经费										
2. 日常公用经费										
（二）项目支出										
1. ××项目										
2. ××项目										
……										
总　　计										

财政拨款收入支出表"项目"栏内各项目，应当根据行政单位取得的财政拨款种类分项设置。其中"项目支出"下，根据每个项目设置；行政单位取得除公共财政预算拨款和政府性基金预算拨款以外的其他财政拨款的，应当按照财政拨款种类增加相应的资金项目及其明细项目。

行政单位财政拨款收入支出项目包括公共财政预算资金和政府性基金预算两大种类，每个种类又分为基本支出和项目支出两类，基本支出类项目下又包括人员经费和日常公用经费两个具体项目，项目支出下，根据每个项目设置。"年初财政拨款结转结余"栏中各项目，反映行政单位年初各项财政拨款结转和结余的金额。"调整年初财政拨款结转结余"栏中各项目，反映行政单位对年初财政拨款结转结余的调整金额"归集调入或上缴"栏中各项目，反映行政单位本年取得主管部门归集调入的财政拨款结转结余资金和按规定实际上缴的财政拨款结转结余资金金额。"单位内部调剂"栏中各项目，反映行政单位本年财政拨款结转结余资金在内部不同项目之间的调剂金额。"本年财政拨款收入"栏中各项目，反映行政单位本年从同级财政部门取得的各类财政预算拨款金额。"本年财政拨款支出"栏中各项目，反映行政单位本年发生的财政拨款支出金额。"年末财政拨款结转结余"栏中各项目，反映行政单位年末财政拨款结转结余的金额。

"年初财政拨款结转结余"栏中各项目，应根据"财政拨款结余"及其明细科目的年初余额填列。本栏目中各项目的数额，应当与上年度财政拨款收入支出表中"年末财政拨款结转结余"栏中各项目的数额相等。"调整年初财政拨款结转结余"栏中各项目，应根据"财政拨款结转"科目和"财政拨款结余"科目中"年初余额调整"科目及其所属明细科目的本年发生额填列。如调整减少年初财政拨款结转结余，以"－"号填列"归集调入或上缴"栏中各项目，应根据"财政拨款结转"科目中"归集上缴"和"归集调入"科目及其所属明细科目的本年发生额填列。对归集上缴的财政拨款结转结余资金，以"－"号填列。"单位内部调剂"栏中各项目，应根据"财政拨款结转"和"财政拨款结余"科目中的"单位内部调剂"及其所属明细科目的本年发生额填列。对单位内部调剂减少的财政拨款结转结余项目，以"－"号填列。"本年财政拨款收入"栏中各项目，应根据"财政拨款收入"科目及其所属明细科目的本年发生额填列。"本年财政拨款支出"栏中各项目，应根据"经费支出"科目及其所属明细科目的本年发生额填列。"年末财政拨款结转结余"栏中各项目，应根据"财政拨款借款"科目和"财政拨款结余"科目及其所属明细科目的年末余额填列。

57

事业单位会计组织系统与会计制度

事业单位是指国家为了社会公益目的，由国家机关举办或者其他组织利用国有资产举办的，从事教育、科技、文化、卫生等活动的社会服务组织。事业单位既不同于企业，也不同于行政单位，不同的事业单位所属行业和部门不尽相同，所从事的具体业务活动也存在一定差异，但是他们都具有一些共同特点：第一，事业单位一般不直接提供物质产品，主要提供无形的产品和服务。第二，事业单位不以营利为目的，不具有社会管理职能。第三，事业单位的出资者不要求投资回报，但资产在使用方面要受到出资者的限定。

事业单位的特点如下：（1）收入来源的渠道多。事业单位的收入是指事业单位开展业务及其他活动依法取得的非偿还性资金，来源主要依赖财政部门拨款，也可以自己创收，包括财政补助收入、事业收入、上级补助收入、附属单位上缴收入、经营收入和其他收入等；（2）支出使用的途径多。行政单位的支出主要是经费支出和拨出经费等。事业单位的支出或者费用是指事业单位开展业务及其他活动发生的资金耗费和损失。事业单位支出使用的途径比较多，既有自身开展业务活动的支出，又有转给其他单位的支出，包括事业支出、对附属单位补助支出、上缴上级支出、经营支出和其他支出等；（3）会计主体的层次多。事业单位的组织结构本身具有多层次的特点，按照机构建制和经费领报关系，事业单位会计主体分为一级、二级和基层单位会计三级。同时，就单个事业单位来看，资金来源渠道较多，支出方向也不单纯地用于本单位的支出需要。如红十字总会的会计适用《事业单位会计制度》，而红十字会下属的各具体基金（如小天使基金等）却适用《民间非营利组织会计制度》。因而，事业单位会计组织结构呈现多元化的特征；（4）多种会计核算基础并行。在会计核算基础方面，行政单位采用收付实现制，企业采用采用权责发生制。事业单位会计核算一般采用收付实现制，但部分经济业务或者事项的核算应当按规定采用权责发生制。如，事业单位可以按照《事业单位财务规则》或相关财务制度的规定对固定资产计提折旧，对无形资产进行摊销，体现权责发生制的要求，但行政单位会计不计提折旧，但应当摊销无形资产。一般而言，事业单位的经营性收支业务核算可采用权责发生制。

事业单位会计是以货币为主要计量单位，运用一系列的会计方法，反映和监督事业单位预算资金执行情况及其结果和经营资金的增减变动及结果的一种专业会计。它既包括适用《事业单位会计制度》的事业单位会计，也包括适用行业事业单位会计制度的事业单位会计。

事业单位与行政单位会计组织系统的区别如下：我国事业单位会计组织系统分为一级会计单位、二级会计单位和基层会计单位三级。向同级财政部门申报经费的事业单位，为一级会计单位。一级会计单位下面有所属会计单位的，为主管会计单位。向主管会计单位或上级会计单位申报经费，并发生预算管理关系，下面有所属会计单位的，为二级会计单位。向上级会计单位申报经费，并发生预算管理关系，下面没有所属会计单位的，为基层会计单位。三级会计单位实行独立会计核算，负责组织管理本单位的全部会计工作，不具备独立核算条件的，实行单据报账制度，作为报销单位管理。事业单位会计组织系统与行政单位会计组织系统的主要区别在于：由于有行政隶属关系的存在，事业单位一般都会从属相关的行政主管部门或者行业行政主管单位，以致大多数行政单位是主管会计单位，而大多数的事业单位是二级事业单位，即这些事业单位不会直接与同级财政部门发生预算管理关系。比如，小学、中学、高等学校等教育事业单位一般隶属于教育局或教育部，直接与其所隶属的教育局或教育部发生预算管理关系，不会直接与同级财政部门发生预算管理关系。医院、疾病预防控制中心、医疗急救中心、卫生学校等医疗卫生事业单位一般隶属于卫生局或卫生部，与卫生局或卫生部发生行政隶属和经费申报关系。不过，有些事业单位例外，虽然其在业务上接受相应行业的行政单位指导，但它们却直接与财政部门发生预算管理关系，这种事业单位就不再是二级会计单位，而是属于一级会计单位。

事业单位会计核算目标是向会计信息使用者（政府及其有关部门、上级单位、债权人、事业单位自身和其他利益相关者）提供与事业单位财务状况、事业成果、预算执行等有关的会计信息，反映事业单位受托责任的履行情况，有助于会计信息使用者进行社会管理，做出经济决策。

事业单位会核算的基本前提如下：事业单位会计核算应当以事业单位各项业务活动持续正常地进行为前提。事业单位应当划分会计期间，分期结算账目和编制财务会计报告。事业单位会计期间至少分为年度和月度。会计年度、月度等会计期间的起讫日期采用公历日期。事业单位会计核算以人民币作为记账本位币。发生外币业务时，应当将有关外币金额这算为人民币金额计量。事业单位会计核算一般采用收付实现制；部分经济业务或者事项采用权责发生制核算的，由财政部在会计制度中具体规定。行业事业单位的会计核算采用权责发生制的，由财政部在相关会计制度中规定。

事业单位会计信息的质量要求如下：（1）真实可靠。事业单位应当以实际发生的经济业务或者事项为依据进行会计核算，如实反映各项会计要素的情况和结果，保证会计信息真实可靠；（2）全面完整。事业单位应当将发生的各项经济业务或者事项统一纳入会计核算，确保会计信息能够全面反映事业单位的财务状况、事业成果、预算执行等情况；（3）及时性。事业单位对于已经发生的经济业务或者事项，应当及时进行会计核算，不得提前或者延后；（4）可比性。事业单位提供的会计信息应当具有可比性。同一事业单位不同时期发生的相同或相似的经济业务或事项，应当采用一致的会计政策，不得随意变更。确需变更的，应当将变更的内容、理由和对单位财务状况及事业成果的影响在附注中予以说明。同类事业单位中不同单位发生的相同或者相似的经济业务或事项，应当采用统一的会计政策，确保同类单位会计信息口径一致，相互可比；（5）相关性。事业单位提供的会计信息应当与事业单位受托责任履行情况的反映、会计信息使用者的管理、决策需要相关，有助于会计信息使用者对事业单位过去、现在或未来的情况做出评价或预测；（6）可理解性。事业单位提供的会计信息应当清晰明了，便于会计信息使用者理解和使用。

事业单位会计制度的使用范围理解如下：不是所有的事业单位都适用于《事业单位会计制度》，事业单位会计制度的使用范围具体划分如下：适用《事业单位会计制度》的各级各类国有事业单位具体有：教育事业单位；科学事业单位；文化事业单位；体育事业单位；广播电视事业单位；新闻出版事业单位；文物事业单位；档案事业单位；地震事业单位；林业园林事业单位；水利事业单位；医疗卫生事业单位；环保环卫事业单位；房地产事业单位和其他事业单位。

适用行业事业会计制度的事业单位不执行《事业单位会计制度》，具体有：按规定执行《医院会计制度》的医院等事业单位；按规定执行《高等学校会计制度》的公立高等学校；按规定执行《土地储备资金会计核算办法》的土地储备中心；按规定执行《科学事业单位会计制度》的国有科学事业单位。当然，有些事业单位可能适用不止一套事业单位会计制度，如作为事业单位的土地储备机构，其日常经费核算适用《事业单位会计制度》，而受政府委托营运的土地储备资金则适用《土地储备资金会计核算暂行办法》。

执行企业会计准则或小企业会计准则的事业单位主要是：纳入企业财务管理体系执行企业会计准则或小企业会计准则的事业单位（如附属于事业单位但自负盈亏、独立核算的招待所、工厂等），执行企业会计准则或小企业会计准则。非常有说明作用的例子是，县卫生局执行《行政单位会计制度》；省红十字会属于医疗卫生事业单位，执行《事业单位会计制度》；而国有三甲医院应执行行业事业会计制度，即《医院会计制度》。

58

事业单位会计要素及其会计科目

会计要素是对会计核算对象的基本分类。事业单位的会计要素包括资产、负债、净资产、收入、支出或费用。其中，资产是指事业单位占有或者使用的能以货币计量的经济资源，包括各种财产、债权和其他权利。事业单位的资产按照流动性，分类流动资产和非流动资产。负债是指事业单位所承担的能以货币计量，需要以资产或者劳务偿还的债务。事业单位的负债按照流动性，分为流动负债和非流动负债。净资产是指事业单位资产扣除负债后的余额。事业单位的净资产包括事业基金、非流动资产基金、专用基金、财政补助结转结余、非财政补助结转结余等。收入是指事业单位开展业务及其他活动依法取得的非偿还性资金。事业单位的收入包括财政补助收入、事业收入、上级补助收入、附属单位上缴收入、经营收入和其他收入等。费用是指事业单位开展业务及其他活动发生的资金耗费和损失。事业单位的支出或者费用包括事业支出、对附属单位补助支出、上缴上级支出、经营支出和其他支出等。

事业单位会计科目是事业单位会计要素的具体化。它是事业单位会计设置账户、归集和核算经济业务的依据。事业单位会计科目的设置必须遵循一定的法律法规的要求，受相应法律法规的影响。

事业单位会计科目设置应遵循的法律法规如下：

(1)《事业单位财务规则》。事业单位会计的目标之一是反映预算执行及结果。会计科目设置应满足《事业单位财务规则》中预算管理的需要。为了进一步规范事业单位的财务行为，加强事业单位财务管理和监督，提高资金使用效益，保障事业单位健康发展，2012年2月7日，中国人民共和国财政部令68号《事业单位财务规则》发布。该财务规则分总则、单位预算管理、收入管理、支出管理、结转和结余管理、专用基金管理、资产管理、负债管理、事业单位清算、财务报告和财务分析、财务监督、附则共12章68条，自2012年4月1日起实施。

(2)《事业单位会计准则》。1997年5月28日，财政部印发了《事业单位会计准则（试行）》，从1998年1月1日开始执行。2012年12月5日经中华人民共和国财政部部务会议修订通过，修订后的《事业单位会计准则》于2012年12月6日公布。该会计准则分总则、会计信息质量要求、资产、负债、净资产、收入、支出或费用、财务会计报告、附则共9章49条，自2013年1月1日起实施。同时，《事业单位会计准则（试行）》予以废止。《事业单位会计准则》奠定了会计科目设置的基本框架。

(3)《事业单位会计制度》。早在1997年，为了有利于国有事业单位能适应社会主义市场经济体制建立的需要，进一步规范事业单位会计核算，加强会计管理，根据《事业单位会计准则（试行）》的要求，1997年7月17日，财政部发布了《事业单位会计制度》，自1998年1月1日起执行，同时，原有的《事业行政单位预算会计制度》废止。2012年12月19日，财政部再次根据《事业单位会计准则》修订发布了新的《事业单位会计制度》，自2013年1月1日起施行，同时1998年开始执行的《事业单位会计制度》废止。目前实施的2012版《事业单位会计制度》规定了现行会计科目的名称、核算内容、使用要求及所属明细科目的设置。

根据2013年实行的2012版《事业单位会计制度》，事业单位会计科目可分为资产、负债、净资产、收入和支出五大类。事业单位通用会计科目如表28所示。

表28　　事业单位通用会计科目表

类别	序号	编码	科目名称	类别	序号	编码	科目名称
资产类	1	1001	库存现金	净资产类	29	3001	事业基金
	2	1002	银行存款		30	3101	非流动资产基金
	3	1011	零余额账户用款额度			310101	长期投资
	4	1101	短期投资			310102	固定资产
	5	1201	财政应返还额度			310103	在建工程
		120101	财政直接支付			310104	无形资产
		120102	财政授权支付		31	3201	专用基金
	6	1211	应收票据		32	3301	财政补助结转
	7	1212	应收账款			330101	基本支出结转
	8	1213	预付账款			330103	项目支出结转
	9	1215	其他应收款		33	3302	财政补助结余
	10	1301	存货		34	3401	非财政补助结转
	11	1401	长期投资		35	3402	事业结余
	12	1501	固定资产		36	3403	经营结余
	13	1502	累计折旧		37	3404	非财政补助结余分配
	14	1511	在建工程	收入类	38	4001	财政补助收入
	15	1601	无形资产		39	4101	事业收入
	16	1602	累计摊销		40	4201	上级补助收入
	17	1701	待处置资产损溢		41	4301	附属单位上缴收入
负债类	18	2001	短期借款		42	4401	经营收入
	19	2101	应缴税费		43	4501	其他收入
	20	2102	应缴国库款	支出类	44	5001	事业支出
	21	2103	应缴财政专户款		45	5101	上缴上级支出
	22	2201	应付职工薪酬		46	5201	对附属单位补助支出
	23	2301	应付票据		47	5301	经营支出
	24	2302	应付账款		48	5401	其他支出
	25	2303	预收账款				
	26	2305	其他应付款				
	27	2401	长期借款				
	28	2402	长期应付款				

对各级各类事业单位在使用事业单位通用会计科目时应遵循的基本要求是：（1）应当使用按规定统一设置的会计科目，不得擅自更改统一设置的会计科目

名称，不需要的会计科目可以不用；（2）在使用会计科目的编号时，应同时使用会计科目的名称，不得只使用会计科目的编号，不适用会计科目的名称；（3）统一规定的会计科目编号，各单位不得打乱重编。

59

事业单位收入与支出的内容及其管理

事业单位的收入是指事业单位为开展业务及其他活动依法取得的非偿还性资金，事业单位的收入来源较广，包括财政补助收入、事业收入、上级补助收入、附属单位上缴收入、经营收入和其他收入等。其中：财政补助收入是指事业单位从同级财政部门取得的各类财政拨款。事业收入是指事业单位开展专业业务活动及其辅助活动取得的收入。上级补助收入是指事业单位从主管部门和上级单位取得的非财政补助收入。附属单位上缴收入是指事业单位附属独立核算单位按照有关规定上缴的收入。经营收入是指事业单位在专业业务活动及其辅助活动之外开展非独立核算经营活动取得的收入。其他收入是指财政补助收入、事业收入、上级补助收入、辅助单位上缴收入和经营收入以外的各项收入，包括投资收益、利息收入、捐赠收入等。

事业单位取得的收入分为财政补助收入、事业类收入和经营收入三类。其中，事业类收入包括事业收入、上级补助收入、附属单位上缴收入和其他收入。该类收入反映了事业单位获得的所属事业行业相关的各种收入。

事业单位应当根据收入业务的不同性质确定收入的实现。事业单位的收入一般应当在收到款项时予以确认，并按照实际收到的金额进行计量。即收付实现制。采用权责权发生制确认的收入，应当在提供服务或者发出存货，同时收讫价款或者取得索取价款的凭据时予以确认，并按照实际收到的金额或者有关凭据注明的金额进行计量。

事业单位的支出是指事业单位开展业务及其他活动发生的资金消耗和损失。事业单位的支出或者费用包括事业支出、对附属单位补助支出、上缴上级支出、经营支出和其他支出等。事业支出是指事业单位开展专业业务活动及其辅助活动发生的基本支出和项目支出。对附属单位补助支出是指事业单位用财政补助收入之外的收入对附属单位补助发生的支出。上缴上级支出是指事业单位按照财政部门和主管部门的规定上缴上级单位的支出。经营支出是指事业单位在专业业务活动及其辅助活动之外展开非独立核算经营活动发生的支出。其他支出是指事业支出、对附属单位补助支出、上缴上级支出和经营支出以外的各项支出，包括利息支出、捐赠支出等。

事业单位会计的支出可归纳为财政补助支出、事业类支出和经营支出三类。其中，财政补助支出是事业支出中资金来源于财政补助的部分，事业类支出包括用于事业支出的非财政补助支出、上级补助支出、对附属单位补助支出和其他支出。该类支出反映了事业单位发生的与所属事业行业相关的各类支出。

事业单位的支出一般应当在实际支付时予以确认并按照实际支付金额进行计量。采取权责发生制确认的支出或者费用，应当在其发生时予以确认，并按照实际发生额进行计量。事业单位开展非独立核算经营活动的，应当正确归集开展经营活动发生的各项费用数；无法直接归集的，应当按照规定的标准或比例合理分摊。事业单位的经营支出与经营收入应当配比。

60

事业单位收入的核算

事业单位收入的核算内容主要包括有财政补助收入的核算、经营收入的核算及事业类收入的核算。

（1）财政补助收入的核算。

作为公立非营利组织，事业单位在提供公共产品或劳务的过程中，需要消耗一定的公共资源，用于维持必要的日常办公经费、支付人员薪酬、购置必要的设备或开展专项活动等。这些公共资源的很大部分是通过财政拨款的方式进行支付。事业单位从同级财政获得的各种资金，形成事业单位的财政补助收入。在财政直接支付方式下，事业单位在收到财政部门委托财政零余额账户代理银行转来的财政直接支付入账通知单时，按照通知书中的直接支付入账金额确认财政补助收入。在财政授权支付方式下，事业单位收到授权支付到账通知单时，按照通知书中的授权支付额度确认财政补助收入。在其他方式下，事业单位按实收金额确认财政补助收入。

为了核算财政补助收入业务，事业单位应设置"财政补助收入"科目核算事业单位从同级财政部门取得的各类财政拨款，包括基本支出补助和项目支出补助。该科目应当设置"基本支出"和"项目支出"两个明细科目；两个明细科目下按照《政府收支分类科目》中支出功能分类的相关科目进行明细核算；同时在"基本支出"明细科目下按照"人员经费"和"日常公用经费"进行明细核算；在"项目支出"明细科目下按照具体项目进行明细核算。有财政政府性基金预算补助收入的事业单位，该科目也可以分别按财政一般预算补助收入和财政政府性基金预算补助收入设置明细账。

事业单位收到财政补助收入时，借记"事业支出"、"零余额账户用款额度"、"银行存款"科目，贷记"财政补助收入"科目；因购货退回等发生国库直接支付款项退回的，属于本年度支付的款项，按照退回金额，借记"财政补助收入"，贷记"事业支出"、"存货"科目；属于以前年度支付的款项，按照退回金额，借记"财政应返还额度"科目，贷记"财政补助结转"、"财政补助结余"、"存货"科目等；财政补助收入的期末结转时，应借记"财政补助收入"，贷记"财政补助结转"。期末结账后，"财政补助收入"科目应无余额。

例题 95：2017 年 4 月 5 日某市重点中学收到市财政部门代理银行转来财政直接支付入账通知书，系支付日常办公经费 12 万元，为开展某专项业务活动所需的 A 设备采购 10 万元；同日收到代理银行转来的财政授权支付到账通知书，已下达用款额度 8 万元。4 月 8 日，授权支付 B 项目经费 6 万元。4 月末发现，多付 4 月 5 日 A 设备 4 万元，责成供货方退回，退款已缴存财政国库账户。同时，多付上年度办公经费 2 万元，已经退回相应用款额度。月末，"财政补助收入"贷方余额 40 万元。

4 月 5 日，收到市财政部门代理银行转来财政直接支付入账通知书及财政授权支付到账通知书，编制会计分录如下：

借：事业支出	220 000.00
零余额账户用款额度	80 000.00
贷：财政补助收入——一般预算补助收入——基本支出——日常公用经费	
	120 000.00
——项目支出——A 设备	
	100 000.00
——B 项目	
	80 000.00
借：固定资产	100 000.00
贷：非流动资产基金——固定资产	100 000.00

4 月 8 日，授权支付 B 项目经费，编制会计分录如下：

借：事业支出	60 000.00
贷：零余额账户用款额度	60 000.00

4 月末，退款缴存财政国库账户，多付上年办公经费退回相应用款额度，编

制会计分录如下：

　　借：财政补助收入——一般预算补助收入——项目支出——A设备

　　　　　　　　　　　　　　　　　　　　　　　　40 000.00

　　　贷：事业支出　　　　　　　　　　　　　　40 000.00

　　借：非流动资产基金——固定资产　　　　　　40 000.00

　　　贷：固定资产　　　　　　　　　　　　　　40 000.00

　　借：财政应返还额度　　　　　　　　　　　　20 000.00

　　　贷：财政补助结转　　　　　　　　　　　　20 000.00

4月末，将"财政补助收入"科目贷方余额转入"财政补助结转"科目，编制会计分录如下：

　　借：财政补助收入　　　　　　　　　　　　400 000.00

　　　贷：财政补助结转　　　　　　　　　　　　400 000.00

（2）经营收入的核算。

经营收入是指事业单位在专业业务活动及其辅助活动之外开展非独立核算经营活动取得的收入，主要包括销售收入、经营服务收入、租赁收入及其他经营收入等。非独立核算是指从单位领取一定数额的物资、款项等从事业务活动，不独立计算盈亏，把日常发生的经济业务资料，报给单位集中进行会计核算。事业单位的经营收入包含两层含义：第一，经营收入是事业单位开展经营活动取得的收入，不是专业业务活动及辅助活动取得的收入。第二，经营收入是非独立核算的经营活动取得的收入，而不是独立核算的经营活动取得的收入，这有别于附属单位上缴收入。事业单位的经营活动，应当尽可能进行独立核算，只有那些经营活动规模较小，不便或无法独立核算的，才纳入"经营收入"科目核算。

事业单位应设置"经营收入"科目核算在专业业务活动及其辅助活动之外开展非独立核算经营活动取得的收入。该科目应当按照经营活动类别、项目、《政府收支分类科目》中功能分类相关科目进行明细核算。

实现经营收入时，按照确定的收入金额，借记"银行存款"、"应收账款"、"应收票据"等科目，贷记"经营收入"、"应缴税费——应缴增值税"或"应缴税费——应缴增值税（销项税额）"科目；期末，将"经营收入"的本期发生额转入"经营结余"，借记"经营收入"科目，贷记"经营结余"科目。期末结账后，该科目无余额。

例题96：A事业单位被认定为小规模纳税人，4月份，该事业单位非独立核算的内部复印室交来服务现金收入4 000元，内部招待所报来住宿、餐饮等收入180 000元，款项未收。2月末，该事业单位"经营收入"科目贷方余额为

280 000 元。该事业单位账务处理如下：

  借：库存现金   4 000.00
    应收账款   180 000.00
   贷：经营收入——内部招待所服务收入   174 757.28
       ——复印室服务收入   3 883.50
    应缴税费——应缴增值税   5 359.22

  2月末，该事业单位将"经营收入"科目贷方余额转入经营结余科目，编制会计分录如下：

  借：经营收入   280 000.00
   贷：经营结余   280 000.00

  （3）事业类收入的核算。

  与财政补助收入不同，事业类收入属于非财政性资金来源。事业单位在提供公共产品或服务的过程中，提供的部分产品或专业活动依法可以收取一定费用，这些收费不以盈利为目的，而是用于弥补公共产品或服务的成本，维持专业活动的可持续运行。事业类收入的内容包括事业收入、上级补助收入、附属单位上缴收入、其他收入等。

  事业收入的具体内容因不同行业事业单位从事的专业活动及其辅助活动不同而不同，具体包括：广播电视事业单位按规定标准收取的广告费、有线电视费、初装费、与国内外单位或机构进行节目交换取得的收入，合作拍片取得的收入、收取的节目传输收入、技术转让收入、技术服务收入；文化事业单位的演出收入、技术服务收入、委托培训收入、图书馆对外提供馆藏资料复印复制收入等；文物单位的门票收入、展览收入、文化勘探发掘收入、文物维修设计收入、文物修复与复制收入、文物咨询鉴定收入、影视拍摄收入、文物导向收入等；体育事业单位取得的竞技体育比赛收入、门票收入、出售广播电视转播权收入、广告赞助收入、体育技术服务收入等。

  上级补助收入是由事业单位的主管部门和上级单位用自身组织的收入或集中下级单位的收入拨给事业单位的资金，是上级单位用于调剂附属单位资金收支余缺的机动财力。举例来讲，广西省民政厅直属的事业单位广西省民政厅民间组织服务中心、广西省民政厅信息宣传中心、广西居民家庭经济状况核对中心三个单位从广西省民政厅获得的补助收入。

  附属单位上缴收入是指事业单位附属的独立核算单位按规定标准或比例缴纳的各项收入，包括附属的事业单位上缴的收入和附属企业上缴的利润等。事业单位附属的独立核算单位包括附属的事业单位和附属的企业。

事业单位的其他收入是指除了财政补助收入、事业收入、上级补助收入、附属单位上缴收入、经营收入以外的各项收入,主要包括有投资收益、银行存款利息收入、租金收入、捐赠收入、现金盘盈收入、存货盘盈收入、收回已核销应收及预付款项、无法偿付的应付及预收款项。

事业单位应设置"事业收入"科目核算事业单位开展专业业务活动及其辅助活动取得的收入,该科目应按照事业收入类别、项目、按照《政府收支分类科目》中的"支出功能分类"进行明细核算。事业收入中如有专项资金收入,还应按具体项目进行明细核算。

事业单位应设置"上级补助收入"科目核算事业单位从主管部门和上级单位取得的非财政补助收入,该科目应当按照发放补助单位、补助项目、按照《政府收支分类科目》中的"支出功能分类"进行明细核算。上级补助收入中如有专项资金收入,还应按具体项目进行明细核算。

事业单位应设置"附属单位上缴收入"科目核算事业单位从主管部门和上级单位取得的非财政补助收入,该科目应按照事业收入类别、项目、按照《政府收支分类科目》中的"支出功能分类"进行明细核算。附属单位上缴中如有专项资金收入,还应按具体项目进行明细核算。

事业单位应设置"其他收入"科目核算事业单位的其他收入,该科目应当按照其他收入的类别、按照《政府收支分类科目》中的"支出功能分类"进行明细核算。

对于事业单位对外投资实现的投资净损益,应单独设置"投资收益"明细科目进行核算;其他收入中如有专项资金收入(如限定用途的捐赠收入),还应按具体项目进行明细核算。

①用财政专户返还方式管理的事业收入。在财政专户返还方式管理下,意味着事业单位收到的所有款项均为代财政收取,按照国家有关规定应当上缴国库或者财政专户,不计入事业收入;从财政专户核拨给事业单位的资金和经核准不上交国库或者财政专户的资金,才能计入事业收入。

收到应上缴财政专户的事业收入时,按照收到的款项金额,借记"银行存款"、"库存现金"科目,贷记"应缴财政专户款"科目;向财政专户上缴款项时,按照实际上交的款项金额,借记"应缴财政专户款"科目,贷记"银行存款"科目。收到从财政专户返还的事业收入时,按照实际收到的返还金额,借记"银行存款"科目,贷记"事业收入"科目。

收到事业收入时,按照收到的款项金额,借记"银行存款"、"库存现金"科目,贷记"事业收入"科目,涉及增值税业务的,属于增值税纳税人的事业单位实现事业收入，按实际出售价款，借记"银行存款"（实收款）、"应收账款"（应收款）、"应收票据"（应收商业汇票票面金额）等科目，贷记"事业收入"（售价款扣除增值税额后的金额）、"应缴税费——应缴增值税"（小规模纳税人应缴增值税金额）科目或"应缴税费——应缴增值税（销项税额）"（一般纳税人专票注明的增值税额）科目。

例题97： 北京市某体育事业单位被认定为增值税小规模纳税人。2017年8月21至25日期间，该事业单位举办了篮球比赛。截至8月22日，该单位收到出售广播电视转播权收入200万元，门票收入8万元，款项已全额缴入财政专户开户银行。这些款项按规定实行先上缴，后按70%返还的结算体制。该体育事业单位还向科研协作单位转让新技术一项，取得一笔技术转让收入82.4万元，目前已收到相关款项42.4万元，其余款项仍未收回。

22日收到竞赛收入时，该事业单位编制会计分录如下：

借：银行存款——广播电视转播权收入　　　2 000 000.00
　　　　　　——门票收入　　　　　　　　　80 000.00
　　贷：应缴财政专户款　　　　　　　　　　2 080 000.00

上缴款项全额缴入财政专户开户银行时，编制会计分录如下：

借：应缴财政专户款　　　　　　　　　　　2 080 000.00
　　贷：银行存款　　　　　　　　　　　　　2 080 000.00

收到返还70%的款项时，编制会计分录如下：

借：银行存款　　　　　　　　　　　　　　1 456 000.00
　　贷：事业收入　　　　　　　　　　　　　1 456 000.00

向科研协作单位转让新技术而收到技术转让收入时，编制会计分录如下：

借：银行存款　　　　　　　　　　　　　　424 000.00
　　应收账款　　　　　　　　　　　　　　400 000.00
　　贷：事业收入——技术转让收入　　　　　800 000.00
　　　　应缴收入——应缴增值税　　　　　　24 000.00

②上级补助收入。事业单位收到上级补助收入时，按照实际收到的金额，借记"银行存款"科目，贷记"上级补助收入"科目；退回上级补助收入时，借记"上级补助收入"科目，贷记"银行存款"科目。

例题98： 某市教育局所属普通中学收到市教育局支付的用于购买教学专用设备款项16万元。年内发现，该套专项设备多付了2万元，责成供货方退回，退回款项上缴市教育局。该普通中学收到相关财政拨款时。编制会计分录如下：

借：银行存款　　　　　　　　　　　　　　160 000.00

　　　　贷：上级补助收入——项目支出——教学实训设备采购 160 000.00
　　借：固定资产　　　　　　　　　　　　　　　　160 000.00
　　　　贷：非流动资产基金——固定资产　　　　　　160 000.00
　返回上级补助收入时，编制会计分录如下：
　　借：上级补助收入　　　　　　　　　　　　　　 20 000.00
　　　　贷：银行存款　　　　　　　　　　　　　　　 20 000.00
　　借：非流动资产——基金固定资产　　　　　　　　 20 000.00
　　　　贷：固定资产　　　　　　　　　　　　　　　 20 000.00

③附属单位上缴收入。事业单位收到附属单位交来的款项时，按照实际收到金额，借记"银行存款"科目，贷记"附属单位上缴收入"科目。

例题99：某市自然博物馆收到主管部门拨入补助资金200万元。其中，专项资金174万元专门用于房屋修复，26万元用于补助人员经费。收到附属C单位上缴一笔款项10万元，已存入银行。其中，6万元用于日常公用，4万元专项用于购置办公设备。该市博物馆应编制会计分录如下：

　　借：银行存款　　　　　　　　　　　　　　　2 100 000.00
　　　　贷：上级补助收入——项目支出——房屋修复　1 740 000.00
　　　　　　　　　　　　——基本支出——人员经费　　260 000.00
　　　　　　附属单位上缴收入——项目支出——购置办公设备　40 000.00
　　　　　　　　　　　　　　——基本支出——日常公用经费　 60 000.00

（4）其他收入的核算。

不同性质的其他收入的入账时间及金额确定有所不同，具体规定如下：对外投资持有期间收到利息、利润等时，按实际收到的金额确定；出售或到期收回国债投资本息，按照实际收到的金额扣除出售或收回国债投资的成本的差额确定；收到银行存款利息、资产承租人支付的租金，按照实际收到的金额确定；接受捐赠的现金资产，按照实际收到的金额确定；接受捐赠的存货验收入库，按照确定的成本扣除发生的相关税费、运输费等金额后的余额确定；每日现金账款核对中如发现现金溢余，按无法查明原因的部分确定；盘盈的存货，按照确定的入账价值确定；收回已核销应收及预付款项已核销应收账款、预付账款、其他应收款在以后期间收回的，按照实际收回的金额确定；无法偿付或债权人豁免偿还的应付账款、预收账款、其他应付款及长期应付款，按无法偿付或债权人豁免偿还的金额确定。

事业单位取得其他收入时，应借记"库存现金"、"银行存款"等科目，贷记"其他收入"的各个明细科目，具体细目可能涉及投资收益（实际收到的债券投资利息、利润金额或投资损益)、利息收入、固定资产出租收入、捐赠收入、现金溢余、收回已核销坏账、无法偿付或豁免偿还款项等。收入退回时,做相反的会计分录。

例题100:某自然科学研究事业单位以400万元银行存款创立联营企业。本年终取得投资利润14万元,款项存入开户银行。接到开户银行的到账通知书,本期银行存款利息2万元已存入单位银行账户。根据向丁单位出租礼堂的协议,出租期1年,年租金为48万元,协议签订时丁单位以转账支票一次付讫。收到某企业捐赠的存货成本10万元,该事业单位以现金支付相关税费、运输费等共计0.4万元。月末盘点现金发现溢余160元,其中132元为少付员工张君报销的医药费,其余28元无法查明原因。出售短期持有的国债40万元,取得收入44万元,款项存入开户银行。收回上年已核销的应收专业服务款1.6万元。应付某企业的购货款6万元因该企业已经注销无法支付。该自然科学研究事业单位编制会计分录如下:

借:银行存款	1 096 000.00
存货	100 000.00
库存现金	160.00
应付账款	60 000.00
贷:其他收入——投资收益	180 000.00
——利息收入	20 000.00
——租金收入	480 000.00
——捐赠收入	96 000.00
——现金溢余	28.00
——收回核销款	16 000.00
——核销购货款	60 000.00
库存现金	4 000.00
其他应付款	132.00
短期投资	400 000.00

(5)事业类收入的年终结转。

期末,有关事业单位应将"事业收入"、"上级补助收入"、"附属单位上缴收入"、"其他收入"科目本期发生额中的专项资金收入结转入"非财政补助结转"科目,非专项资金收入结转入"事业结余"科目。借记"事业收入——××项目资金收入"、"事业收入——非专项资金收入"、"上级补助收入——××项目资金收入"、"上级补助收入——非专项资金收入"、"附属单位上缴收入——××项目资金收入"、"附属单位上缴收入——非专项资金收入"、"其他收入——××项目资金收入"、"其他收入——非专项资金收入"科目,贷记"非财政补助结转"(项目资金收入合计)、"事业结余"(非专项资金收入合计)科目。期末结账后,各科目无余额。

例题101:某演出事业单位在2017年6月30日时事业类收入各科目结转前贷方余额如表29所示。

表29　　　　　　　某演出事业类收入科目余额资料　　　　　　　单位:元

总账科目	明细科目	贷方余额
事业收入	E项目资金收入	400 000
	门票收入	200 000
	广播电视广告收入	600 000
	技术转让收入	140 000
上级补助收入	F项目资金收入	180 000
	一般补助收入	80 000
附属单位上缴收入	F项目资金收入	140 000
	上缴酒店管理费	120 000
其他收入	利息收入	10 000

月末结转时,根据上表收入科目余额编制会计分录如下:

借:事业收入——E项目资金收入　　　　　　400 000.00
　　　　　　——门票收入　　　　　　　　　200 000.00
　　　　　　——广播电视广告收入　　　　　600 000.00
　　　　　　——技术转让收入　　　　　　　140 000.00
　　上级补助收入——F项目资金收入　　　　180 000.00
　　　　　　——一般补助收入　　　　　　　 80 000.00
　　附属单位上缴收入——F项目资金收入　　140 000.00
　　　　　　——上缴酒店管理费　　　　　　120 000.00
　　其他收入——利息收入　　　　　　　　　 10 000.00
　　贷:非财政补助结转　　　　　　　　　　720 000.00
　　　　事业结余　　　　　　　　　　　　1 150 000.00

61

事业单位支出的核算

事业单位支出的核算包括事业支出的核算、对附属单位补助支出的核算、上缴上级支出的核算、经营支出的核算及其他支出的核算等。

(1) 事业支出的核算。

事业支出是指事业单位开展专业业务活动及其辅助活动发生的基本支出和项目支出。事业单位的专业业务活动是事业单位的核心业务活动，具有公益性质。事业支出是事业单位支出的主要内容，是考核事业成果和资金使用效益的依据。事业单位应当根据财政补助收入、事业收入、上级补助收入、附属单位上缴收入、经营收入和其他收入等情况统筹安排事业支出。事业单位应当严格按照经批准的部门预算发生事业支出。部门预算中的基本支出预算和项目支出预算应当分别管理，分别核算，不能相互混淆。

为全面反映事业单位各项事业支出的内容，便于分析和考核各项事业支出的实际发生情况及其效果，从而有针对性地加强和改善对事业单位事业支出的管理，事业单位有必要对事业支出按照一定的标准进行适当的分类。

事业支出应当按照《政府收支分类科目》中的"支出功能分类"进行分类。《政府收支分类科目》中的"支出功能分类"主要包括工资福利支出、商品和服务支出、对个人和家庭的补助、对企事业单位的补贴等类级科目。类级科目下再设款级科目，如工资福利支出主要包括基本工资、津贴补贴、奖金等开支，商品和服务支出主要包括办公费、印刷费、咨询费等二十几项支出，而对个人和家庭的补助主要包括离休费、退休费等十几项支出。

事业支出应当按照部门预算的要求进行分类。按照部门预算的要求，事业单位的事业支出可以分为基本支出和项目支出两大类。其中，基本支出是事业单位为维持正常运转和完成日常工作任务而发生的各项支出；项目支出是事业单位为完成专项工作或特定任务而发生的各项支出。

事业支出应当按照《政府收支分类科目》和部门预算的要求相结合进行分类。具体而言，事业单位应当分别将基本支出和《政府收支分类科目》、项目支出与《政府收支分类科目》进行结合。事业单位的基本支出预算通常由人员经费预算和日常公用经费预算组成。事业单位的项目支出预算应当分别具体项目进行编制。

事业支出应当按照不同的业务性质进行分类。按照不同的业务性质，事业支出可以分成财政补助支出、非财政专项资金支出和其他资金支出三大类。其中，财政补助支出是事业单位使用财政补助收入支付的事业支出；非财政专项资金支出是指用事业收入、上级补助收入、附属单位上缴收入等收入中专项资金支付的事业支出；其他事业支出是事业单位使用除财政补助支出和非财政专项资金支出以外而发生的支出。

事业单位应设置"事业支出"科目核算事业单位发生的事业支出业务。该科目应当按照"基本支出"和"项目支出"，"财政补助支出"、"非财政专项资金支出"和"其他资金支出"等层级进行明细核算，并按照《政府收支分类科目》中功能分类相关科目进行明细核算；"基本支出"和"项目支出"明细科目下应当按照《政府收支分类科目》中经济分类的款级科目进行明细核算；同时在"项目支出"明细科目下按照具体项目进行明细核算。

为从事专业业务活动及其辅助活动人员计提的薪酬时，借记"事业支出"科目，贷记"应付职工薪酬"科目；开展专业业务活动及其辅助活动领用存货时，按领用存货的实际成本，借记"事业支出"科目，贷记"存货"科目；开展专业业务活动及其辅助活动中发生的其他各项支出时，借记"事业支出"科目，贷记"库存现金"、"银行存款"、"零余额账户用款额度"、"财政补助收入"科目。

例题102：某市勘察设计事业单位计提10月份应付职工薪酬60万元。11月份通过银行存款账户支付误餐费2万元。当月领用由财政部门计划安排购买并纳入基本支出预算的H材料6万元。通过财政零余额账户为事业单位支付了本月水费4万元，电费20万元，职工薪酬60万元，属于本年度项目支出的办公用房大型修缮资金140万元。以附属单位上缴的专项资金支付的、已列入本年度项目支出预算的业务活动共计10万元，其中，差旅费4万元、劳务费4万元、咨询费2万元。该勘察设计事业单位计提职工薪酬时编制会计分录如下：

借：事业支出——财政补助支出——基本支出——人员经费——工资福利支
　　出——基本工资　　　　　　　　　　　　　　440 000.00
　　　　　　　　　　　　　　　　　　　　——绩效工资
　　　　　　　　　　　　　　　　　　　　　　　160 000.00
　　贷：应付职工薪酬　　　　　　　　　　　　　600 000.00

支付误餐费时，编制会计分录如下：

借：事业支出——其他资金支出——基本支出——人员经费——工资福利支
　　出　　　　　　　　　　　　　　　　　　　　20 000.00

贷：银行存款　　　　　　　　　　　　　　　　　20 000.00
领用 A 材料时，编制会计分录如下：
借：事业支出——财政补助支出——基本支出——商品和服务——存货
　　　　　　　　　　　　　　　　　　　　　　　　60 000.00
　　　贷：存货　　　　　　　　　　　　　　　　　　60 000.00
支付本月水费、薪酬及修缮资金时，编制会计分录如下：
借：应付职工薪酬　　　　　　　　　　　　　　　 600 000.00
　　事业支出——财政补助支出——基本支出——商品和服务——水费
　　　　　　　　　　　　　　　　　　　　　　　　40 000.00
　　　　　　　　　　　　　　　　　　　　　　——电费
　　　　　　　　　　　　　　　　　　　　　　 200 000.00
　　　　　　——项目支出——基本建设支出——大型修缮
　　　　　　　　　　　　　　　　　　　　　　1 400 000.00
　　　贷：财政补助收入　　　　　　　　　　　　 2 240 000.00
借：固定资产　　　　　　　　　　　　　　　　　 700 000.00
　　　贷：非流动资产基金——固定资产　　　　　　700 000.00
附属单位上缴项目支出时，编制会计分录如下：
借：事业支出——其他资金支出——项目支出——商品和服务支出——差旅费
　　　　　　　　　　　　　　　　　　　　　　　　40 000.00
　　　　　　　　　　　　　　　　　　　　　　——劳务费
　　　　　　　　　　　　　　　　　　　　　　 40 000.00
　　　　　　　　　　　　　　　　　　　　　　——咨询费
　　　　　　　　　　　　　　　　　　　　　　 20 000.00
　　　贷：银行存款　　　　　　　　　　　　　　　100 000.00
　　期末，将"事业支出"科目中的财政补助支出本期发生额结转入"财政补助结转"科目；将"事业支出"科目中的非财政专项资金支出本期发生额结转入"非财政补助结转"科目；"事业支出"其余部分本期发生额结转入"事业结余"科目。期末结账后，"事业支出"科目无余额。

　　例题 103：某新闻出版事业单位年终"事业支出"各明细科目的余额资料如表 30 所示。

表30　　某新闻出版事业单位"事业支出"明细科目借方发生额资料　　　　单位：元

类级科目	款级科目	项级科目	目级科目	借方余额
财政补助支出	基本支出	工资福利支出	基本工资	1 140 000
			绩效工资	160 000
		商品和服务支出	办公费	100 000
	项目支出	基本建设支出	大型修缮	600 000
非财政专项资金支出	项目支出	其他资金性支出	办公设备购置	600 000
		基本建设支出	大型修缮	400 000
		商品和服务支出	差旅费	20 000
其他资金支出				200 000

该新闻出版事业单位期末编制结转的会计分录如下：

借：财政补助结转——基本支出结转　　　　1 400 000.00
　　　　　　　　——项目支出结转　　　　　600 000.00
　　非财政补助结转　　　　　　　　　　　1 020 000.00
　　事业结余　　　　　　　　　　　　　　　200 000.00
　贷：事业支出——财政补助支出——基本支出——工资福利支出——基本工资　　　　1 140 000.00
　　　　　　　　　　　　　　　　　　　　　　　　　　　　　——绩效工资　　　　160 000.00
　　　　　　　　　　　　　　　　　　　　——商品和服务支出——办公费　　　　　100 000.00
　　　　　　　　　　　　　　　　——项目支出——基本建设支出——大型修缮　　　600 000.00
　　　　非财务专项资金支出——项目支出——其他资本性支出——办公设备购置　　　600 000.00
　　　　　　　　　　　　　　　　——基本建设支出——大型修缮　　　　　　　　　400 000.00
　　　　　　　　　　　　　　　　——商品和服务支出——差旅费　　　　　　　　　 20 000.00
　　　　其他资金支出　　　　　　　　　　　　　　　　　　　　　　　　　　　　200 000.00

（2）对附属单位补助支出的核算。

事业单位应设置"对附属单位补助支出"科目核算事业单位用财政补助收入之外的收入对附属单位补助发生的支出。该科目应当按照接受补助单位、补助项目、按照《政府收支分类科目》中的"支出功能分类"进行明细核算。

发生对附属单位补助支出,按照实际支付的金额,借记"对附属单位补助支出"科目,贷记"银行存款"科目;期末,将"对附属单位补助支出"科目本期发生额转入事业结余,借记"事业结余"科目,贷记"对附属单位补助支出"科目。期末结账后,"对附属单位补助支出"科目应无余额。

(3) 上缴上级支出的核算。

事业单位应设置"上缴上级支出"科目核算事业单位按照财政部门和主管部门的规定上缴上级单位的支出。该科目应当按照收缴款项单位、缴款项目、《政府收支分类科目》中功能分类相关科目进行明细核算。

发生规定上缴上级单位款项,按照实际支付的金额,借记"上缴上级支出"科目,贷记"银行存款"科目;期末,将"上缴上级支出"科目本期发生额转入事业结余,借记"事业结余"科目,贷记"上缴上级支出"科目。期末结账后,"上缴上级支出"科目应无余额。

例题104:某市教育科学研究事业单位根据核定的预算,通过开户银行向所属 A 单位拨付 6 月份补助支出 50 万元。其中,基本支出经费合计 24 万元,包括工资福利支出 14 万元,商品和服务支出 10 万元;项目支出经费合计 26 万元,其中,专项业务项目支出 6 万元,其他资本性支出 20 万元。用自有资金一次性拨给附属 B 单位基本支出补助 12 万元。该补助只能用于日常公用经费开支,不得用于人员经费开支。根据本单位实现的纯收入,按财政规定的定额上缴上级 C 单位 10 万元。该教育科学研究事业单位编制会计分录如下:

借:对附属单位补助支出——A 单位——基本支出——工资福利支出
              140 000.00
      ——商品和服务支出
              100 000.00
    ——项目支出——专项业务支出
              60 000.00
    ——其他资本性支出
              200 000.00
  ——B 单位——基本支出——日常公用经费
              120 000.00
  上缴上级支出——C 单位   100 000.00
  贷:银行存款   720 000.00

月末,结转上述科目余额。该教育科学研究事业单位将"对附属单位补助支出""上缴上级支出"科目借方余额结转到"事业结余"科目时，编制会计分录如下：

  借：事业结余　　　　　　　　　　　　　　720 000.00
    贷：对附属单位补助支出——A单位——基本支出——工资福利支出
                     140 000.00
            ——商品和服务支出
                       100 000.00
           ——项目支出——专项业务支出
                       60 000.00
            ——其他资本性支出
                       200 000.00
         ——B单位——基本支出——日常公用经费
                       120 000.00
  上缴上级支出——C单位　　　　　　　　100 000.00

（4）经营支出的核算。

  经营支出是指事业单位在专业业务活动及其辅助活动之外开展非独立核算经营活动发生的支出，主要包括基本工资、补助工资、其他工资、职工福利费、社会保障费、公务费、业务费、设备购置费、修缮费和其他费用等。事业单位开展非独立核算经营活动的，应当正确归集开展经营活动发生的各项费用数；无法直接归集的，应当按照规定的标准或比例合理分摊。事业单位的经营支出与经营收入应当配比。

  事业单位应设置"经营支出"总账科目核算在专业业务活动及其辅助活动之外开展非独立核算经营活动发生的支出。该科目应当按照经营活动类别、项目、按照《政府收支分类科目》中的"支出功能分类"进行明细核算。

  为在专业业务活动及其辅助活动之外开展非独立核算经营活动人员计提的薪酬时，借记"经营支出"科目，贷记"应付职工薪酬"科目；在专业业务活动及其辅助活动之外开展非独立核算经营活动领用、发出的存货，按领用、发出存货的实际经营支出时，借记"经营支出"科目，贷记"存货"科目；在专业业务活动及其辅助活动之外开展非独立核算经营活动中发生的其他各项支出时，借记"经营支出"科目，贷记"库存现金"、"银行存款"、"应缴税费"等科目；期末，将"经营支出"科目经营支出期发生额转入"经营结余"时，借记"经营结余"科目、贷记"经营支出"科目。期末结转后，"经营支出"科目无余额。

例题 105：某由行政机关设立的警用物资商店属于国有事业单位，一般纳税人身份。该事业单位计提非独立核算经营活动人员工资薪酬 6 万元。将自产产品对外销售，售价 20 万元，增值税率 17%，货款未收。城市维护建设税率 7%、教育费附加率 3%、地方教育附加 2%。产品已发运，该产品的实际成本 12 万元。以银行存款支付本月水费 2 万元。本月末，经营收入贷方余额 40 万元，经营支出借方余额 34 万元。

计提工资薪酬时，该事业单位编制会计分录如下：

借：经营支出　　　　　　　　　　　　　　　　60 000.00
　　贷：应付职工薪酬　　　　　　　　　　　　　　　60 000.00

销售自产产品时，该事业单位编制会计分录如下：

借：应收账款　　　　　　　　　　　　　　　　234 000.00
　　贷：经营收入　　　　　　　　　　　　　　　　200 000.00
　　　　应缴税费——应缴增值税（销项税额）　　　34 000.00

发运产品，计提城市维护建设税、教育费附加和地方教育附加，以及支付本月水费时，该事业单位编制会计分录如下：

借：经营支出　　　　　　　　　　　　　　　　144 080.00
　　贷：存货　　　　　　　　　　　　　　　　　　120 000.00
　　　　应缴税费——应缴城建税和教育费附加　　　4 080.00
　　　　银行存款　　　　　　　　　　　　　　　　20 000.00

月末分别结转"经营收入""经营支出"科目贷方借方余额时，该事业单位编制会计分录如下：

借：经营收入　　　　　　　　　　　　　　　　400 000.00
　　贷：经营结余　　　　　　　　　　　　　　　　400 000.00
借：经营结余　　　　　　　　　　　　　　　　340 000.00
　　贷：经营支出　　　　　　　　　　　　　　　　340 000.00

（5）其他支出的核算。

其他支出是指事业单位除事业支出、上缴上级支出、对附属单位补助支出、经营支出以外的各项支出，包括利息支出、捐款支出、现金盘亏损失、资产处理损失、接受捐赠（调入）非流动资产发生的税费支出等。

事业单位应设置"其他支出"总账科目核算其他支出。该科目应当按照其他支出的类别、按照《政府收支分类科目》中的"支出功能分类"进行明细核算。其他支出中如有专项资金支出，还应按具体项目进行明细核算。

事业单位支付银行借款利息或对外捐赠现金资产时，借记"其他支出"科目,贷记"银行存款"科目;对外捐出存货时,借记"其他支出"科目,贷记"待处置资产损溢"科目。需要注意的是,对外捐赠固定资产、无形资产等非流动资产,不通过"其他支出"科目核算。

例题106:某事业单位对外捐赠自产物资一批,自产物资成本40 000元,另以现金支付运输费664元。该事业单位编制会计分录如下:

借:待处置资产损溢　　　　　　　　　　　　40 000.00
　　贷:存货　　　　　　　　　　　　　　　　40 000.00
借:其他支出　　　　　　　　　　　　　　　　40 664.00
　　贷:待处置资产损溢　　　　　　　　　　　40 000.00
　　　　库存现金　　　　　　　　　　　　　　　664.00

事业单位每日现金账款核对中如发现现金短缺,属于无法查明原因的部分,报经批准后,借记"其他支出"科目,贷记"库存现金"科目。

事业单位逾期三年或以上、有确凿证据表明确实无法收回的应收账款、预付账款、其他应收款,盘亏、毁损、报废的存货,按规定报经批准后予以核销。转入待处置资产时,按照待核销的应收账款金额,借记"待处置资产损溢"科目,贷记"应收账款"、"预付账款"、"其他应收款"、"存货"科目;报经批准予以核销时,借记"其他支出"科目,贷记"待处置资产损溢"科目;已核销应收账款、预付账款、其他应收款在以后期间收回的,按照实际收回的金额,借记"银行存款"科目,贷记"其他收入"科目。

事业单位接受捐赠、无偿调入非流动资产发生的相关税费、运输费等,借记"其他支出"科目,贷记"银行存款"科目。以固定资产、无形资产取得长期股权投资所发生的相关税费计入"其他支出"科目。

期末,将"其他支出"科目本期发生额中的专项资金支出结转入非财政补助结转,非专项资金支出结转入事业结余,借记"非财政补助结转"(项目支出合计)、"事业结余"(非项目支出合计)科目,贷记"其他支出——××项目支出"、"其他支出——非项目支出"科目。期末结转后,"其他支出"科目应无余额。

例题107:某由行政机关设立的警用物资商店属于事业单位。该事业单位以银行存款支付本季利息10 000元,为希望工程捐款16 000元。现金盘亏200元,经查明,其中184元为多付职工李末原的现款,16元无法查明原因,报经批准后,列为其他支出。同日以存货向红十字会捐赠价值14 000元的物品。经批准核销无法收回的应收账款20 300元。月末,"其他支出"科目借方余额中专项资金支出10万元,非专项资金支出8万元。

以银行存款支付利息及希望工程捐赠款时,该事业单位编制会计分录如下:
　　借:其他支出——利息支出　　　　　　　　　　10 000.00
　　　　　——专项资金支出——希望工程捐款　　16 000.00
　　　贷:银行存款　　　　　　　　　　　　　　　　　26 000.00
现金盘亏时,该事业单位编制会计分录如下:
　　借:其他支出——现金短缺　　　　　　　　　　　　16.00
　　　其他应收款——李末原　　　　　　　　　　　　184.00
　　　贷:库存现金　　　　　　　　　　　　　　　　　　200.00
向红十字捐出存货及核销无法收回的应收账款,该事业单位编制会计分录如下:
　　借:待处置资产损溢　　　　　　　　　　　　　34 300.00
　　　贷:存货　　　　　　　　　　　　　　　　　　14 000.00
　　　　　应收账款　　　　　　　　　　　　　　　20 300.00
　　借:其他支出——捐赠存货　　　　　　　　　　14 000.00
　　　　　——核销应收账款　　　　　　　　　　　20 300.00
　　　贷:待处置资产损溢　　　　　　　　　　　　　34 300.00
期末结转,该事业单位编制会计分录如下:
　　借:非财政补助结转　　　　　　　　　　　　100 000.00
　　　事业结余　　　　　　　　　　　　　　　　80 000.00
　　　贷:其他支出　　　　　　　　　　　　　　　180 000.00

62

事业单位流动资产业务的核算

　　事业单位的资产是指事业单位占有或者使用的能以货币计量的经济资源,包括各种财产、债权和其他权利,分为流动资产和非流动资产。事业单位的流动资产是指预计在1年内(含1年)变现或者耗用的资产,包括货币资金、短期投资、应收及预付款项、存货等。
　　事业单位的资产应当按照取得时的实际成本进行计量。除国家另有规定外,事业单位不得自行调整其账面价值。以支付对价方式取得的资产,应当按照取得资产时支付的现金或者现金等价物的金额,或者按照取得资产时所付出的非货币性资产的评估价值等金额计量;取得资产时没有支付对价的,其计量金额应当按照有关凭据注明的金额加上相关税费、运输费等确定;没有相关凭据的,其计量金额比照同类或类似资产的市场价格加上相关税费、运输费等确定;没有相关凭据、同类或类似资产的市场价格也无法可靠取得的,所取得的资产应当按照名义金额入账。

(1) 事业单位货币资金的核算。

事业单位货币资金是指处理货币形态的资产,包括有库存现金和银行存款。其中,库存现金是指存放在事业单位会计部门的现金,主要用于事业单位的日常零星开支。事业单位应设置"库存现金"科目核算存放在事业单位会计部门的现金。事业单位应当设置"现金日记账",由出纳人员根据收付款凭证,按照业务发生顺序逐笔登记。每日终了,应当计算当日的现金收入合计数、现金支出合计数和结余数,并将结余数与实际库存数核对,做到账款相符。事业单位有外币现金的,应当分别按照人民币、各种外币设置"现金日记账"进行明细核算。

事业单位收到现金,按照实际收到金额,借记"库存现金"科目,贷记"××"有关科目;每日账款核对中发现现金溢余或短缺的,应当及时进行处理。如发现现金溢余,应借记"库存现金"科目,贷记"其他应付款"(属于应支付给有关人员或单位的部分)、"其他收入"(属于无法查明原因的部分)科目;现金短缺时,借记"其他应收款"(属于应由责任人赔偿的部分)、"其他支出"(属于无法查明原因,且经批准部分)科目,贷记"库存现金"科目。

例题 108:某体育竞技事业单位从财政部门为本单位在商业银行开设的零余额账户中提取现金 4 000 元。同日另以现金 1 800 元支付专家指导费。该事业单位编制会计分录如下:

借:库存现金 4 000.00
　　贷:零余额账户用款额度 4 000.00
借:事业支出 1 800.00
　　贷:库存现金 1 800.00

银行存款是指事业单位存入银行或其他金额机构的各种存款。事业单位应设置"银行存款"账户核算事业单位存入银行或其他金融机构的各种存款。事业单位应当按开户银行或其他金融机构、存款种类及币种等,分别设置"银行存款日记账",由出纳人员根据收付款凭证,按照业务的发生顺序逐笔登记,每日终了应结出余额。"银行存款日记账"应定期与"银行对账单"核对,至少每月核对一次。月度终了,事业单位银行存款账面余额与银行对账单余额之间如有差额,必须逐笔查明原因并进行处理,按月编制"银行存款余额调节表",调节相符。

将款项存入银行或其他金融机构时,借记"银行存款"科目,贷记有关科目;提取和支出存款时,借记有关科目,贷记"银行存款"科目。事业单位发生外币业务的,应当按照业务发生当日(或当期期初,下同)的即期汇率,将外币金额折算为人民币记账,并登记外币金额和汇率。期末,各种外币账户的外币余额应当按照期末的即期汇率折算为人民币,作为外币账户期末人民币余额。调整后的各种外币账户人民币余额与原账面人民币余额的差额,作为汇兑损益计入"事业支出"、"经营支出"等科目。

例题109:某园林绿化事业单位收到财政部门拨入的专项经费640 000元,用于M项目购置设备使用;另开出现金支票支付购买办公用品的价款54 000元。该园林事业单位编制会计分录如下:

借:银行存款　　　　　　　　　　　　　　　640 000.00
　　贷:财政补助收入——项目支出——M项目购置设备　640 000.00
借:事业支出——财政补助支出——项目支出——办公费
　　　　　　　　　　　　　　　　　　　　　54 000.00
　　贷:银行存款　　　　　　　　　　　　　　54 000.00

(2)事业单位零余额账户用款额度与财政应返还额度的核算。

事业单位设置"零余额账户用款额度"核算实行国库集中支付的事业单位根据财政部门批复的用款计划收到和支用的零余额账户用款额度。该科目期末借方余额反映事业单位尚未支用的零余额账户用款额度。该科目年末无余额。

事业单位应设置"财政应返还额"总账科目核算实行国库集中支付的事业单位应收财政返还的资金额度。该科目期末借方余额反映事业单位应收财政返还的资金额度。

"财政应返还额"科目应当设置"财政直接支付"、"财政授权支付"两个明细科目,进行明细核算。

财政直接支付下,收到财政直接支付入账通知书时,借记"事业支出"科目,贷记"财政补助收入"科目;年度终了,事业单位应根据本年度财政直接支付预算指标数与当年财政直接支付实际支出数的差额,借记"财政应返还额——财政直接支付"科目,贷记"财政补助收入"科目;下年度恢复财政直接支付额度后,事业单位以财政直接支付方式发生实际支出时,应借记"事业支出"等科目,贷记"财政应返还额度——财政直接支付"科目。

财政授权支付下,收到代理银行盖章的授权支付到账通知书时,应根据通知书所列数额,借记"零余额账户用款额度"科目,贷记"财政补助收入"科目;按规定支用额度时,借记"库存现金"(提现)、"事业支出"(用于事业支出)、

"存货"（用于购买存货）科目，贷记"零余额账户用款额度"科目；因购货退回等发生国库授权支付额度退回的，属于当年年度支付的款项，应按照退回金额，借记"零余额账户用款额度"科目，贷记"事业支出"、"存货"等科目；属于以前年度支付的款项，应按照退回的金额，借记"零余额账户用款额度"科目，贷记"财政补助结转"、"财政补助结余"、"存货"等科目；年度终了时，应依据代理银行提供的对账单注销额度，借记"财政应返还额度——财政授权支付"科目，贷记"零余额账户用款额度"科目；"零余额账户用款额度"年度财政授权支付预算指标数大于零余额账户用款额度下达数的，应根据未下达的用款额度，借记"财政应返还额度——财政授权支付"，贷记"财政补助收入"科目；下一年初，事业单位依据代理银行提供的上年已下达额度恢复到账通知书或到财政部门批复的上年末未下达零余额账户用款额度的，应借记"零余额账户用款额度"科目，贷记"财政应返还额度——财政授权支付"科目。

例题110：某地震测防事业单位是一般纳税人，2016年经批复的直接支付预算1 900万元，授权支付额度160万元。1月4日收到财政授权支付额度到账通知书，已到账额度120万元。1月23日收到财政直接支付入账通知书，支付本月人员经费80万元，日常办公经费140万元。1月29日通过单位零余额账户向供货方共支付批量购买的办公用品价款20万元，增值税款3.4万元，并已验收入库。8月11日收到因2015年购货退回发生国库授权支付退回额度4万元。2016年年末，批复的直接支付预算数1 900万元中，尚有40万元未使用；银行对账单载明已到账额度120万元中，尚有8万元未使用，应予以注销；已批复160万元额度中，尚有10万元未到账。

1月4日收到财政授权支付额度到账通知书时，编制会计分录如下：
借：零余额账户用款额度　　　　　　　　1 200 000.00
　　贷：财政补助收入　　　　　　　　　　　　1 200 000.00
1月23日收到财政直接支付入账通知书时，编制会计分录如下：
借：事业支出　　　　　　　　　　　　2 200 000.00
　　贷：财政补助收入　　　　　　　　　　　　2 200 000.00
1月29日，通过单位零余额账户向供货方共支付批量购买的办公用品价款时，编制会计分录如下：
借：存货　　　　　　　　　　　　　　　234 000.00
　　贷：零余额账户用款额度　　　　　　　　　234 000.00
8月11日，收到因2015年购货退回发生国库授权支付退回额度，编制会计分录如下：

借：零余额账户用款额度　　　　　　　　　　　　　40 000.00
　　　　贷：存货　　　　　　　　　　　　　　　　　　40 000.00
　　2016年末，根据批复的直接支付预算数和银行对账单载明已到账额度，编制会计分录如下：
　　借：财政应返还额度——财政直接支付　　　　　　400 000.00
　　　　　　　　　　　　——财政授权支付　　　　　180 000.00
　　　　贷：财政补助收入　　　　　　　　　　　　　500 000.00
　　　　　　零余额账户用款额度　　　　　　　　　　 80 000.00

（3）事业单位短期投资的核算。

短期投资是指事业单位依法取得的，持有时间不超过1年（含1年）的投资，主要是国债投资。取得短期投资的实际成本包括购买价款以及税金、手续费等相关税费。

事业单位应设置"短期投资"科目核算事业单位依法取得的短期投资的实际成本。该科目应当按照国债投资的种类等进行明细核算。取得短期投资时，应按照其实际成本，借记"短期投资"科目，贷记"银行存款"科目；短期投资持有期间收到利息时，按实际收到的金额，借记"银行存款"科目，贷记"其他收入——投资收益"科目；出售短期投资或到期收回短期国债本息时，借记"银行存款"（实际收到的金额），贷记"短期投资"（出售或收回短期国债的成本）的同时贷或借记"其他收入——投资收益"（差额）。

例题111：2016年1月10日，某环保事业单位以800 000元购入当年发行的三年期国债作为短期投资，并支付相关税费3 000元；该债券票面金额为800 000元，每半年付息一次，年利率为4%；7月10日，该事业单位收到利息16 000元；8月29日，企业以820 000元的价格出售该国债。

1月10日，购入国债时，该环保事业单位编制会计分录如下：
　　借：短期投资——国债　　　　　　　　　　　　　803 000.00
　　　　贷：银行存款　　　　　　　　　　　　　　　803 000.00
7月10日收到利息时，该环保事业单位编制会计分录如下：
　　借：银行存款　　　　　　　　　　　　　　　　　 16 000.00
　　　　贷：其他收入——投资收益　　　　　　　　　 16 000.00
8月29日出售时，该环保事业单位编制会计分录如下：
　　借：银行存款　　　　　　　　　　　　　　　　　820 000.00
　　　　贷：短期投资　　　　　　　　　　　　　　　803 000.00
　　　　　　其他收入——投资收益　　　　　　　　　 17 000.00

(4) 事业单位存货的核算。

存货是指事业单位在开展业务活动及其他活动中为耗用而储存的资产，包括材料、燃料、包装物、低值易耗品以及达不到固定资产标准的用具、装具、动植物等。

事业单位设置了"存货"科目核算事业单位在开展业务活动及其他活动中耗用而储存的各种存货等的实际成本。"存货"科目应当按照存货的种类、规格、保管地点等进行明细核算。发生自行加工存货业务的事业单位，应当在"存货"科目下设置"生产成本"明细科目，归集核算自行加工存货所发生的直接材料、直接人工和分配的间接费用。事业单位应当通过明细核算或辅助登记方式，登记取得存货成本的资金来源，以区分财政补助资金、非财政专项资金和其他资金取得的存货。事业单位随买随用的零星办公用品，可以在购进时直接列作支出，不通过"存货"科目核算。

存货的取得方式主要有购入、自行加工、接受捐赠、无偿调入。存货在取得时，应当按照其实际成本入账。

购入的存货，其成本包括购买价款、相关税费、运输费、装卸费、保险费以及其他使得存货达到目前场所和状态所发生的其他支出。购入的存货验收入库时，借记"存货"（确定的成本）、应交税费——应缴增值税（进项税额）（一般纳税人应抵扣的进项税额）科目，贷记"财政补助收入"（财政直接支付金额）、"零余额账户用款额度"（财政授权支付金额）、"银行存款"（银行存款支付金额）、"应付账款"（应付未付金额）、应付票据（应付商业汇票票面金额）科目等。按照税法规定属于增值税一般纳税人的事业单位购入非自用材料的，如用于生产对外销售的产品，购入材料发生的增值税可以抵扣，不计入材料成本。

自行加工的存货，其成本包括耗用的直接材料费用、发生的直接人工费用和按照一定方法分配的与存货加工有关的间接费用。自行加工的存货在加工过程中发生各种费用时，借记"存货——生产成本"科目，贷记"存货"、"应付职工薪酬"、"银行存款"科目；加工完成的存货验收入库时，按照所发生的实际成本，借记"存货"科目，贷记"存货——生产成本"科目。

例题 112：某出入境检验检疫事业单位按照税法规定属于增值税一般纳税人。9月4日该事业单位购入一批专用材料1 000千克，增值税专用发票上载明的货款为200 000元，增值税额34 000元，对方代垫包装费1 520元，入库前挑选整理耗费现金800元。款项未付。材料用于生产对外销售的A和B产品，材料已验收入库。9月24日，采用财政授权支付方式通过代理银行零余额账户支付上述款项。该事业单位开发试制A、B两种产品。9月26日，从仓库领用专用材料共计 122 000 元。其中，A 产品耗用 50 000 元，B 产品耗用 72 000 元。生产部门从仓库领用办公用品 4 000 元，办公用品按 A、B 产品耗用材料成本比例分配。9 月 30 日，根据工资结算单编制的工资费用分配表所列数据是：A 产品生产工人工资 76 000 元，B 产品生产工人工资 52 000 元，生产部门管理人员工资 20 000 元。以银行存款支付水电费 40 000 元。管理人员工资及水电费按 A、B 产品耗用生产工人工资比例分配。11 月 19 日，A、B 两种产品完成加工，验收入库，A 产品实际成本合计 220 000 元，B 产品实际成本合计 300 000 元。

9 月 4 日购进时，该批 A 材料总采购成本 = 200 000 + 1 520 + 800 = 202 320（元）。该出入境检验检疫事业单位编制会计分录如下：

借：存货——专用材料　　　　　　　　　　　　　202 320.00
　　应缴税费——应缴增值税（进项税额）　　　　　 34 000.00
　　贷：应付账款　　　　　　　　　　　　　　　　235 520.00
　　　　库存现金　　　　　　　　　　　　　　　　　　 800.00

9 月 24 日付款时，该出入境检验检疫事业单位编制会计分录如下：

借：应付账款　　　　　　　　　　　　　　　　　　235 520.00
　　贷：零余额账户用款额度　　　　　　　　　　　235 520.00

9 月 26 日，计算 A 产品应分配的办公用品成本 = 4 000 × 50 000 ÷ 122 000 = 1 639.34（元）；计算 B 产品应分配的办公用品成本 = 4 000 × 72 000 ÷ 122 000 = 2 360.66（元）。编制会计分录如下：

借：存货——生产成本——A 产品　　　　　　　　 51 639.34
　　　　　　　　　　　——B 产品　　　　　　　　 74 360.66
　　贷：存货——专用材料　　　　　　　　　　　　122 000.00
　　　　　　——办公用品　　　　　　　　　　　　　4 000.00

9 月 30 日，计算 A 产品应分配的生产部门管理人员工资 = 20 000 × 76 000 ÷ 128 000 = 11 875（元）；计算 B 产品应分配的生产部门管理人员工资 = 20 000 × 52 000 ÷ 128 000 = 8 125（元）；计算 A 产品应分配的水电费 = 40 000 × 76 000 ÷ 128 000 = 23 750（元）；计算 B 产品应分配的水电费 = 40 000 × 52 000 ÷ 128 000 = 16 250（元）。编制会计分录如下：

借：存货——生产成本——A 产品　　　　　　　　 99 750.00
　　　　　　　　　　　——B 产品　　　　　　　　 68 250.00
　　贷：应付职工薪酬　　　　　　　　　　　　　　148 000.00
　　　　银行存款　　　　　　　　　　　　　　　　 20 000.00

11 月 19 日，A、B 两种产品完成加工，验收入库，编制会计分录如下：

```
借：存货——A产品                    220 000.00
        ——B产品                    300 000.00
    贷：存货——生产成本——A产品      220 000.00
              ——B产品              300 000.00
```

对于接受捐赠、无偿调入的存货，其成本按照有关凭据注明的金额加上相关税费、运输费等确定；没有相关凭据的，其成本比照同类或类似存货的市场价格加上相关税费、运输费等确定；没有相关凭据、同类或类似存货的市场价格也无法可靠取得的，该存货按照名义金额（即人民币1元，下同）入账。即：有相关凭据时，借记"存货"（确定的成本）科目，贷记"银行存款"（发生的相关税费、运输费等）及"其他收入"（差额）科目；如按照名义金额入账的情况下，按照名义金额，借记"存货"科目，贷记"其他收入"科目。按照发生的相关税费、运输费等，借记"其他支出"科目，贷记"银行存款"科目。

存货在发出时，应当根据实际情况采用先进先出法、加权平均法或个别计价法确定发出存货的实际成本。计价方法一经确定，不得随意变更。低值易耗品的成本于领用时一次摊销。

开展业务活动等领用、发出存货时，按领用、发出存货的实际成本，借记"事业支出"、"经营支出"科目，贷记"存货"科目。

对外捐赠、无偿调出存货时，须按规定报经批准。会计处理需通过"待处置资产损溢"科目核算，批准后计入"其他支出"。若属于增值税一般纳税人的事业单位对外捐赠、无偿调出购进的非自用材料，应将增值税进项税额一并转出。

事业单位的存货应当定期进行清查盘点，每年至少盘点一次。对于发生的存货盘盈、盘亏或者报废、毁损，应当及时查明原因，按规定报经批准后进行账务处理。盘盈的存货，按照同类或类似存货的实际成本或市场价格确定入账价值；同类或类似存货的实际成本、市场价格均无法可靠取得的，按照名义金额入账。盘盈存货时，按照确定的入账价值，借记"存货"科目，贷记"其他收入"科目。

例题113：某事业单位为小规模纳税人。年末对C专用材料进行清查盘点，盘点结果为实存数量为1 020千克，账存数量1 050千克，加权平均法下的C专用材料单位成本为每千克11元。

发现盘亏，转入待处置资产时，编制会计分录如下：

```
借：待处置资产损溢                          330.00
    贷：存货——C专用材料                    330.00
```

报经批准予以处置时，编制会计分录如下：

借：其他支出——其他资金支出　　　　　　　　　　　　330.00
　　贷：待处置资产损溢　　　　　　　　　　　　　　　　330.00

（5）事业单位应收及预付款项的核算。

应收及预付款项是指事业单位在开展业务活动中形成的各项债权，包括应收票据、应收账款、其他应收款等应收款项和预付账款。

应收票据是事业单位因开展经营活动销售产品、提供有偿服务等而收到的商业汇票，包括商业承兑汇票和银行承兑汇票。不带息的商业汇票到期时，承兑人只按票面金额向收款人或被背书人支付票款。带息商业汇票到期时，承兑人必须按票面金额加上应计利息向收款人或被背书人支付票款。

事业单位应设置"应收票据"科目核算事业单位的商业汇票。该科目应当按照开出、承兑商业汇票的单位等进行明细核算。事业单位应当设置"应收票据备查簿"，逐笔登记每一应收票据的种类、号数、出票日期、到期日、票面金额、交易合同号和付款人、承兑人、背书人姓名或单位名称、背书转让日、贴现日期、贴现率和贴现净额、收款日期、收回金额和退票情况等资料。应收票据到期结清票款或退票后，应当在备查簿内逐笔注销。

因销售产品、提供服务等收到商业汇票时，按照商业汇票的票面金额，借记"应收票据"科目，贷记"经营收入"、"应缴税费——应缴增值税"科目；持未到期的商业汇票向银行贴现时，借记"银行存款"（实际收到的金额）、经营支出（贴现息）科目，贷记"应收票据"（票面金额）科目；将持有的商业汇票背书转让以取得所需物资时，借记"××"有关科目，借或贷记"银行存款"（差额），贷记"应收票据"（票面金额）科目；到期收回应收票据时，按照实际收到的金额，借记"银行存款"科目，贷记"应收票据"科目；到期因付款人无力支付票款，应将应收票据余额转入应收账款，即：借记"应收账款"科目，贷记"应收票据"科目。

例题 114：由行政机关设立的警用物资商店属于国有事业单位，属于一般纳税人。2017 年 4 月 1 日销售一批产品给 A 公司，商品已发出，专用发票上注明的销售收入为 200 000 元，增值税额 34 000 元。收到 A 公司交来的商业承兑汇票一张，期限为 180 天，票面利率为 5%。7 月 25 日将所持有的商业承兑汇票一张向银行贴现，贴现率为 8%。

4 月 1 日收到票据时，编制会计分录如下：

借：应收票据　　　　　　　　　　　　　　　　　　234 000.00
　　贷：经营收入　　　　　　　　　　　　　　　　　200 000.00
　　　　应缴税费——应缴增值税（销项税额）　　　　34 000.00

7月25日向银行贴现时，计算票据到期值＝234 000×［（1＋5%）÷360×180］＝239 850（元）；计算贴现期＝65天（7月7天，8月31天，9月27天）；计算贴现利息＝239 850×8%÷360×65＝3 464.50（元）；计算贴现净额＝239 850－3 464.50＝236 385.50（元）。编制会计分录如下：

借：银行存款　　　　　　　　　　　　　　　　236 385.50
　　贷：经营支出　　　　　　　　　　　　　　　　2 385.50
　　　　应收票据　　　　　　　　　　　　　　　234 000.00

应收账款是指事业单位因开展经营活动销售产品、提供有偿服务等向购货单位或接受劳务单位收取的款项。事业单位应设置"应收账款"总账科目核算因开展经营活动销售产品、提供有偿服务等应收取的款项。该科目应按照购货、接受劳务单位（或个人）进行明细核算。

发生应收账款时，按照应收未收金额，借记"应收账款"科目，贷记"经营收入"、"应缴税费——应缴增值税"科目；收到应收账款时，借记"银行存款"科目，贷记"应收账款"科目；如发生无法收回的应收账款，经批准核销后，计入其他支出，即：借记"其他支出——核销应收账款"科目，贷记"待处置资产损溢"科目。

预付账款是指企业按照购货合同规定，预先支付给供货方的款项。事业单位应设置"预付账款"科目核算事业单位按照购货、劳务合同规定预付给供应单位的款项。该科目应当按照供应单位（或个人）进行明细核算。事业单位应当通过明细核算或备查簿登记预付账款的资金性质，以区分财政补助资金、非财政专项资金和其他资金支付的预付账款。

发生预付账款时，按照实际预付的金额，借记"预付账款"，贷记"零余额账户用款额度"、"财政补助收入"、"银行存款"科目；收到所购物资或劳务时，借记"存货"（购入物资成本）、事业支出（接受的劳务成本）科目，贷记"预付账款"（预付金额）、"零余额账户用款额度"（授权支付下补付金额）、"财政补助收入"（直接支付下补付金额）、"银行存款"（银行存款补付金额）等科目；收到所购固定资产、无形资产的，按照确定的资本成本，借记"固定资产"（购入固定资产成本）、"无形资产"（购入无形资本成本）科目，贷记"非流动资产基金——固定资产"及"非流动资产基金——无形资产"科目，同时，按资产购置支出，借记"事业支出"、"经营支出"科目，贷记"预付账款"（预付金额）、"零余额账户用款额度"（授权支付下补付金额）、"财政补助收入"（直接支付下补付金额）、"银行存款"（银行存款补付金额）科目；无法收回的应收账款经批准核销后，计入其他支出，借记"其他支出——核销预付账款"，贷记

"待处置资产损溢"。

例题 115：某园林绿化事业单位为小规模纳税人，2017 年 3 月 8 日，向 B 公司采购 A 材料 5 000 件，对方代垫包装费 1 520 元，总计 235 520 元，已通过财政直接向 B 公司预付买价的 40%。3 月 18 日，全部 A 材料验收入库，余额财政付讫。另现金支付入库前挑选整理费 800 元。验收货物后补付其余款项。4 月 1 日开发试制 A 产品。某日从仓库领用 A 材料共计 160 000 元。生产部门从仓库领用办公用品 20 000 元。根据工资结算单编制的工资费用分配表所列示数据：A 产品生产工人工资 76 000 元，生产部门管理人员工资 20 000 元。4 月末全部 2 000 件 A 产品完工，验收入库。5 月 10 日，对外经营销售完工 A 产品 1 200 件，应收总价款 206 000 元，已收 80 000 元存入银行。

3 月 8 日，该事业单位采购原材料，编制会计分录如下：

借：预付账款　　　　　　　　　　　　　　　　80 000.00
　　贷：财政补助收入　　　　　　　　　　　　　　80 000.00

3 月 18 日，材料验收入库，同时支付挑选整理费，编制会计分录如下：

借：存货　　　　　　　　　　　　　　　　　238 640.00
　　贷：预付账款　　　　　　　　　　　　　　　　80 000.00
　　　　财政补助收入　　　　　　　　　　　　　157 840.00
　　　　库存现金　　　　　　　　　　　　　　　　　800.00

4 月 1 日，开发试制新产品耗用材料及其人工，编制会计分录如下：

借：存货——生产成本——A 产品　　　　　　276 000.00
　　贷：存货——×材料　　　　　　　　　　　　160 000.00
　　　　　——办公用品　　　　　　　　　　　　20 000.00
　　　　应付职工薪酬　　　　　　　　　　　　　96 000.00

4 月末，产品入库，编制会计分录如下：

借：存货——A 产品　　　　　　　　　　　　276 000.00
　　贷：存货——生产成本——A 产品　　　　　276 000.00

5 月 10 日，产品销售，销售存货成本 = 1 200 × (276 000 ÷ 2 000) = 165 600（元），编制会计分录如下：

借：银行存款　　　　　　　　　　　　　　　　80 000.00
　　应收账款　　　　　　　　　　　　　　　　126 000.00
　　贷：经营收入　　　　　　　　　　　　　　　200 000.00
　　　　应缴税费——应缴增值税　　　　　　　　6 000.00
借：经营支出　　　　　　　　　　　　　　　　165 600.00

贷：存货　　　　　　　　　　　　　　　　　　　165 600.00

　　其他应收款是指除财政应返还额度、应收票据、应收账款、预付账款以外的其他各项应收及暂付款项，如职工预借的差旅费、拨付给内部有关部门的备用金、应向职工收取的各种垫付款项等，都归为其他应收款。事业单位应设置"其他应收款"科目核算事业单位的其他应付款业务，该科目应当按照其他应收款的类别以及债务单位（或个人）进行明细核算。

　　发生其他各种应收及暂付款项时，借记"其他应收款"科目，贷记"银行存款"、"库存现金"科目；收回或转销其他各种应收及暂付款项时，借记"库存现金"、"银行存款"科目，贷记"其他应收款"科目。事业单位内部实行备用金制度的，有关部门使用备用金以后应当及时到财务部门报销并补足备用金。财务部门核定并发放备用金时，借记"其他应收款"，贷记"库存现金"科目；根据报销数用现金补足备用金定额时，借记有关科目，贷记"库存现金"科目。

　　例题 116：某演出事业单位向到外地出差的员工李钢预支差旅费 6 000 元现金。数日后李钢出差回来，凭单据报销 5 754 元，交回 246 元现金。该笔业务在李钢预支时，根据借款单编制会计分录如下：

　　　　借：其他应收款——李钢　　　　　　　　　　6 000.00
　　　　　　贷：库存现金　　　　　　　　　　　　　　　　6 000.00
　　报销时，根据差旅费报销单编制会计分录如下：
　　　　借：事业支出——基本支出——财政补助支出　　5 754.00
　　　　　　库存现金　　　　　　　　　　　　　　　　246.00
　　　　　　贷：其他应收款——李钢　　　　　　　　　　6 000.00

63

事业单位非流动资产业务的核算

　　事业单位的非流动资产是指流动资产以外的资产，包括长期投资、在建工程、固定资产、无形资产等。事业单位对固定资产计提折旧、对无形资产进行摊销时，由财政部在相关财务会计制度中规定。

　　（1）事业单位长期投资的核算。

　　长期投资是事业单位利用货币资金、存货、固定资产或无形资产等方式依法取得的，持有时间超过 1 年（不含 1 年）的投资，包括股权和债权投资。事业单位应设置"长期投资"总账科目核算事业单位依法取得的股权和债权性质的投资，该科目应按照长期投资的种类和被投资单位等进行明细核算。

长期投资的核算包括取得、持有、收回和核销核算。取得长期投资时，应当按照其实际成本作为投资成本。其中，以货币资金取得的长期投资，投资成本为实际支付的全部价款，包括购买价款以及税金、手续费等相关税费。在进行账务处理时，应借记"长期投资"科目，贷记"银行存款"科目。同时，按照投资成本金额，借记"事业基金"科目，贷记"非流动资产基金——长期投资"明细科目。

例题117：某体育事业单位，按规定，经批准以总价18 000 000元投资A公司，全部通过财政授权方式支付，另以银行存款支付手续费等相关费用40 000元。该事业单位编制会计分录如下：

借：长期投资——股权投资——A公司　　　　　18 040 000.00
　　贷：零余额账户用款额度　　　　　　　　　　18 000 000.00
　　　　银行存款　　　　　　　　　　　　　　　　　40 000.00
借：事业基金　　　　　　　　　　　　　　　　　18 040 000.00
　　贷：非流动资产基金——长期投资　　　　　　18 040 000.00

以固定资产、无形资产取得的长期投资，按照评估价值加上相关税费作为投资成本，借记"长期投资"科目，贷记"非流动资产基金——长期投资"明细科目。按发生的相关税费，借记"其他支出"科目，贷记"银行存款"科目或"应缴税费"科目。同时，核销投出资产的账面价值及对应的非流动资产基金，借记"非流动资产基金——固定资产"明细科目、"非流动资产基金——无形资产"明细科目、"累计折旧"科目、"累计摊销"科目，贷记"固定资产"科目或"无形资产"科目。若以未入账无形资产取得的长期投资，无须核销投出的资产账面价值及对应的非流动资产基金。

例题118：某体育事业单位，经批准以固定资产投资B公司，该固定资产评估价值10 040 000元，评估和过户费及其他税费240 000元以银行存款支付。固定资产账面原值8 000 000元，累计折旧600 000元。投资时，该事业单位编制会计分录如下：

借：长期投资——B公司　　　　　　　　　　　10 280 000.00
　　贷：非流动资产基金——长期投资　　　　　　10 280 000.00
发生的相关税费，编制会计分录如下：
借：其他支出——其他资金支出　　　　　　　　　240 000.00
　　贷：银行存款　　　　　　　　　　　　　　　　240 000.00
同时，按照投资成本金额，编制会计分录如下：

借：非流动资产基金——固定资产　　　　　　　7 400 000.00
　　　累计折旧　　　　　　　　　　　　　　　600 000.00
　　贷：固定资产　　　　　　　　　　　　　　　　　　8 000 000.00

例题119：某综合科学研究事业单位，经批准以未入账的无形资产投资J公司，该无形资产评估价值820 000元，评估和过户费及其他税费26 000元以银行存款支付。投资时，该事业单位编制会计分录如下：

　　借：长期投资——B公司　　　　　　　　　　846 000.00
　　　贷：非流动资产基金——长期投资　　　　　　　　846 000.00

发生的相关税费开支，支付时编制会计分录如下：

　　借：其他支出——其他资金支出　　　　　　　26 000.00
　　　贷：银行存款　　　　　　　　　　　　　　　　26 000.00

长期投资持有期间，收到利润、利息等投资收益时，按照实际收到的金额，借记"银行存款"科目，贷记"其他收入——投资收益"明细科目。

长期投资转入待处置资产时，按照待转让长期投资的账面余额，借记"待处置资产损溢——处置资产价值"明细科目，贷记"长期投资"科目；实际转让时，按照所转让长期股权投资对应的非流动资产基金，借记"非流动资产基金——长期投资"明细科目，贷记"待处置资产损溢——处置资产价值"明细科目；转让长期投资过程中取得价款时，借记"库存现金"科目或"银行存款"科目，贷记"待处置资产损溢——处置净收入"明细科目；发生相关税费时，借记"待处置资产损溢——处置净收入"明细科目，贷记"库存现金"科目、"银行存款"科目或"应缴税费"科目；转让价款扣除相关税费后的净收入为应上缴国库的款项，借记"待处置资产损溢——处置净收入"明细科目，贷记"应缴国库款"科目。

例题120：某环保事业单位，按规定，经批准可将对乙公司的长期股权投资转让给丙公司，转让价款14 246 000元，相关税费84 000元，该长期股权投资账面余额11 240 000元。转入待处置资产时，编制会计分录如下：

　　借：待处置资产损溢——处置资产价值　　　11 240 000.00
　　　贷：长期投资——股权投资　　　　　　　　　　11 240 000.00

实际转让时，编制会计分录如下：

　　借：非流动资产基金——长期投资　　　　　11 240 000.00
　　　贷：待处置资产损溢——处置资产价值　　　　　11 240 000.00

确认转让价款，编制会计分录如下：

　　借：银行存款　　　　　　　　　　　　　　14 246 000.00

贷：待处置资产损溢——处置净收入　　　　　　　14 246 000.00
　　确认转让费用，编制会计分录如下：
　　借：待处置资产损溢——处置净收入　　　　　　　　　84 000.00
　　　　贷：银行存款　　　　　　　　　　　　　　　　　　84 000.00
　　确认应缴款，编制会计分录如下：
　　借：待处置资产损溢——处置净收入　　　　　　　14 162 000.00
　　　　贷：应缴国库款　　　　　　　　　　　　　　　14 162 000.00

例题 121：某环保事业单位，经批准购买三年期的金融债券，以财政授权方式支付金融债券买价、手续费和税金共计 521 600 元。该债券面值 520 000 元，票面利率 5%，按单利计息，到期一次还本付息。债券到期时，该事业单位编制会计分录如下：

　　借：待处置资产损溢——处置资产价值　　　　　　　521 600.00
　　　　贷：长期投资——债券投资　　　　　　　　　　　521 600.00
　　兑现时，编制会计分录如下：
　　借：非流动资产基金——债券投资　　　　　　　　　521 600.00
　　　　贷：待处置资产损溢——处置资产价值　　　　　　521 600.00
　　确认转让价款，编制会计分录如下：
　　借：银行存款　　　　　　　　　　　　　　　　　　598 000.00
　　　　贷：待处置资产损溢——处置净收入　　　　　　　598 000.00
　　确认应上缴的净收入，编制会计分录如下：
　　借：待处置资产损溢——处置净收入　　　　　　　　598 000.00
　　　　贷：应缴国库款　　　　　　　　　　　　　　　　598 000.00

　　因被投资单位破产清算等原因，有确凿证据表明长期投资发生损失，按规定报经批准后予以核销。将待核销长期投资转入待处置资产时，按照待核销的长期股权投资账面余额，借记"待处置资产损溢"科目，贷记"长期投资"科目；报经批准予以核销时，借记"非流动资产基金——长期投资"科目，贷记"待处置资产损溢"科目。

例题 122：某体育设施事业单位持有对乙公司的长期股权投资。因乙公司产品依赖的原材料日渐枯竭，盈利水平下降，导致长期股权投资发生损失，申报核销长期股权投资 1 500 000 元，经批准予以核销。该事业单位申报核销转入待处置资产时，编制会计分录如下：

　　借：待处置资产损溢——处置资产价值　　　　　　　1 500 000.00
　　　　贷：长期投资——股权投资　　　　　　　　　　　1 500 000.00

批准予以核销时，编制会计分录如下：
借：非流动资产基金——长期投资　　　　　1 500 000.00
　　贷：待处置资产损溢——处置资产价值　　　　　1 500 000.00
（2）事业单位固定资产的核算。

固定资产是指事业单位持有的使用期限超过1年（不含1年）、单位价值在规定标准以上，并在使用过程中基本保持原有物质形态的资产。单位价值虽未达到规定标准，但使用期限超过1年（不含1年）的大批同类物资，作为固定资产核算和管理。一般而言，固定资产是指使用期限超过1年，单位价值在1 000元以上（其中专用设备单位价值在1 500元以上），并在使用过程中基本保持原有物质形态的资产。单位价值虽未达到规定标准，但是耐用时间在1年以上的大批同类物资，作为固定资产管理。对于应用软件，如果其构成相关硬件不可缺少的组成部分，应当将该软件价值包括在所属硬件价值中，一并作为固定资产进行核算；如果其不构成相关硬件不可缺少的组成部分，应当将该软件作为无形资产核算。在固定资产使用寿命内，按照确定的方法对应折旧金额进行系统分摊就形成折旧。折旧会导致固定资产的账面价值减少。事业单位的固定资产一般分为六类：房屋及构筑物，专用设备，通用设备，文物和陈列品，图书、档案；家具、用具、装具及动植物。事业单位应当根据固定资产定义，结合本单位的具体情况，制定适合于本单位的固定资产目录、具体分类方法，作为进行固定资产核算的依据。事业单位应设置"固定资产"科目核算事业单位固定资产的原价。事业单位应当设置"固定资产登记簿"和"固定资产卡片"，按照固定资产类别、项目和使用部门等进行明细核算。出租、出借的固定资产，应当设置备查簿进行登记。事业单位应设置"在建工程"科目核算事业单位已经发生必要支出，但尚未完工交付使用的各种建筑和设备安装工程的实际成本，该科目应当按照工程性质和具体工程项目等进行明细核算。事业单位的基本建设投资应当按照国家有关规定单独建账、单独核算，同时至少按月并入"在建工程"科目及其他相关科目反映，并在该科目下设置"基建工程"明细科目，核算由基建账套并入的在建工程成本。对固定资产计提折旧的，事业单位应设置"累计折旧"科目核算固定资产计提的累计折旧。该科目应当按照所对应固定资产的类别、项目等进行明细核算。不对固定资产计提折旧的，不设置"累计折旧"科目。

固定资产的初始确认与计量包括固定资产的外购、建造、融资租入、接受捐赠和无偿调入。购入的固定资产，其成本包括购买价款、相关税费以及固定资产交付使用前所发生的可归属于该项资产的运输费、装卸费、安装调试费和专业人员服务费等。以一笔款项购入多项没有单独标价的固定资产，按照各项固定资产同类或类似资产市场价格的比例对总成本进行分配,分别确定各项固定资产的入账成本。

购入不需要安装的固定资产,按照确定的固定资产成本,借记"固定资产"科目,贷记"非流动资产基金——固定资产"明细科目,同时,按照实际支付的金额,借记"事业支出"科目、"经营支出"科目、"专用基金——修购基金"明细科目,贷记"财政补助收入"科目、"零余额账户用款额度"科目或"银行存款"科目。

例题 123:某广播电视事业单位购入一台不需要安装的办公设备,取得的增值税专用发票上注明的设备价款为 200 000 元、增值税进项税额为 34 000 元,发生运输费 3 603.60 元、增值税进项税额为 396.40 元,款项全部采用财政直接支付通过财政零余额账户付清。假定不考虑其他相关税费。固定资产实际成本 = 200 000 + 34 000 + 3 603.6 + 396.4 = 238 000(元)。编制会计分录如下:

借:事业支出——项目支出——财政补助支出　　　238 000.00
　　贷:财政补助收入　　　　　　　　　　　　　　238 000.00
借:固定资产　　　　　　　　　　　　　　　　　238 000.00
　　贷:非流动资产基金——固定资产　　　　　　　238 000.00

购入需要安装的固定资产,先通过"在建工程"科目核算。发生安装费用,计入在建工程成本。安装完工交付使用时转入固定资产。

例题 124:某新闻出版事业单位购入一台需要安装的用于本单位非独立核算的经营活动的专用设备,取得的增值税专用发票上注明的设备价款为 400 000 元、增值税进项税额 68 000 元,发生运输费 6 126.13 元、增值税进项税额 673.87 元,上述款项全部采用财政授权支付。另用银行存款支付安装调试费 22 641.51 元、增值税进项税额 1 358.49 元,用现金支付专业人员服务费 10 000 元、增值税进项税额 600 元。购入时,在建工程购入成本 = 400 000 + 68 000 + 6 126.13 + 673.87 = 474 800(元)。编制会计分录如下:

借:经营支出　　　　　　　　　　　　　　　　　474 800.00
　　贷:零余额账户用款额度　　　　　　　　　　　474 800.00
借:在建工程　　　　　　　　　　　　　　　　　474 800.00
　　贷:非流动资产基金——在建工程　　　　　　　474 800.00

支付安装调试费和专业人员服务费时,编制会计分录如下:

借:经营支出　　　　　　　　　　　　　　　　　34 600.00
　　贷:银行存款　　　　　　　　　　　　　　　　24 000.00
　　　　库存现金　　　　　　　　　　　　　　　　10 600.00

借：在建工程　　　　　　　　　　　　　　　　　34 600.00
　　　贷：非流动资产基金——在建工程　　　　　　　　34 600.00

安装完工交付使用时，固定资产成本 = 474 800 + 34 600 = 509 400（元）。编制会计分录如下：

借：固定资产　　　　　　　　　　　　　　　　　509 400.00
　　　贷：非流动资产基金——固定资产　　　　　　　　509 400.00
借：非流动资产基金——在建工程　　　　　　　　509 400.00
　　　贷：在建工程　　　　　　　　　　　　　　　　509 400.00

购入固定资产扣留质量保证金的账务处理应根据取得的发票是否包含扣留质量保证金分别进行财务处理。

取得固定资产时按照确定的成本，借记"固定资产"科目或"在建工程"科目，贷记"非流动资产基金——固定资产"明细科目或"非流动资产基金——在建工程"明细科目。

如果取得固定资产全款发票的，应当同时按照构成资产成本的全部支出金额，借记"事业支出"科目、"经营支出"科目或"专用基金——修购基金"明细科目，贷记"财政补助收入"科目、"零余额账户用款额度"科目、"银行存款"科目、"其他应付款"科目（扣留期≤1年的质量保证金）、"长期应付款"科目（扣留期≥1年的质量保证金）。质保期满支付质量保证金时，借记"其他应付款"科目或"长期应付款"科目，贷记"财政补助收入"科目、"零余额账户用款额度"科目或"银行存款"科目。

如果取得发票全额不包括质量保证金的，应当同时按照不包括质量保证金的支出金额，借记"事业支出"科目、"经营支出"科目或"专用基金——修购基金"明细科目，贷记"财政补助收入"科目、"零余额账户用款额度"科目或"银行存款"科目。质保期满支付质量保证金时，借记"事业支出"科目、"经营支出"科目或"专用基金——修购基金"明细科目，贷记"财政补助收入"科目、"零余额账户用款额度"科目或"银行存款"科目。

例题 125：某体育竞技事业单位购入一台不需要安装的办公设备，取得的增值税专用发票上注明的设备价款为 200 000 元、增值税进项税额 34 000 元，发生运输费 3 603.60 元、增值税进项税额 396.40 元。发票金额包含须扣留的质量保证金，金额为价款的 40%。合同约定，保证金待设备正常运行 2 个月后支付。其余款项全部通过财政零余额账户支付。固定资产实际成本 = 200 000 + 34 000 + 3 603.60 + 396.40 = 238 000（元）。该事业单位支付须扣留的质量保证金外的款项时，编制会计分录如下：

借：事业支出 238 000.00
　　贷：财政补助收入 158 000.00
　　　　其他应付款 80 000.00
借：固定资产 238 000.00
　　贷：非流动资产基金——固定资产 238 000.00

2个月后，支付设备正常运行保证金时，编制会计分录如下：

借：其他应付款 80 000.00
　　贷：财政补助收入 80 000.00

融资租赁租入的固定资产，其成本按照租赁协议或者合同确定的租赁价款、相关税费，以及固定资产交付使用前发生的可归属于该项资产的运输费、途中保险费、安全调试费等确定。融资租入固定资产时，按照确定的成本，借记"固定资产"科目（确定的不需要安装的固定资产成本）、"在建工程"科目（确定的需要安装的固定资产成本），贷记"长期应付款"科目（租赁协议或者合同确定的租赁价款）、"非流动资产基金——固定资产"科目（差额）及"非流动资产基金——在建工程"（差额）科目。同时，按照实际支付的相关税费、运输费、途中保险费、安装调试费金额，借记"事业支出"科目、"经营支出"科目，贷记"财政补助收入"科目、"零余额账户用款额度"科目或"银行存款"科目；定期支付租金时，按照支付的租金金额，借记"事业支出"科目、"经营支出"科目，贷记"财政补助收入"科目、"零余额账户用款额度"科目或"银行存款"科目，同时，借记"长期应付款"科目，贷记"非流动资产基金——固定资产"明细科目。跨年度分期付款购入固定资产的账务处理，参照融资租入固定资产。

例题126：某良种培育事业单位融资租入办公用的一批复印机。租赁合同确定的租赁含税价款60 000元，每季度支付10 000元。另用银行存款支付相关费用6 000元，租赁保险费2 000元，运输费1 000元。固定资产成本 = 60 000 + 6 000 + 2 000 + 1 000 = 69 000（元）。该事业单位编制会计分录如下：

借：固定资产 69 000.00
　　贷：长期应付款 60 000.00
　　　　非流动资产基金——在建工程 9 000.00
借：事业支出——其他资金支出 9 000.00
　　贷：银行存款 9 000.00

定期支付租金时，编制会计分录如下：

借：事业支出——其他资金支出 10 000.00

  贷：银行存款   10 000.00
 借：长期应付款   10 000.00
  贷：非流动资产基金——固定资产   10 000.00

  接受捐赠、无偿调入的固定资产，其成本按照有关凭据注明的金额加上相关税费、运输费等确定；没有相关凭据的，其成本比照同类或类似固定资产的市场价格加上相关税费、运输费等确定；没有相关凭据、同类或类似固定资产的市场价格也无法可靠取得的，该固定资产按照名义金额入账。接受捐赠、无偿调入的固定资产，按照确定的固定资产成本，借记"固定资产"科目、"在建工程"科目，贷记"非流动资产基金——固定资产"明细、"非流动资产基金——在建工程"明细科目；按照发生的相关税费开支，借记"其他支出"科目，贷记"银行存款"科目；自行建造的固定资产，其成本包括建造该项资产至交付使用前所发生的全部必要支出。工程完工交付使用时，按自行建造过程中发生的实际支出，借记"固定资产"科目，贷记"非流动资产基金——固定资产"明细科目，同时，借记"非流动资产基金——在建工程"明细科目，贷记"在建工程"科目。已交付使用但尚未办理竣工决算手续的固定资产，按照估计价值入账，待确定实际成本后再进行调整。

  例题127：某艺术创作事业单位自行建造一座仓库用于存放非独立核算经营活动生产的存货。购入并耗用工程材料一批，价款为600 000元，支付的增值税进项税额为102 000元，款项以银行存款支付。领用库存材料一批，材料成本为64 000元。计提建设期间发生工程人员薪酬131 600元。仓库建造成本 = 600 000 + 102 000 + 64 000 + 131 600 = 897 600（元）。该事业单位编制会计分录如下：

 借：经营支出   897 600.00
  贷：银行存款   702 000.00
   存货   64 000.00
   应付职工薪酬   131 600.00
 借：在建工程   897 600.00
  贷：非流动资产基金——在建工程   897 600.00

工程完工交付使用时，编制会计分录如下：
 借：固定资产   897 600.00
  贷：非流动资产基金——固定资金   897 600.00
 借：非流动资产基金——在建工程   897 600.00
  贷：在建工程   897 600.00

  固定资产的后续确认与计量主要是折旧及后续支出。其中，折旧是指在固定资产的使用寿命内，按照确定的方法对应计折旧额进行的系统分摊。事业单位应当对除下列各项资产以外的其他固定资产计提折旧：文物和陈列品；动植物；图书、档案；以名义金额计量的固定资产。固定资产提足折旧后，无论能否继续使用，均不再计提折旧；提前报废的固定资产，也不再补提折旧。已提足折旧的固定资产，可以继续使用的，应当继续使用，规范管理。事业单位一般应当采用年限平均法或工作量法计提固定资产折旧。计提融资租入固定资产折旧时，应当采用与自有固定资产相一致的折旧政策。能够合理确定租赁期届满时将会取得租入固定资产所有权的，应当在租入固定资产尚可使用年限内计提折旧；无法合理确定租赁期届满时能够取得租入固定资产所有权的，应当在租赁期与租入固定资产尚可使用年限两者中较短的期间内计提折旧。固定资产因改建、扩建或修缮等原因而延长其使用年限的，应当按照重新确定的固定资产的成本以及重新确定的折旧年限，重新计算折旧额。事业单位一般应当按月计提固定资产折旧。当月增加的固定资产，当月不提折旧，从下月起计提折旧；当月减少的固定资产，当月照提折旧，从下月起不提折旧。计提折旧时，依照实际计提金额，借记"非流动资产基金——固定资产"科目，贷记"累计折旧"科目。

例题128：某航务事业单位自行建造的简易非独立核算经营活动生产用房于2016年3月21日完工交付使用，成本为96 000元。预计使用4年。按照规定，应对该厂房采用年限平均法计提折旧。每月折旧额 = 96 000 ÷ 4 ÷ 12 = 2 000（元）。该事业单位编制会计分录如下：

借：非流动资产基金——固定资产　　　　　　　　　　2 000.00
　　贷：累计折旧　　　　　　　　　　　　　　　　　2 000.00

固定资产的后续支出应区分计入固定资产成本的后续支出与不计入固定资产成本的后续支出，并分别两种情况处理。若为增加固定资产使用效能或延长其使用年限而发生的改建、扩建或修缮的后续支出，在扣除固定资产拆除部分的账面价值后的金额应作为改建、扩建或修缮后固定资产的入账成本。单位将固定资产转入改建、扩建、修缮时，按固定资产的账面价值，借记"在建工程"科目，贷记"非流动资产基金——在建工程"明细科目，同时，按固定资产对应的非流动资产基金，借记"非流动资产基金——固定资产"明细科目、"累计折旧"科目，贷记"固定资产"科目；根据工程价款结算账单与施工企业结算工程价款时，按照实际支付的工程价款，借记"在建工程"科目，贷记"非流动资产基金——在建工程"明细科目，同时，借记"事业支出"科目，贷记"财政补助收入"科目、"零余额账户用款额度"科目或"银行存款"科目；为建筑工程借入的专门借款的利息，属于建设期间发生的，计入在建工程成本，借记"在建工程"科目,贷记"非流动资产基金——在建工程"明细科目,同时,借记"其他支出"科目,贷记"银行存款"科目。工程完工交付使用时,借记"固定资产"科目,贷记"非流动资产基金——固定资产"明细科目,同时,借记"非流动资产基金——在建工程"明细科目,贷记"在建工程"科目。

例题 129:某环境监测事业单位经批准委托 A 公司建造一专用设备用于开展专业检测。建造合同规定,合同含税总价款 240 000 元,按完工进度分两次支付工程款。完工程度为 40% 时,支付 140 000 元,全部完工检验合格后再支付 100 000 元。5 个月后,工程完工交付使用。合同款项全部通过财政直接支付方式结清。按规定,该固定资产按年限平均法计提折旧,预计折旧年限 5 年。支付使用 2 年后,将该设备转入修缮,修缮工程委托 B 公司负债,修缮价款一共 40 000 元,通过财政授权支付方式结清。拆除的部件原价为 12 000 元。1 个月后,修缮完成。

完工程度为 40% 时,该事业单位支付价款后编制会计分录如下:

借:事业支出——财政补助支出——项目支出　　140 000.00
　　贷:财政补助收入　　　　　　　　　　　　　　　140 000.00
借:在建工程　　　　　　　　　　　　　　　　140 000.00
　　贷:非流动资产基金——在建工程　　　　　　　　140 000.00

全部完工时,该事业单位支付剩余价款后编制会计分录如下:

借:事业支出——财政补助支出——项目支出　　100 000.00
　　贷:财政补助收入　　　　　　　　　　　　　　　100 000.00
借:在建工程　　　　　　　　　　　　　　　　100 000.00
　　贷:非流动资产基金——在建工程　　　　　　　　100 000.00

工程完工交付使用时,编制会计分录如下:

借:固定资产　　　　　　　　　　　　　　　　240 000.00
　　贷:非流动资产基金——固定资产　　　　　　　　240 000.00
借:非流动资产基金——在建工程　　　　　　　240 000.00
　　贷:在建工程　　　　　　　　　　　　　　　　　240 000.00

每月计提折旧时,根据计提的月折旧额 = 240 000 ÷ 5 ÷ 12 = 4 000(元),编制会计分录如下:

借:非流动资产基金——固定资产　　　　　　　4 000.00
　　贷:累计折旧　　　　　　　　　　　　　　　　　4 000.00

两年后,该设备转入修缮时,编制会计分录如下:

借:在建工程　　　　　　　　　　　　　　　　144 000.00

贷：非流动资产基金——在建工程 144 000.00
借：非流动资产基金——固定资产 144 000.00
  累计折旧 96 000.00
  贷：固定资产 240 000.00

支付修缮价款时，编制会计分录如下：

借：事业支出 40 000.00
  贷：零余额账户用款额度 40 000.00
借：在建工程 40 000.00
  贷：非流动资产基金——在建工程 40 000.00

根据拆除部件净值 = 24 000 − 96 000 × 24 000 ÷ 240 000 = 14 400（元），编制会计分录如下：

借：非流动资产基金——在建工程 14 400.00
  贷：在建工程 14 400.00

修缮完工，固定资产成本 = 144 000 + 40 000 − 14 400 = 169 600（元）。编制会计分录如下：

借：固定资产 169 600.00
  贷：非流动资产基金——固定资产 169 600.00
借：非流动资产基金——在建工程 169 600.00
  贷：在建工程 169 600.00

为维护固定资产的正常使用而发生的日常修理等后续支出应当计入当期支出但不计入固定资产成本，借记"事业支出"科目或"经营支出"科目，贷记"财政补助收入"科目、"零余额账户用款额度"科目或"银行存款"科目。

固定资产的终止确认与计量包括固定资产的出售、无偿调出、对外捐赠、对外投资、毁损和报废。出售、无偿调出、对外捐赠、毁损和报废固定资产，转入待处置资产时，按照待处置固定资产的账面价值，借记"待处置资产损溢"科目、"累计折旧"科目，贷记"固定资产"科目；实际出售、调出、捐出、毁损和报废时，按照处置固定资产对应的非流动资产基金，借记"非流动资产基金——固定资产"科目，贷记"待处置资产损溢"科目；实际出售、调出、捐出、毁损和报废固定资产过程中取得价款时，借记"库存现金"科目或"银行存款"科目，贷记"待处置资产损溢——处置净收入"明细科目；实际出售、调出、捐出、毁损和报废固定资产过程中发生相关税费时，借记"待处置资产损溢——处置净收入"明细科目，贷记"库存现金"科目、"银行存款"科目或"应缴税费"科目；转让价款扣除相关税费后的净收入时，借记"待处置资产损溢——处置净收入"明细科目，贷记"应缴国库款"科目。

例题130：某报刊杂志事业单位将某项闲置的办公用设备出售，该设备原价为200 000元，累计折旧160 000元，处置收到银行存款收入16 000元，用现金支付处置费用600元。转入处置时，该事业单位编制会计分录如下：

借：待处置资产损溢　　　　　　　　　　　　　40 000.00
　　累计折旧　　　　　　　　　　　　　　　　160 000.00
　贷：固定资产　　　　　　　　　　　　　　　　　　　200 000.00

实际出售时，编制会计分录如下：

借：非流动资产基金——固定资产　　　　　　　40 000.00
　贷：待处置资产损溢　　　　　　　　　　　　　　　　40 000.00

转让固定资产过程中取得价款，编制会计分录如下：

借：银行存款　　　　　　　　　　　　　　　　16 000.00
　贷：待处置资产损溢——处置净收入　　　　　　　　16 000.00

发生相关税费，编制会计分录如下：

借：待处置资产损溢——处置净收入　　　　　　　600.00
　贷：库存现金　　　　　　　　　　　　　　　　　　　600.00

转让价款扣除相关税费后的净收入，编制会计分录如下：

借：待处置资产损溢——处置净收入　　　　　　15 400.00
　贷：应缴国库款　　　　　　　　　　　　　　　　　15 400.00

例题131：某体育竞技事业单位经批准将某项设备对公司进行投资，设备评估价值613 000元，现金支付评估费8 000元，应缴税金4 000元。该设备原价为800 000元，累计折旧160 000元。根据设备评估值，该事业单位编制会计分录如下：

借：长期投资　　　　　　　　　　　　　　　　613 000.00
　贷：非流动资产基金——长期投资　　　　　　　　　613 000.00

发生的相关税费，编制会计分录如下：

借：其他支出　　　　　　　　　　　　　　　　12 000.00
　贷：库存现金　　　　　　　　　　　　　　　　　　　8 000.00
　　　应缴税费　　　　　　　　　　　　　　　　　　　4 000.00

借：非流动资产基金——固定资产　　　　　　　640 000.00
　　累计折旧　　　　　　　　　　　　　　　　160 000.00
　贷：固定资产　　　　　　　　　　　　　　　　　　　800 000.00

事业单位应当对固定资产进行定期或者不定期的清查盘点。年度终了前应当进行一次全面清查盘点，保证账实相符。对于发生的固定资产盘盈、盘亏或者报废、毁损，应当及时查明原因，按规定报经批准后进行账务处理。

盘盈的固定资产，按照同类或类似固定资产的市场价格确定入账价值；同类或类似固定资产的市场价格无法可靠取得的，按照名义金额入账。盘盈的固定资产，按照确定的入账价值，借记"固定资产"科目，贷记"非流动资产基金——固定资产"明细科目。

例题132：某房地产服务事业单位年终对固定资产清查过程中盘盈固定资产一项，类似固定资产的市场价值4 000元。该事业单位编制会计分录如下：

借：固定资产 4 000.00
　　贷：非流动资产基金——固定资产 4 000.00

盘亏或者毁损、报废的固定资产，转入待处置资产时，按照待处置固定资产的账面价值，借记"待处置资产损溢"科目、"累计折旧"科目，贷记"固定资产"科目；报经批准予以处置时，按照处置固定资产对应的非流动资产基金，借记"非流动资产基金——固定资产"明细科目，贷记"待处置资产损溢"科目。

例题133：某市政设施维护管理事业单位年终对固定资产清查发现盘亏的一项固定资产，该固定资产原价为80 200元，累计折旧46 000元。发现时，该事业单位编制会计分录如下：

借：待处置资产损溢 34 200.00
　　累计折旧 46 000.00
　　贷：固定资产 80 200.00

报经批准予以处置时，编制会计分录如下：

借：非流动资产基金——固定资产 34 200.00
　　贷：待处置资产损溢 34 200.00

（3）事业单位无形资产的核算。

无形资产是指事业单位持有的没有实物形态的可辨认非货币性资产，包括专利权、商标权、著作权、土地使用权、非专利技术。事业单位应设置"无形资产"总账科目核算事业单位无形资产的原价，该科目应当按照无形资产的类别、项目等进行明细核算。事业单位应设置"累计摊销"总账科目核算事业单位无形资产计提的累计摊销，该科目应当按照对应无形资产的类别、项目等进行明细核算。

无形资产在取得时，应当按照其实际成本入账。外购的无形资产，其成本包括购买价款、相关税费以及可归属于该项资产达到预定用途所发生的其他支出。事业单位购入的不构成相关硬件不可缺少组成部分的应用软件，应当作为无形资产核算。委托软件公司开发软件的成本为软件开发费总额。购入的无形资产或软件开发完毕交付使用时，按照确定的无形资产成本，借记"无形资产"科目，贷记"非流动资产基金——无形资产"明细科目。同时，按照实际支付金额，借记"事业支出"科目，贷记"财政补助收入"科目、"零余额账户用款额度"科目或"银行存款"科目。

例题134：某良种培育事业单位从乙公司购入一项专利权，协议约定含税价款共计170 000元。该单位先以财政直接支付方式结清专利权价款100 000元，另外70 000元则由事业单位开出3个月期的无息银行承兑汇票结算。该事业单位还以银行存款支付相关税费3 200元和有关含税专业服务费用4 000元。该事业单位在取得该项无形资产时编制会计分录如下：

借：无形资产　　　　　　　　　　　　　　　　177 200.00
　　贷：非流动资产基金——无形资产　　　　　　107 200.00
　　　　应付票据　　　　　　　　　　　　　　　 70 000.00
借：事业支出——财政补助支出——项目支出　　　107 200.00
　　贷：财政补助收入　　　　　　　　　　　　　100 000.00
　　　　银行存款　　　　　　　　　　　　　　　　7 200.00

3个月后，该事业单位兑付汇票时，编制会计分录如下：

借：事业支出　　　　　　　　　　　　　　　　 70 000.00
　　贷：财政补助收入　　　　　　　　　　　　　 70 000.00
借：应付票据　　　　　　　　　　　　　　　　 70 000.00
　　贷：非流动资产基金——无形资产　　　　　　 70 000.00

自行开发的无形资产，按照依法取得前所发生的研究开发支出，于发生时直接计入当期支出，借记"事业支出"科目，贷记"银行存款"科目。自行开发并按法律程序申请取得的无形资产，按照依法取得时发生的注册费、聘请律师费等费用，借记"无形资产"科目，贷记"非流动资产基金——无形资产"明细科目。同时，借记"事业支出"科目，贷记"财政补助收入"科目、"零余额账户用款额度"科目或"银行存款"科目。

例题135：某技术推广事业单位自行开发无形资产，领用并耗费库存材料30 400元，以银行存款支付开发人员薪酬23 200元。该无形资产开发获得成功，依法申报取得专利权，申请专利时发生的注册费为2 696元，用银行存款支付。耗费材料及人工费用时，该事业单位编制会计分录如下：

借：事业支出——财政补助支出——项目支出　　　 53 600.00
　　贷：应付职工薪酬　　　　　　　　　　　　　 23 200.00

　　　　存货　　　　　　　　　　　　　　　　　　　　30 400.00
　　借：应付职工薪酬　　　　　　　　　　　　　　23 200.00
　　　　贷：银行存款　　　　　　　　　　　　　　　　　23 200.00
　　申请取得专利时，编制会计分录如下：
　　借：无形资产　　　　　　　　　　　　　　　　　2 696.00
　　　　贷：非流动资产基金——无形资产　　　　　　　　2 696.00
　　借：事业支出——财政补助支出——项目支出　　　2 696.00
　　　　贷：银行存款　　　　　　　　　　　　　　　　　2 696.00
　　接受捐赠、无偿调入的无形资产，其成本按照有关凭据注明的金额加上相关税费等确定；没有相关凭据的，其成本比照同类或类似无形资产的市场价格加上相关税费等确定；没有相关凭据、同类或类似无形资产的市场价格也无法可靠取得的，该资产按照名义金额入账。接受捐赠、无偿调入的无形资产，按照确定的无形资产成本，借记"无形资产"科目，贷记"非流动资产基金——无形资产"科目；按照发生的相关税费等，借记"其他支出"科目，贷记"银行存款"科目。

　　例题136：某自然科学研究事业单位接受企业捐赠的专利权，企业无法提供凭证注明专用设备价款，同类或类似专利权的市场价格为60 000元，该事业单位另用现金支付相关税费2 200元。取得该项无形资产时，该事业单位编制会计分录如下：
　　借：无形资产　　　　　　　　　　　　　　　　　62 200.00
　　　　贷：非流动资产基金——固定资产　　　　　　　　62 200.00
　　发生的相关税费，编制会计分录如下：
　　借：其他支出——非财政专项资金支出——项目支出　2 200.00
　　　　贷：库存现金　　　　　　　　　　　　　　　　　2 200.00
　　依照相关规定，无形资产在其使用寿命期内，应该按照确定的方法对应摊销金额进行系统分摊。事业单位应当对无形资产进行摊销，以名义金额计量的无形资产除外。事业单位应当采用年限平均法对无形资产进行摊销。计算摊销额时，事业单位应合理确定无形资产的摊销期限。确定无形资产摊销年限的原则是：法律规定了有效年限的，按照法律规定的有效年限作为摊销年限；法律没有规定有效年限的，按照相关合同或单位申请书中的受益年限作为摊销年限；法律没有规定有效年限、相关合同或单位申请书也没有规定受益年限的，按照不少于10年的期限摊销。事业单位应当自无形资产取得当月起，按月计提无形资产摊销。
　　按月计提无形资产摊销时，按照应计提摊销金额，借记"非流动资产基金——无形资产"明细科目,贷记"累计摊销"科目。

例题137:某城市环卫事业单位从丙公司购入一项专利权,协议约定含税价款共计100 000元,先通过财政直接支付方式结清专利权价款100 000元,另以银行存款支付相关税费2 000元和有关含税专业服务费用8 000元。根据法律规定,该专利权预计可使用10年。该事业单位取得该项无形资产时编制会计分录如下:

借:无形资产　　　　　　　　　　　　　　　110 000.00
　　贷:非流动资产基金——无形资产　　　　　　110 000.00
借:事业支出——财政补助支出——项目支出　　100 000.00
　　　　——非财政专项资金支出——项目支出　　10 000.00
　　贷:财政补助收入　　　　　　　　　　　　100 000.00
　　　　银行存款　　　　　　　　　　　　　　10 000.00

每月摊销时,根据月摊销额 = 110 000÷10÷12 = 916.66(元),编制会计分录如下:

借:非流动资产基金——无形资产　　　　　　　916.66
　　贷:累计摊销　　　　　　　　　　　　　　　916.66

与无形资产有关的后续支出,应分别一下情况处理:第一种是计入无形资产成本。为增加无形资产的使用效能而发生的后续支出,如对软件进行升级改造或扩展其功能等所发生的支出,应当计入无形资产的成本,借记"无形资产"科目,贷记"非流动资产基金——无形资产"明细科目,同时,借记"事业支出"科目,贷记"财政补助收入"科目、"零余额账户用款额度"科目或"银行存款"科目。因发生后续支出而增加无形资产成本的,应当按照重新确定的无形资产成本,重新计算摊销额。第二种是不计入无形资产成本。为维护无形资产的正常使用而发生的后续支出,如对软件进行漏洞修补、技术维护等所发生的支出,不能计入无形资产成本应当计入当期支出,借记"事业支出"科目,贷记"财政补助收入"科目、"零余额账户用款额度"科目或"银行存款"科目。

64

事业单位流动负债业务的核算

负债是指事业单位所承担的能以货币计量,需要以资产或者劳务偿还的债务。事业单位的负债按照流动性,分为流动负债和非流动负债。流动负债是指预计在1年内（含1年）偿还的负债，包括借入款项、应缴款项、应付及预收款项等。非流动负债是指流动负债以外的负债，包括长期借款、长期应付款等。

（1）短期借款的核算。

短期借款是指事业单位借入的期限在1年内（含1年）的各种借款。为核算借入的期限在1年内（含1年）的各种借款，事业单位需设置"短期借款"科目，该科目应当按照贷款单位和贷款种类进行明细核算。借入各种短期借款时，按照实际借入的金额，借记"银行存款"科目、贷记"短期借款"科目；银行承兑汇票到期，本单位无力支付票款的，按照银行承兑汇票的票面金额，借记"应付票据"科目，贷记"短期借款"科目；支付短期借款利息时，借记"其他支出"科目，贷记"银行存款"科目；归还短期借款时，借记"短期借款"科目，贷记"银行存款"科目。

例题138： 某市政维护管理事业单位经批准，向银行借入1 000 000元，年利率为6%，3个月后归还本息。款项已存入银行存款账户。收到借款时，该事业单位编制会计分录如下：

借：银行存款　　　　　　　　　　　　　　　1 000 000.00
　　贷：短期借款　　　　　　　　　　　　　　　1 000 000.00

支付短期借款本息时，编制会计分录如下：

借：其他支出——其他资金支出　　　　　　　　　15 000.00
　　短期借款　　　　　　　　　　　　　　　1 000 000.00
　　贷：银行存款　　　　　　　　　　　　　　　1 015 000.00

（2）应缴款项的核算。

应缴款项是指事业单位应缴未缴的各种款项，包括应缴税费、应当上缴国库或者财政专户的款项，以及其他按照国家有关规定应当上缴的款项。

应缴税费是指事业单位在提供专业活动过程中，会发生增值税、城市维护建设税、教育费附加、车船税、房产税、城镇土地使用税、企业所得税等的计缴业务。事业单位应设置"应缴税费"科目进行核算事业单位按照税法规定计算应缴纳的各种税费。该科目应当按照应缴纳的税费种类进行明细核算。属于增值税一般纳税人的事业单位，其应缴增值税明细账中应设置"进项税额""已交税金""销项税额""进项税额转出"等专栏。事业单位代扣代缴的个人所得税，也通过"应缴税费"科目核算。事业单位应缴纳的印花税不需要预提应缴税费，直接通过支出等有关科目核算，不在"应缴税费"科目核算。

事业单位出售不动产涉及的城市维护建设税、教育费附加及地方教育附加应缴税费的会计处理与处置固定资产部分基本相同。属于增值税一般纳税人的事业单位购入非自用材料发生的增值税额应予以抵扣，计入"应缴税费——应缴增值税（进项税额）"明细科目。购进的非自用材料发生盘亏、毁损、报废、对外捐赠、无偿调出等税法规定不得从增值税销项税额中抵扣进项税额的，应将所购进的非自用材料的增值税进项税额转出，计入"应缴税费——应缴增值税（进项税额转出）"明细科目。销售应税产品或提供应税服务，按增值税专用发票上注明的增值税金额计入"应缴税费——应缴增值税（销项税额）"明细科目。实际缴纳增值税时，借记"应缴税费——应缴增值税（已交税金）"明细科目，贷记"银行存款"科目。

例题 139：某演出事业单位为一般纳税人，购入非自用材料，取得专用增值税发票注明价款 20 000 元，增值税税额 3 400 元。材料已经入库，款项未付。销售产品，开出增值税专用发票，注明售价 100 000 元，增值税 17 000 元，款项未收。月末盘点发现该材料毁损了 2 000 元，原购入时的增值税 340 元。该事业单位。

该事业单位发生材料购进和产品销售业务时编制会计分录如下：

借：存货　　　　　　　　　　　　　　　　　　20 000.00
　　应缴税费——应缴增值税（进项税额）　　　　3 400.00
　　　贷：应付账款　　　　　　　　　　　　　　23 400.00
借：应收账款　　　　　　　　　　　　　　　　117 000.00
　　　贷：经营收入　　　　　　　　　　　　　100 000.00
　　　　　应缴税费——应缴增值税（销项税额）　17 000.00
借：待处置资产损溢　　　　　　　　　　　　　　2 340.00
　　　贷：存货　　　　　　　　　　　　　　　　2 000.00
　　　　　应缴税费——应缴增值税（进项税额转出）340.00

本月应交增值税 = 17 000 + 340 - 3 400 = 13 940（元），用银行存款缴清应缴增值税后，编制会计分录如下：

借：应缴税费——应缴增值税（已交税金）　　　13 940.00
　　　贷：银行存款　　　　　　　　　　　　　　13 940.00

如属于增值税小规模纳税人的事业单位在销售应税产品或提供应税服务时，应按实际收到或应收的价款扣除增值税额后的金额确认经营收入，按应缴增值税金额，计入"应缴税费——应缴增值税"科目。实际缴纳增值税时，借记"应缴税费——应缴增值税"明细科目，贷记"银行存款"科目；发生房产税、城镇土地使用税、车船税纳税义务的，按税法规定计算的应缴税金数额，借记有关科目，贷记"应缴税费"科目；代扣代缴个人所得税的，按税法规定计算应代扣代缴的个人所得税金额，借记"应付职工薪酬"科目，贷记"应缴税费"科目；发生企业所得税纳税义务的，按税法规定计算的应缴税金数额，借记"非财政补助结余分配"科目，贷记"应缴税费"科目；实际缴纳时，借记"应缴税费"科目，贷记"银行存款"科目；发生其他纳税义务的，按照应缴纳的税费金额，借记有关科目，贷记"应缴税费"科目；实际缴纳时，借记"应缴税费"科目，贷记"银行存款"科目。

例题140： 某图书文献事业单位，用银行存款缴纳房产税、车船税3 160元。本年经营利润624 642元，按税法规定计算应缴企业所得税145 812元。该事业单位会计处理如下：

  借：事业支出——其他资金支出   3 160.00
    贷：应缴税费   3 160.00
  借：应缴税费   3 160.00
    贷：银行存款   3 160.00
  借：非财政补助结余分配   145 812.00
    贷：应缴税费   145 812.00

应缴国库款是指预算单位在从事专业服务活动过程中，对取得的各种款项应按照规定上缴国家预算的款项。包括事业单位代收的纳入预算管理的政府性基金、行政事业性收费收入、罚没收入、无主财物变现收入和其他按预算管理规定应上缴预算的款项。事业单位的各种应缴预算款，属于公共财政资金应当按照国库集中收缴的有关规定及时足额上缴，不得隐瞒、滞留、截留、挪用和坐支。事业单位应设置"应缴国库款"科目核算事业单位除应缴税费以外的、按规定应缴入国库的款项。该科目应当按照应缴国库的各款项类别进行明细核算。按规定计算确定或实际取得应缴国库的款项时，借记有关科目，贷记"应缴国库款"科目；上缴款项时，借记"应缴国库款"科目，贷记"银行存款"科目。

财政资金包括预算内和预算外两大部分。应缴财政专户款是指事业单位按规定代收的应上缴财政专户的预算外资金。现行预算外资金范围主要包括：行政性收费、事业性收费、专项基金、各种税收附加及附加费收入等。

行政性收费是指国家行政机关、司法机关在执行公务活动中，按照国家法律、法规和财政制度收取的各项费用，如工本费、手续费等。

事业性收费是指国有事业单位在为社会提供科技、教育、卫生等各项劳务时，向有关单位和个人收取的各种费用，如科技成功转让收入、学杂费收入等。这些收费项目必须按财政、物价部门规定的范围和标准收取，不得擅自扩大收费范围、提高收费标准。

专项基金是指有关部门、单位按照国家规定收取,用于特定开支项目的资金,即坚持专款专用原则,资金来源与运用之间存在依存关系,如内河航道养护费、育林费等。

事业单位的应缴财政专户款由财政部门建立财政专户,实行征收与使用分开的收支两条线的管理办法。事业单位的应缴财政专户款的上缴有三种方法:全额上缴。事业单位收到预算外资金是全额上缴财政专户,支出由财政另行核拨。差额上缴。事业单位按财政部门核定的预算外资金收支结余数额上缴财政专户。比例上缴。事业单位收到预算外资金时,按财政部门核定的比例将部分预算外资金上缴财政专户。

事业单位应设置"应缴财政专户款"总账科目核算事业单位按规定应缴入财政专户的款项。该科目应当按照应缴财政专户的各款项类别进行明细核算。取得应缴财政专户的款项时,借记有关科目,贷记"应缴财政专户款"科目;上缴款项时,借记"应缴财政专户款"科目,贷记"银行存款"科目。

例题141:某基层防疫站按规定收取应上缴财政的本月狂犬疫苗注射费43 260元和预防针收入70 520元。按规定收取应上缴财政专户的职工住房集资款4 000 000元。防疫站按规定收取应上缴财政的本月狂犬疫苗注射费时,编制会计分录如下:

借:银行存款　　　　　　　　　　　　　4 113 780.00
　　贷:应缴财政专户款　　　　　　　　　　4 000 000.00
　　　　应缴国库款　　　　　　　　　　　　　113 780.00

缴纳时,编制会计分录如下:

借:应缴财政专户款　　　　　　　　　　4 000 000.00
　　应缴国库款　　　　　　　　　　　　　113 780.00
　　贷:银行存款　　　　　　　　　　　　　4 113 780.00

(3) 应付及预收款项的核算。

应付及预收款项是指事业单位在开展业务活动中发生的各项债务,包括应付职工薪酬、应付票据、应付账款、其他应付款等应付款项和预收账款。

应付职工薪酬是指事业单位按照国家统一规定应发放给职工的基本工资、绩效工资、国家统一规定的津贴补贴、社会保险费、住房公积金等。事业单位应设置"应付职工薪酬"科目核算事业单位按有关规定应付给职工及为职工支付的各种薪酬。该科目应根据国家有关规定按照"工资(离退休费)""地方(部门)津贴补贴""其他个人收入"以及"社会保险费""住房公积金"等进行明细核算。

计算当期应付职工薪酬时，借记"事业支出"科目、"经营支出"科目，贷记"应付职工薪酬"科目；向职工支付工资、津贴补贴等薪酬时，借记"应付职工薪酬"科目，贷记"财政补助收入"科目、"零余额账户用款额度"科目、"银行存款"科目。按税法规定代扣代缴个人所得税时，借记"应付职工薪酬"科目，贷记"应缴税费——应缴个人所得税"明细科目；按照国家有关规定缴纳职工社会保险费和住房公积金时，借记"应付职工薪酬"科目，贷记"财政补助收入"科目、"零余额账户用款额度"科目或"银行存款"科目。

例题142：某园林绿化事业单位计提本月职工薪酬232 000元，其中，非独立核算经营人员薪酬42 000元，按税法规定计算应代扣代缴的个人所得税金额4 000元，从应付职工薪酬中缴纳职工负担的社会保险费、住房公积金20 000元，按国家规定为职工缴纳社会保险费、住房公积金24 000元，除经营收入获得的银行存款支付薪酬40 000元外，其他部分采用财政直接支付方式予以支付。

计提本月职工薪酬时，编制会计分录如下：

借：事业支出——财政补助支出——基本支出　　　190 000.00
　　经营支出——其他资金支出　　　　　　　　　　42 000.00
　　贷：应付职工薪酬　　　　　　　　　　　　　　　　　232 000.00
借：应付职工薪酬　　　　　　　　　　　　　　　　4 000.00
　　贷：应缴税费　　　　　　　　　　　　　　　　　　　4 000.00

缴纳社会保险费、住房公积金时，编制会计分录如下：

借：应付职工薪酬　　　　　　　　　　　　　　　　44 000.00
　　贷：财政补助收入　　　　　　　　　　　　　　　　　44 000.00

支付时，编制会计分录如下：

借：应付职工薪酬　　　　　　　　　　　　　　　　184 000.00
　　贷：财政补助收入　　　　　　　　　　　　　　　　　144 000.00
　　　　银行存款　　　　　　　　　　　　　　　　　　　40 000.00

应付票据是对因购买材料、物资等而开出、承兑银行承兑汇票和商业承兑汇票，事业单位应设置"应付票据"总账科目予以核算，该科目应当按照债权单位进行明细核算。事业单位应当设置"应付票据备查簿"，详细登记每一应付票据的种类、号数、出票日期、到期日、票面金额、交易合同号、收款人姓名或单位名称，以及付款日期和金额等资料。应付票据到期结清票款后，应当在备查簿内逐笔注销。

事业单位因购买材料、物资等而开出、承兑商业汇票时，借记"存货"科目，贷记"应付票据"科目；以承兑商业汇票抵付应付账款时，借记"应付账款"科目，贷记"应付票据"科目；支付银行承兑汇票的手续费时，借记"事业支出"科目或"经营支出"科目，贷记"银行存款"科目；事业单位无力支付到期的银行承兑汇票票款的，按照汇票票面金额，借记"应付票据"科目，贷记"短期借款"科目；无力支付到期的商业承兑汇票票款的，按照汇票票面金额，转入应付账款，借记"应付票据"科目，贷记"应付账款"科目。

例题143：某演出事业单位为开展业务活动需要购入一批包装物和低值易耗品，增值税专用发票注明价款80 000元，增值税13 600元，开出6个月期带息商业承兑汇票一张，面值93 600元，票面利率6%，同时以银行存款支付银行承兑手续费200元。开出商业承兑汇票时，该事业单位编制会计分录如下：

借：存货　　　　　　　　　　　　　　　　　93 600.00
　　贷：应付票据　　　　　　　　　　　　　　93 600.00

支付手续费时，

借：事业支出——其他资金支出　　　　　　　　200.00
　　贷：银行存款　　　　　　　　　　　　　　　200.00

6个月后，收到银行支付到期票据的付款通知时，编制会计分录如下：

借：应付票据　　　　　　　　　　　　　　　　93 600.00
　　事业支出——其他资金支出　　　　　　　　2 808.00
　　贷：银行存款　　　　　　　　　　　　　　96 408.00

应付账款是事业单位因购买材料、物资等应付未付的款项，通过设置"应付账款"科目予以核算。该科目应当按照债权单位（或个人）进行明细核算。事业单位购入材料、物资等已验收入库但货款尚未支付的，按照应付金额，借记"存货"科目，贷记"应付账款"科目；事业单位开出、承兑商业汇票抵付应付账款时，借记"应付账款"科目，贷记"应付票据"科目；无法偿付或债权人豁免偿还的应付账款，借记"应付账款"科目，贷记"其他收入"科目。

例题144：某计划生育事业单位为开展业务活动需要购入一批专用材料，增值税专用发票注明价款105 400元，增值税17 918元，材料已验收入库，款项未付。1个月后，已持有的一张银行承兑汇票100 000元抵付款项，余下款项通过财政直接支付方式支付。购买材料时，该事业单位编制会计分录如下：

借：存货　　　　　　　　　　　　　　　　　123 318.00
　　贷：应付账款　　　　　　　　　　　　　　123 318.00

1个月后，已持有的银行承兑汇票抵付款项，余下款项通过财政直接支付方式支付。编制会计分录如下：

借：应付账款　　　　　　　　　　　　　　123 318.00
　　贷：应付票据　　　　　　　　　　　　　　100 000.00
　　　　财政补助收入　　　　　　　　　　　　 23 318.00

预收账款是事业单位按合同规定预收的款项，如预收的定金等。事业单位应设置"预收账款"科目核算事业单位按合同规定预收的各种款项。该科目应当按照债权单位（或个人）进行明细核算。事业单位从付款方预收款项时，按照实际预收的金额，借记"银行存款"科目，贷记"预收账款"科目；事业单位确认有关收入时，借记"预收账款"科目，借或贷"银行存款"科目，贷记"经营收入"科目；事业单位无法偿付或债权人豁免偿还的预收账款，借记"预收账款"科目，贷记"其他收入"科目。

例题145：某技术咨询事业单位在开展业务活动中预收A公司款项32 000元，存入开户银行。1个月后，完成按合同规定向该单位提供的专业咨询活动，应收劳务价款160 000元。劳务款项已存入银行。

借：银行存款　　　　　　　　　　　　　　 32 000.00
　　贷：预收账款　　　　　　　　　　　　　　 32 000.00
借：银行存款　　　　　　　　　　　　　　128 000.00
　　预收账款　　　　　　　　　　　　　　 32 000.00
　　贷：经营收入　　　　　　　　　　　　　　160 000.00

其他应付款是事业单位除应缴税费、应缴国库款、应缴财政专户款、应付职工薪酬、应付票据、应付账款、预收账款之外的其他各项偿还期限在1年内（含1年）的应付及暂收款项，如存入保证金、租入固定资产的租金等。为核算各项偿还期限在1年内（含1年）的应付及暂收款项，事业单位应设置"其他应付款"科目。该科目应当按照其他应付款的类别以及债权单位（或个人）进行明细核算。事业单位发生其他各项应付及暂收款项时，借记"银行存款"科目，贷记"其他应付款"科目；支付其他应付款项时，借记"其他应付款"科目，贷记"银行存款"科目；无法偿付或债权人豁免偿还的其他应付款项，借记"其他应付款"科目，贷记"其他收入"科目。

例题146：某城市环卫事业单位向A公司借出包装物一批，并采用现金方式收取押金1 000元。1个月后，A公司归还包装物给该环卫事业单位，事业单位退回押金给A公司。收取押金时，该事业单位编制会计分录如下：

借：库存现金　　　　　　　　　　　　　　　1 000.00
　　贷：其他应付款　　　　　　　　　　　　　　1 000.00

1个月后，A公司归还包装物给该环卫事业单位，事业单位退回押金给A公司。编制会计分录如下：

借：其他应付款　　　　　　　　　　　　　　　　1 000.00
　　贷：库存现金　　　　　　　　　　　　　　　　　　1 000.00

65

事业单位非流动负债业务的核算

事业单位的非流动负债主要有长期借款、长期应付款。

（1）长期借款的核算。

长期借款是事业单位从银行及其他金融机构借入的期限超过1年（不含1年）的各种借款。事业单位应设置"长期借款"科目对其进行核算，该科目按照贷款单位和贷款种类进行明细核算。对于基建项目借款，还应按具体项目进行明细核算。事业单位借入各项长期借款时，按照实际借入的金额，借记"银行存款"科目，贷记"长期借款"科目；归还长期借款时，借记"长期借款"科目，贷记"银行存款"科目。

长期借款的利息分别有以下的处理情况。为购建固定资产支付的专门借款利息属于工程项目建设期间支付的，计入工程成本，按照支付的利息，借记"在建工程"科目，贷记"非流动资产基金——在建工程"明细科目，同时，借记"其他支出"科目，贷记"银行存款"科目；属于工程项目完工交付使用后支付的，计入当期支出但不计入工程成本，按支付的利息，借记"其他支出"科目，贷记"银行存款"科目；其他长期借款利息，按照支付的利息金额，借记"其他支出"科目，贷记"银行存款"科目。

例题147：某交通规费征收事业单位为建造专门设备从银行借入1 000 000元2年期、年利率6%的借款。利息按年支付，设备建设期1年。借入时，该事业单位编制会计分录如下：

借：银行存款　　　　　　　　　　　　　　　　1 000 000.00
　　贷：长期借款　　　　　　　　　　　　　　　　　1 000 000.00

支付第一年利息，编制会计分录如下：

借：在建工程　　　　　　　　　　　　　　　　　　60 000.00
　　贷：非流动资产基金——在建工程　　　　　　　　　60 000.00
借：其他支出——其他资金支出　　　　　　　　　　60 000.00

```
    贷：银行存款                                60 000.00
```
支付第二年利息，编制会计分录如下：
```
借：其他支出——其他资金支出              60 000.00
    贷：银行存款                                60 000.00
```
还本时，编制会计分录如下：
```
借：长期借款                              1 000 000.00
    贷：银行存款                             1 000 000.00
```

（2）长期应付款核算。

长期应付款是事业单位发生的偿还期限超过 1 年（不含 1 年）的应付款项，如融资租赁租入固定资产的租赁费、跨年度分期付款购入固定资产的价款等。事业单位应设置"长期应付款"科目对其进行核算，并按类别以及债权单位（或个人）进行明细核算。事业单位发生长期应付款时，借记"固定资产"科目或"在建工程"科目，贷记"长期应付款"科目、"非流动资产基金"科目；事业单位支付长期应付款时，借记"事业支出"科目或"经营支出"科目，贷记"银行存款"科目，同时，借记"长期应付款"科目，贷记"非流动资产基金"科目；事业单位无法偿付或债权人豁免偿还的长期应付款，借记"长期应付款"科目，贷记"其他收入"科目。

例题 148：某群众文化事业单位融资租入办公用房。租赁合同确定的租赁价款为 800 000 元，每季度用银行存款支付 40 000 元。另用银行存款相关税费 60 000 元，租赁保险费 20 000 元。固定资产成本 = 800 000 + 60 000 + 20 000 = 880 000（元）。该事业单位编制会计分录如下：

```
借：固定资产                                880 000.00
    贷：长期应付款                             800 000.00
        非流动资产基金——在建工程                 80 000.00
借：事业支出                                 80 000.00
    贷：银行存款                                80 000.00
```

定期支付租金时，编制会计分录如下：

```
借：事业支出——其他资金支出               40 000.00
    贷：银行存款                                40 000.00
借：长期应付款                               40 000.00
    贷：非流动资产基金——固定资产               40 000.00
```

66

事业单位净资产业务的核算

事业单位的净资产是指事业单位资产扣除负债后的余额,包括非流动资产基金、财政补助结转结余、非财政补助结转结余、专用基金、事业基金等。

(1) 非流动资产基金的核算。

非流动资产基金是事业单位长期投资、固定资产、在建工程、无形资产等非流动资产占用的金额,是事业单位非流动资产的资金来源。事业单位应设置"非流动资产基金"科目核算非流动资产占用的金额,该科目应当设置"长期投资"科目、"固定资产"科目、"在建工程"科目、"无形资产"等明细科目,进行明细核算。非流动资产基金应当在取得长期投资、固定资产、在建工程、无形资产等非流动资产或发生相关支出时予以确认。处置长期投资、固定资产、无形资产,以及以固定资产、无形资产对外投资时,应当冲销该资产对应的非流动资产基金。出售或以其他方式处置长期投资、固定资产、无形资产,先转入待处置资产损溢,实际处置时,再冲销该资产对应的非流动资产基金。

例题149:某技术推广事业单位以持有的非专利技术及银行存款400 000元对甲公司进行投资。该非专利技术原价680 000元,累计摊销128 000元,评估价值1 560 000元,已通过银行存款支付的产权过户费8 000元,应付的相关税金62 000元。投资成本 = 400 000 + 1 560 000 + 8 000 + 62 000 = 2 030 000(元)。该事业单位会计处理如下:

借:长期投资	2 030 000.00
贷:非流动资产基金——长期投资	1 630 000.00
银行存款	400 000.00
借:事业基金	400 000.00
贷:非流动资产基金——长期投资	400 000.00

对于发生的相关税费支出,根据有关管单据编制会计分录如下:

借:其他支出——其他资金支出	70 000.00
贷:银行存款	8 000.00
应缴税费	62 000.00
借:非流动资产基金——无形资产	552 000.00
累计摊销	128 000.00

贷：无形资产　　　　　　　　　　　　　　　680 000.00
　　两年后，将该长期投资转让给乙公司，相关款项存入银行存款。编制会计分录如下：
　　借：待处置资产损溢——处置资产价值　　　2 030 000.00
　　　贷：长期投资　　　　　　　　　　　　　　2 030 000.00
　　借：非流动资产基金　　　　　　　　　　　　2 030 000.00
　　　贷：待处置资产损溢——处置资产价值　　　2 030 000.00
　　借：银行存款　　　　　　　　　　　　　　　3 000 000.00
　　　贷：待处置资产损溢——处置净收入　　　　3 000 000.00
　　借：待处置资产损溢——处置净收入　　　　　3 000 000.00
　　　贷：应缴国库款　　　　　　　　　　　　　3 000 000.00

（2）财政补助结转及财政补助结余的核算。

财政补助结转是指事业单位各项财政补助收入与其相关支出相抵后剩余滚存的，须按规定管理和使用的结转资金，包括基本支出结转和项目支出结转。

财政补助结余是指事业单位各项财政补助收入与其相关支出相抵后剩余滚存的，须按规定管理和使用的项目结余资金。

事业单位应设置"财政补助结转"科目核算事业单位滚存的财政补助结转资金。该科目应当设置"基本支出结转""项目支出结转"两个明细科目，并在"基本支出结转"明细科目下按照"人员经费""日常公用经费"进行明细核算，在"项目支出结转"明细科目下按照具体项目进行明细核算；本科目还应按照《政府收支分类科目》中功能分类科目的相关科目进行明细核算。

事业单位应设置"财政补助结余"科目核算事业单位滚存的财政补助项目支出结余资金。该科目应当按照《政府收支分类科目》中功能分类科目的相关科目进行明细核算。发生需要调整以前年度财政补助结余的事项，通过"财政补助结余"科目核算。

期末，进行收支结转。将"财政补助收入"科目本期发生额结转入"财政补助结转"科目；将"事业支出——财政补助支出"科目本期发生额结转入"财政补助结转"科目。年末，将符合结余性质的转入结余。完成上述结转后，应当对财政补助各明细项目执行情况进行分析，按照有关规定将符和财政补助结余性质的项目余额转入财政补助结余。最后，要完成结转结余上缴或注销额度。即：年末，按规定上缴财政补助结转结余资金或注销财政补助结转结余额度的，按照实际上缴资金数额或注销的资金额度数额，借记"财政补助结转"、"财政补助结余"科目，贷记"财政应返还额度"、"零余额账户用款额度"、"银行存款"科目；年末，取得主管部门归集调入财政补助结转结余资金或额度的，借记"财政应返还额度"、"零余额账户用款额度"、"银行存款"科目，贷记"财政补助结转——本年归集调入"、"财政补助结余——本年归集调入"科目；事业单位发生需要调整以前年度财政补助结转的事项，通过"财政补助结转"科目核算。借或贷"财政应返还额度"科目、"零余额账户用款额度"科目、"银行存款"科目，贷或借"财政补助结转——调整年初"科目。

例题150：年末，某体育竞技事业单位"财政补助收入"科目和"事业支出"科目本期发生额如表31所示。

表31　　　　财政补助收入和事业支出科目本期发生额资料　　　　单位：元

类级科目	款级科目	项级科目	借方发生额	贷方发生额
财政补助收入	基本支出			400 000
	项目支出			600 000
事业支出	财政补助支出	基本支出	200 000	
		项目支出	300 000	
	非财政专项资金支出	项目支出	240 000	

该事业单位结转"财政补助收入"科目，编制会计处理如下：

借：财政补助收入——基本支出　　　　　400 000.00
　　　　　　　　——项目支出　　　　　600 000.00
　贷：财政补助结转——基本支出结转　　　400 000.00
　　　　　　　　——项目支出结转　　　600 000.00

结转"事业支出"科目中的财政补助支出金额，编制会计处理如下：

借：财政补助结转——基本支出结转　　　200 000.00
　　　　　　　　——项目支出结转　　　300 000.00
　　非财政补助结转　　　　　　　　　　240 000.00
　贷：事业支出——财政补助支出——基本支出　200 000.00
　　　　　　　　　　　　　　——项目支出　300 000.00
　　　　　　——非财政专项资金支出——项目支出　240 000.00

经审查，"财政补助结转——项目支出结转"明细科目余额220 000元符合财政补助结余性质转入财政补助结余，"财政补助结转——基本支出结转"明细余额160 000元按规定通过该事业单位零余额账户上缴国库。

借：财政补助结转——项目支出结转　　　220 000.00
　　　　　　　　——基本支出结转　　　160 000.00

贷：财政补助结余　　　　　　　　　　　　　　　　　220 000.00
　　　　零余额账户用款额度　　　　　　　　　　　　　　160 000.00

（3）非财政补助结转的核算。

非财政补助结转是指事业单位除财政补助收支以外的各项收入与各项支出相抵后的余额。其中，非财政补助结转是指事业单位除财政补助收支以外的各专项资金收入与其相关支出相抵后剩余滚存的，须按规定用途使用的结转资金；非财政补助结余是指事业单位除财政补助收支以外的各非专项资金收入与各非专项资金支出相抵后的余额。事业单位应设置"非财政补助结转"科目核算除财政补助收支以外的各专项资金收入与其相关支出相抵后剩余滚存的，须按规定用途使用的结转资金。该科目应当按照非财政专项资金的具体项目进行明细核算。

期末，将事业收入、上级补助收入、附属单位上缴收入、其他收入本期发生额中的专项资金收入结转入"非财政补助结转"科目。将事业支出、其他支出本期发生额中的非财政专项资金支出结转入"非财政补助结转"科目。

年末，应当对非财政补助专项结转资金各项目情况进行分析，将已完成项目的项目剩余资金区分以下情况处理：缴回原专项资金拨入单位的，借记"非财政补助结转——××项目"明细科目，贷记"银行存款"科目；留归本单位使用的，借记"非财政补助结转——××项目"明细科目，贷记"事业基金"科目。

发生需要调整以前年度非财政补助结转的事项，通过"非财政补助结转"科目核算。

例题151：年末，某地震预报事业单位"事业收入"科目、"上级补助收入"科目、"附属单位上缴收入"科目"其他收入"科目本期发生额中A、B项目专项资金收入别为4万元和6万元、6万元和8万元、10万元和10万元、2万元和4万元。"事业支出"科目、"其他支出"科目非财政专项资金中用于A、B项目分别为6万元和8万元、8万元和10万元。A项目剩余资金的50%需上缴原资金拨入单位，另50%资金及B项目剩余资金全部留归自用。该事业单位编制会计分录如下：

　　借：事业收入　　　　　　　　　　　　　　　　　　100 000.00
　　　　上级补助收入　　　　　　　　　　　　　　　　140 000.00
　　　　附属单位上缴收入　　　　　　　　　　　　　　200 000.00
　　　　其他收入　　　　　　　　　　　　　　　　　　 60 000.00
　　贷：非财政补助结转——A项目　　　　　　　　　　 220 000.00
　　　　　　　　　　　　——B项目　　　　　　　　　　280 000.00

结转支出时，该事业单位编制会计分录如下：

借：非财政补助结转——A 项目　　　　　　　　　140 000.00
　　　　　　　　——B 项目　　　　　　　　　　180 000.00
　　贷：事业支出——非财政专项资金支出　　　　　140 000.00
　　　　其他支出——非财政专项资金支出　　　　　180 000.00
上缴和留用，该事业单位编制会计分录如下：
借：非财政补助结转——A 项目　　　　　　　　　 80 000.00
　　　　　　　　——B 项目　　　　　　　　　　100 000.00
　　贷：银行存款　　　　　　　　　　　　　　　　 40 000.00
　　　　事业基金　　　　　　　　　　　　　　　　140 000.00

（4）事业结余的核算。

事业结余是指事业单位一定时期事业收入、上级补助收入、附属单位上缴收入、其他收入本期发生额中非专项资金收入与事业支出，其他支出本期发生额中的非财政、非专项资金支出，以及对附属单位补助支出、上缴上级支出的本期发生额的差额。事业单位应设置"事业结余"核算事业单位一定期间除财政补助收支、非财政专项资金收支和经营收支以外各项收支相抵后的余额。该科目期末如为贷方余额，反映事业单位自年初至报告期累计实现的事业结余；如为借方余额，反映事业单位自年初至报告期末累计发生的事业亏损。

期末，首先，将事业收入、上级补助收入、附属单位上缴收入、其他收入本期发额中的非专项资金收入结转入"事业结余"科目，借记"事业收入"（非专项资金收入）科目、"上级补助收入"（非专项资金收入）科目、"附属单位上缴收入"（非专项资金收入）科目及"其他收入"（非专项资金收入）科目，贷记"事业结余"科目。同时，将事业支出、其他支出本期发生额中的非财政、非专项资金支出，以及对附属单位补助支出、上缴上级支出的本期发生额结转入"事业结余"科目，借记"事业结余"科目，贷记"事业支出——非专项资金支出"明细科目、"其他支出——非专项资金支出"明细科目、"对附属单位补助支出"科目、"上缴上级支出"科目。其次，在将"事业结余"科目余额结转入"非财政补助结余分配"科目，借或贷"事业结余"科目，贷或借"非财政补助结余分配"科目。

例题 152：年末，某地震测防管理事业单位"事业收入"科目、"上级补助收入"科目、"附属单位上缴收入"科目、"其他收入"科目本期发生额中的非财政非专项资金收入分别为 60 万元、80 万元、12 万元和 6 万元。"事业支出"科目、"其他支出"科目本期发生额中的非财政、非专项资金支出分别为 46 万元、68 万元。"对附属单位补助支出"科目及"上缴上级支出"科目的本期发生额分别为 26 万元、30 万元。结转收入时，该事业单位编制会计分录如下：

借：事业收入　　　　　　　　　　　　　　　600 000.00
　　上级补助收入　　　　　　　　　　　　　800 000.00
　　附属单位上缴收入　　　　　　　　　　　120 000.00
　　其他收入　　　　　　　　　　　　　　　 60 000.00
　　贷：事业结余　　　　　　　　　　　　　　　　1 580 000.00

结转支出时，该事业单位编制会计分录如下：

借：事业结余　　　　　　　　　　　　　　 1 700 000.00
　　贷：事业支出——非专项资金支出　　　　　　　460 000.00
　　　　其他支出——非专项资金支出　　　　　　　680 000.00
　　　　对附属单位补助支出　　　　　　　　　　　260 000.00
　　　　上缴上级支出　　　　　　　　　　　　　　300 000.00

结转事业结余时，该事业单位编制会计分录如下：

借：非财政补助结余分配　　　　　　　　　　120 000.00
　　贷：事业结余　　　　　　　　　　　　　　　　120 000.00

（5）经营结余的核算。

经营结余是事业单位一定期间各项经营收支相抵后余额弥补以前年度经营亏损后的余额。事业单位应设置"经营结余"科目核算事业单位一定期间各项经营收支相抵后余额弥补以前年度经营亏损后的余额。该科目期末如为贷方余额，反映事业单位自年初至报告期末累计实现的经营结余弥补以前年度经营亏损后的经营结余；如为借方余额，反映事业单位截至报告期末累计发生的经营亏损。

期末，首先，将经营收入本期发生额结转入"经营结余"科目；将经营支出本期发生额结转入"经营结余"科目。借记"经营收入"科目，贷记"经营结余"科目，同时，借记"经营结余"科目，贷记"经营支出"科目。其次，如本科目为贷方余额，将本科目余额结转入"非财政补助结余分配"科目；如本科目为借方余额，为经营亏损，不予结转。借记"经营结余"科目，贷记"非财政补助结余分配"科目。

例题 153：年末，某海洋管理事业单位"经营收入"科目本期贷方发生额 600 006 元，"经营支出"科目本期借方发生额 466 026 元。结转收入时，该事业单位编制会计分录如下：

借：经营收入　　　　　　　　　　　　　　　600 006.00
　　贷：经营结余　　　　　　　　　　　　　　　　600 006.00

结转支出时，该事业单位编制会计分录如下：

借：经营结余　　　　　　　　　　　　　　　　　　466 026.00
　　贷：事业支出——非财政专项资金支出　　　　　466 026.00
结转结余时，该事业单位编制会计分录如下：
借：经营结余　　　　　　　　　　　　　　　　　　133 980.00
　　贷：非财政补助结余分配　　　　　　　　　　　133 980.00

（6）非财政补助结余分配的核算。

事业单位本年度实现的事业结余和经营结余，构成非财政补助结余。非财政补助结余按规定缴纳企业所得税后，可按规定提取一定比例的职工福利金。事业单位职工福利基金的提取比例，在单位年度非财政补助结余的40%以内确定。具体分两种情况：中央级事业单位职工福利基金的提取比例，由主管部门会同财政部在单位年度非财政补助结余的40%以内核定，国家另有规定的，从其规定；地方事业单位职工福利基金和修购基金的提取比例，由省级财政部门参照本有关规定，结合本地实际确定。事业单位应设置"非财政补助结余分配"科目核算事业单位本年度非财政补助结余分配的情况和结果。年末，将"事业结余"科目和有贷方余额的"经营结余"科目余额结转入"非财政补助结余分配"科目。借记"事业结余"科目、"经营结余"科目，贷记"非财政补助结余分配"科目；有企业所得税缴纳义务的事业单位计算出应缴纳的企业所得税时，借记"非财政补助结余分配"科目，贷记"应缴税费——应缴企业所得税"科目；按照有关规定提取职工福利基金的，按提取的金额，借记"非财政补助结余分配"科目，贷记"专用基金——职工福利基金"科目；最后，将"非财政补助结余分配"科目余额结转入事业基金，借或贷"非财政补助结余分配"科目，贷或借"事业基金"科目。

例题154：某演出事业单位适用的企业所得税税率为25%，提取职工福利基金比例为30%。2017年度，A项目尚未完成。有关科目发生额如表32所示。

表32　　　　　　　　收入支出科目本期发生额资料　　　　　　　　单位：元

类级科目	款级科目	项级科目	借方发生额	贷方发生额
事业收入	A项目收费			200 000
	其他收费			1 400 000
上级补助收入	补助A项目			800 000
附属单位上缴收入				120 000
其他收入				160 000
经营收入				400 000

续表

类级科目	款级科目	项级科目	借方发生额	贷方发生额
事业支出	非财政专项资金	A项目	620 000	
	非专项资金		460 000	
其他支出	其他资金支出		680 000	
对附属单位补助支出			260 000	
上缴上级支出			220 000	
经营支出			360 000	

结转收入时，该事业单位编制会计分录如下：

借：事业收入——A项目收费　　　　　　　　　　200 000.00
　　　　　　——其他收费　　　　　　　　　　1 400 000.00
　　上级补助收入——补助A项目　　　　　　　　800 000.00
　　附属单位上缴收入　　　　　　　　　　　　120 000.00
　　其他收入　　　　　　　　　　　　　　　　160 000.00
　　经营收入　　　　　　　　　　　　　　　　400 000.00
　　贷：非财政补助结转——A项目　　　　　　1 000 000.00
　　　　事业结余　　　　　　　　　　　　　1 680 000.00
　　　　经营结余　　　　　　　　　　　　　　400 000.00

结转支出时，该事业单位编制会计分录如下：

借：非财政补助结转——A项目　　　　　　　　　620 000.00
　　事业结余　　　　　　　　　　　　　　　1 620 000.00
　　经营结余　　　　　　　　　　　　　　　　360 000.00
　　贷：事业支出——非财政专项资金——A项目　620 000.00
　　　　　　　　——非专项资金　　　　　　　460 000.00
　　　　其他支出——其他资金支出　　　　　　680 000.00
　　　　对附属单位补助支出　　　　　　　　　260 000.00
　　　　上缴上级支出　　　　　　　　　　　　220 000.00
　　　　经营支出　　　　　　　　　　　　　　360 000.00

结转结余时，该事业单位编制会计分录如下：

借：经营结余　　　　　　　　　　　　　　　　40 000.00
　　事业结余　　　　　　　　　　　　　　　　60 000.00
　　贷：非财政补助结余分配　　　　　　　　　100 000.00

该事业单位计提应缴所得税金额 = 100 000 × 25% = 25 000（元），计提职工

福利基金金额 =（100 000 - 25 000）× 30% = 22 500（元）。编制会计分录如下：

借：非财政补助结余分配　　　　　　　　100 000.00
　　贷：应缴税费——应缴企业所得税　　　25 000.00
　　　　专用基金——职工福利基金　　　　22 500.00
　　　　事业基金　　　　　　　　　　　　52 500.00

(7) 专用基金的核算。

专用基金是指事业单位按规定提取或者设置的具有专门用途的净资产，主要包括有修购基金、职工福利基金及其其他基金。其中：

修购基金是指按照事业收入和经营收入的一定比例提取，并按照规定在相应的购置和修缮科目中列支（各列50%），以及按照其他规定转入，用于事业单位固定资产维修和购置的资金。中央级事业单位修购基金的提取比例，由主管部门根据单位收入状况和核算管理的需要，按照事业收入和经营收入的一定比例核定，报财政部备案。事业收入和经营收入较少的事业单位可以不提取修购基金，实行固定资产折旧的事业单位不提取修购基金。国家另有规定的，从其规定。

职工福利基金是指按照非财政拨款结余的一定比例提取以及按照其他规定提取转入，用于单位职工的集体福利设施、集体福利待遇等的资金。

其他基金是指按照其他有关规定提取或者设置的专用资金。

事业单位应设置"专用基金"，科目核算事业单位提取的修购基金、职工福利基金等。科目期末贷方余额，反映事业单位专用基金余额，并按照专用基金的类别进行明细核算。

按规定提取修购基金时，按照提取金额，借记"事业支出"科目或"经营支出"科目，贷记"专用基金——修购基金"明细科目；年末，按规定从本年度非财政补助结余中提取职工福利基金的，按照提取金额，借记"非财政补助结余分配"科目，贷记"专用基金——职工福利基金"明细科目；若有按规定提取的其他专用基金，按照提取金额，借记"事业支出"科目、"非财政补助结余分配"科目，贷记"专用基金——其他专用基金"科目；若有按规定设置的其他专用基金，按照实际收到的基金金额，借记"银行存款"科目，贷记"专用基金——其他专用基金"明细科目。

按规定使用专用基金时，借记"专用基金"科目，贷记"银行存款"科目；使用专用基金形成固定资产的，还应借记"固定资产"科目，贷记"非流动资产基金——固定资产"科目。

例题155：某法律服务事业单位2016年度事业收入为4 000 000元，经营收入为 2 000 000 元，按规定分别提取 6% 和 8% 的事业活动和经营活动用修购基金。非财政补助结余为 700 000 元，按规定提取 20% 的职工福利基金。用修购基金中的 20 000 元购买了两台电脑，用 20 000 元对公务用车进行日常维修。从职工福利基金中开支 40 000 元报销职工医药费，60 000 元用于食堂福利支出。提取时，该事业单位编制会计分录如下：

借：事业支出 240 000.00
　　经营支出 160 000.00
　　非财政补助结余分配 140 000.00
　贷：专用基金——修购基金 400 000.00
　　　　——职工福利基金 140 000.00

动用基金时，编制会计分录如下：

借：专用基金——修购基金 40 000.00
　贷：银行存款 40 000.00
借：固定资产 20 000.00
　贷：非流动资产基金——固定资产 20 000.00

报销医药费和福利支出时，编制会计分录如下：

借：专用基金——职工福利基金 100 000.00
　贷：银行存款 100 000.00

（8）事业基金的核算。

事业基金是指事业单位拥有的非限定用途的净资产，其来源主要为非财政补助结余扣除结余分配后滚存的金额。事业单位应设置"事业基金"科目核算拥有的非限定用途的净资产，该科目期末贷方余额，反映事业单位历年积存的非限定用途净资产的金额。

年末，将"非财政补助结余分配"科目余额转入事业基金，借或贷记"非财政补助结余分配"科目，贷或借记"事业基金"科目；年末，应将留归本单位使用的非财政补助专项（项目已完成）剩余资金转入事业基金，借记"非财政补助结转——××项目"明细科目，贷记"事业基金"科目；事业单位发生需调整以前年度非财政补助结余的事项，除国家另有规定外，应借记或贷记"非财政补助结转"科目，贷记或借记"事业基金"科目。

例题 156：年终，某社会科学研究事业单位"非财政补助结余分配"科目贷方余额为 1 200 000 元，留归本单位使用的非财政补助专项中项目已完成剩余资金为 40 000 元。以银行存款取得 A 公司长期股权投资，实际支付的购买价款 2 000 000 元，相关税金 40 000 元，支付的手续费 20 000 元。3 年后，转让给 B

公司，实际收到的金额为 1 800 000 元。需要调减以前年度非财政补助结余的事项 120 000 元。转入时，编制会计分录如下：

借：非财政补助结余分配　　　　　　　　　　1 200 000.00
　　非财政补助结转——××项目　　　　　　　　40 000.00
　　贷：事业基金　　　　　　　　　　　　　　1 240 000.00

取得长期投资时，编制会计分录如下：

借：长期投资　　　　　　　　　　　　　　　2 060 000.00
　　贷：银行存款　　　　　　　　　　　　　　2 060 000.00
借：事业基金　　　　　　　　　　　　　　　2 060 000.00
　　贷：非流动资产基金——长期投资　　　　　2 060 000.00

3 年后转让时，编制会计分录如下：

借：待处置资产损益——处置资产价值　　　　2 060 000.00
　　贷：长期投资　　　　　　　　　　　　　　2 060 000.00
借：非流动资产基金——长期投资　　　　　　2 060 000.00
　　贷：待处置资产损益——处置资产价值　　　2 060 000.00
借：银行存款　　　　　　　　　　　　　　　1 800 000.00
　　贷：待处置资产损益——处置净收入　　　　1 800 000.00
借：待处置资产损益——处置净收入　　　　　1 800 000.00
　　贷：应缴国库款　　　　　　　　　　　　　1 800 000.00

调减以前年度非财政补助结余时，编制会计分录如下：

借：非财政补助结转　　　　　　　　　　　　　120 000.00
　　贷：事业基金　　　　　　　　　　　　　　　120 000.00

67

事业单位资产负债表的编制说明

事业单位资产负债表应当按照资产、负债和净资产分类列示。资产和负债应当分别按流动资产和非流动资产、流动负债和非流动负债列示，其格式如表 33 所示。

事业单位资产负债表中资产类项目包括有流动资产和非流动资产两大项目。

（1）流动资产项目。

本项目中，"货币资金"项目，反映事业单位期末库存现金、银行存款和零

表 33　　　　　　　　　　　　**资产负债表**　　　　　　　　会事业 01 表

编制单位：　　　　　　　　　　　　年　月　日　　　　　　　　　　　　单位：元

资　　产	期末余额	年初余额	负债和净资产	期末余额	年初余额
流动资产：			流动负债：		
货币资金			短期借款		
短期投资			应缴税费		
财政应返还额度			应缴国库款		
应收票据			应缴财政专户款		
应收账款			应付职工薪酬		
预付账款			应付票据		
其他应收款			应付账款		
存货			预收账款		
其他流动资产			其他应付款		
流动资产合计			其他流动负债		
非流动资产：			流动负债合计		
长期投资			非流动负债：		
固定资产			长期借款		
固定资产原价			长期应付款		
减：累计折旧			非流动负债合计		
在建工程			负债合计		
无形资产			净资产：		
无形资产原价			事业基金		
减：累计摊销			非流动资产基金		
待处置资产损益			专用基金		
非流动资产合计			财政补助结转		
			财政补助结余		
			非财政补助结转		
			非财政补助结余		
			1. 事业结余		
			2. 经营结余		
			净资产合计		
资产总计			负债和净资产总计		

余额账户用款额度的合计数。其中,"短期投资"项目,反映事业单位期末持有的短期投资成本。"财政应返还额度"项目,反映事业单位期末财政应返还额度的金额。"应收票据"项目,反映事业单位期末持有的应收票据的票面金额。"应收账款"项目,反映事业单位期末尚未收回的应收账款余额。"预付账款"项目,反映事业单位预付给商品或者劳务供应单位的款项。"其他应收款"项目,反映事业单位期末尚未收回的其他应收款余额。"存货"项目,反映事业单位期末为开展业务活动及其他活动耗用而储存的各种材料、燃料、包装物、低值易耗品,以及达不到固定资产标准的用具、装具、动植物等的实际成本。"其他流动资产"项目,反映事业单位除上述各项之外的其他流动资产,如将在1年内(含1年)到期的长期债券投资。

(2) 非流动资产项目。

本项目中,"长期投资"项目,反映事业单位持有时间超过1年(不含1年)的股权和债权性质的投资。其中,"固定资产"项目,反映事业单位期末各项固定资产的账面价值。其中,"固定资产原价"项目,反映事业单位期末各项固定资产的原价。"累计折旧"项目,反映事业单位期末各项固定资产的累计折旧。"在建工程"项目,反映事业单位期末尚未完工交付使用的在建工程发生的实际成本。"无形资产"项目,反映事业单位期末持有的各项无形资产的账面价值。其中,"无形资产原价"项目,反映事业单位期末持有的各项无形资产的原价。"累计摊销"项目,反映事业单位期末各项无形资产的累计摊销。"待处理资产损益"项目,反映事业单位期末待处置资产的价值及处置损益。"非流动资产合计"项目,反映"长期投资""固定资产""在建工程""无形资产""待处置资产损益"等项目金额的合计数。

事业单位资产负债表负债类项目主要包括有流动负债项目和非流动负债项目。

(1) 流动负债项目。

本项目中,"短期借款"项目,反映事业单位借入的期限在1年内(含1年)的各种借款。"应缴税费"项目,反映事业单位应缴未缴的各种税费。"应缴国库款"项目,反映事业单位按规定应缴入国库的款项。"应缴财政专户款"项目,反映事业单位按规定应缴入财政专户的款项。"应付职工薪酬"项目,反映事业单位按有关规定应付给职工及为职工支付的各种薪酬。"应付票据"项目,反映事业单位期末应付票据的金额。"应付账款"项目,反映事业单位期末尚未支付的应付账款的金额。"预收账款"项目,反映事业单位期末按合同规定预收但尚未实际结算的款项。"其他应付款"项目,反映事业单位期末应付未付的其他各项应付及暂收款项。"其他流动负债"项目,反映事业单位除上述各项之外的其他流动负债,如承担的将于1年内(含1年)偿还的长期负债。

(2) 非流动负债项目。

本项目中,"长期借款"项目,反映事业单位借入的期限超过1年(不含1年)的各项借款本金。"长期应付款"项目,反映事业单位发生的偿还期限超过1年(不含1年)的各种应付款项。

事业单位资产负债表净资产类项目主要包括有事业基金、非流动资产基金、专用基金、财政补助结转、财政补助结余、非财政补助结转、非财政补助结余项目。"事业基金"项目,反映事业单位期末拥有的非限定用途的净资产。"非流动资产基金"项目,反映事业单位期末非流动资产占用的金额。"专用基金"项目,反映事业单位按规定设置或提取的具有专门用途的净资产。"财政补助结转"项目,反映事业单位滚存的财政补助结转资金。"财政补助结余"项目,反映事业单位滚存的财政补助项目支出结余资金。"非财政补助结转"项目,反映事业单位滚存的非财政补助专项结转资金。"非财政补助结余"项目,反映事业单位自年初至报告期末累计实现的非财政补助结余弥补以前年度经营亏损后的余额。其中,"事业结余"项目,反映事业单位自年初至报告期末累计实现的事业结余。"经营结余"项目,反映事业单位自年初至报告期末累计实现的经营结余弥补以前年度经营亏损后的余额。

资产负债表内各项目金额的填列要求主要是:资产负债表"年初余额"栏内各项数字,应当根据上年年末资产负债表"期末余额"栏内数字填列。如果本年度资产负债表规定的各个项目的名称和内容同上年度不相一致,应对上年年末资产负债表各项目的名称和数字按照本年度的规定进行调整,填入表内"年初余额"栏内。资产负债表"期末余额"各项目的填列方法可归纳为如下几种情况。

(1) 根据相关科目的期末余额合计填列。

"货币资金"项目根据"库存现金"、"银行存款"、"零余额账户用款额度"科目的期末余额合计填列。

"非财政补助结余"项目根据"事业结余"、"经营结余"科目的期末余额合计填列。

例题157:某市政维护管理事业单位"库存现金"及"银行存款"科目的年末余额分别是4 470元和1 123 966元。"事业结余"年末贷方余额为43 974元,"经营结余"科目的年末借方余额87 430元。

年末资产负债表"货币资金"项目填列的金额为1 128 436元。即:4 470 +

1 123 966 = 1 128 436（元）。

年末资产负债表"非财政补助结余"项目填列的金额为 -43 456 元。即：43 974 - 87 430 = -43 456（元）。

（2）根据相关科目的期末余额直接填列。

这类资产项目包括：短期投资、财政应返还额度、应收票据、应收账款、预付账款、其他应收账款、存货、固定资产原价、累计折旧、在建工程、无形资产原价、累计摊销、待处置资产损益。

这类负债项目包括：短期借款、应缴税费、应缴国库款、应缴财政专户款、应付职工薪酬、应付票据、应付账款、预收账款、其他应付款。

这类净资产项目包括：事业基金、非流动资产基金、专用基金、财政补助结转、财政补助结余、非财政补助结转、事业结余、经营结余。

例题158：某体育竞技事业单位年末"财政应返还额度""固定资产""经营结余"科目的借方余额分别为 1 024 590 元、7 122 046 元和 90 236 元；"应缴国库款""应缴财政专户款""事业基金""非流动资产基金"科目的年末贷方余额分别为 16 470 元、1 109 826 元、1 447 970 元和 7 155 766 元。

年末资产负债表下列项目填列的金额分别是："财政应返还额度"项目 1 024 590 元；"固定资产原价"项目 7 122 046 元；"经营结余"项目 -90 236 元；"应缴国库款"项目 16 470 元；"应缴财政专户款"项目 1 109 826 元；"事业基金"项目 1 447 970 元；"非流动资产基金"项目 7 155 766 元。

（3）根据相关科目的期末余额之差填列。

相关项目中："固定资产"项目根据"固定资产"科目期末余额减去"累计折旧"科目期末余额后的金额填列。"无形资产"项目根据"无形资产"科目期末余额减去"累计摊销"科目期末余额后的金额填列。

例题159：某广播电视事业单位"固定资产"科目的年末借方余额 8 286 670 元，"累计折旧"年末贷方余额为 4 643 974 元。

年末资产负债表"固定资产"项目填列的金额为 3 642 696 元。即：
8 286 670 - 4 643 974 = 3 642 696（元）。

（4）根据相关科目的期末余额分析填列。

相关项目中："长期投资"项目根据"长期投资"科目期末余额减去其中将于1年内（含1年）到期的长期债券投资余额后的金额填列。"其他流动资产"项目根据"长期投资"等科目的期末余额分析填列。"其他流动负债"项目根据"长期借款""长期应付款"等科目的期末余额分析填列。"长期借款"项目根据"长期借款"科目的期末余额减去其中将于1年内（含1年）到期的长期借款余额后的金额填列。"长期应付款"项目根据"长期应付款"科目的期末余额减去其中将于1年内（含1年）到期的长期应付款余额后的金额填列。

例题160：某环境监测事业单位"长期投资"科目的年末借方余额9 735 102元，其中将于1年内（含1年）到期的长期债券投资为30 000 000元，"长期借款"年末贷方余额为7 133 960元，其中将于1年内（含1年）到期的长期借款为1 800 000元，无其他长期负债项目。

年末资产负债表下列项目填列的金额分别是："长期投资"项目6 735 102元；"其他流动资产"项目30 000 000元；"长期借款"项目5 333 960元；"其他流动负债"项目1 800 000元。

68

事业单位收入支出表的编制说明

事业单位的收入支出表反映事业单位在某一会计期间内各项收入、支出和结转结余情况，以及年末非财政补助结余的分配情况。

（1）事业单位收入支出表的格式及其理论依据。

事业单位收入支出表按结余的构成及其分配情况分项列示。其格式如表34所示。其中，"弥补以前年度亏损后的经营结余"、"本年非财政补助结转结余"、"非财政补助结转"、"本年非财政补助结余"、"应缴企业所得税"、"提取专用基金"、"转入事业基金"7个项目，只有在编制年度收入支出表时才填列；编制月度收入支出表时，可以不设置此7个项目。

表34　　　　　　　　　　收入支出表　　　　　　　　会事业02表

编制单位：　　　　　　　　　年　月　　　　　　　　　　单位：元

项　目	本月数	本年累计数
一、本期财政补助结转结余		
财政补助收入		
减：事业支出（财政补助支出）		
二、本期事业结转结余		
（一）事业类收入		
1. 事业收入		
2. 上级补助收入		
3. 附属单位上缴收入		

续表

项　目	本　月　数	本年累计数
4. 其他收入		
其中：捐赠收入		
减：（二）事业类支出		
1. 事业支出（非财政补助支出）		
2. 上缴上级支出		
3. 对附属单位补助支出		
4. 其他支出		
三、本期经营结余		
经营收入		
减：经营支出		
四、弥补以前年度亏损后的经营结余		
五、本年非财政补助结转结余		
减：非财政补助结转		
六、本年非财政补助结余		
减：应缴企业所得税		
减：提取专用基金		
七、转入事业基金		

　　收入支出表的理论依据是"收入－支出＝结余"，但不同的收入减去相应的支出会形成不同性质的结余：这种反映不同结余形成的列报方式，能更好地体现公共资金专款专用的原则。事业单位结余的形成主要有四个方面：本期财政补助结转结余、本期非财政补助结转、本期事业结余和本期经营结余。事业单位结余的分配主要限于非限制用途的非财政补助结余，主要用于两个方面的分配：缴纳企业所得税和提取职工福利基金。事业单位结余形成的四个方面计算要求如下。

　　本期财政补助结转结余由财政补助收入扣除其中用于事业支出后的部分差额构成。这部分结余是财政限制用途的资金结余，不能用于事业单位的分配。其计算公式为：

　　财政补助收入－事业支出（财政补助支出）＝本期财政补助结转结余

　　本期非财政补助结转由事业收入、上级补助收入、附属单位上缴收入和其他收入中的专项资金扣除这些资金来源中建造、购置设施设备以及开展专项活动等项目支出后的余额构成。这部分结余是非财政的具有专门用途的资金结余，也不能用于事业单位的分配。其计算公式为：

事业收入（专项资金收入）＋上级补助收入（专项资金收入）＋附属单位上缴收入（专项资金收入）＋其他收入（专项资金收入）－事业支出（非财政专项资金支出）－其他支出（非财政专项资金支出）＝本期非财政补助结转

本期事业结余由事业收入、上级补助收入、附属单位上缴收入和其他收入中的非专项资金扣除这些资金来源中用于非专门性支出后的余额构成。这部分结余没有明确规定其用途，可用于事业单位结余的分配。其计算公式为：

事业收入（非专项资金收入）＋上级补助收入（非专项资金收入）＋附属单位上缴收入（非专项资金收入）＋其他收入（非专项资金收入）－事业支出（其他资金支出）－上缴上级支出－对附属单位补助支出－其他支出（其他资金支出）＝本期事业结余

本期经营结余是本期经营收入扣除本期经营支出后的余额构成。这部分结余也没有明确规定其用途，弥补以前经营亏损后，可用于事业单位结余的分配。其计算公式为：

经营收入－经营支出＝本期经营结余

本期经营结余为贷方发生额，意味着本期经营收入大于本期经营支出，该贷方发生额应先弥补以前年度经营亏损。若弥补亏损后仍然为贷方余额，则该贷方余额与上述本期事业结余共同构成本期非财政补助结余分配。因此，本期非财政补助结余分配可以说是事业单位非限制用途非财政资金结余的总和。其计算公式为：

本期事业结余＋补亏后本期经营结余贷方余额＝本期非财政补助结余分配。非财政补助结余分配按规定缴纳企业所得税和提取职工福利基金后，成为本期事业基金的一个组成部分。其计算公式为：

本期非财政补助结余分配－应缴企业所得税－提取的职工福利基金＝本期事业基金

（2）事业单位收入支出表的主要内容。

收入支出表各栏目反映的内容如下：收入支出表"本月数"栏反映各项目的本月实际发生数。收入支出表"本年累计数"栏反映各项目自年初起至报告期末止的累计实际发生数。编制年度收入支出表时，应当将本栏改为"本年数"。

"本期财政补助结转结余"项目，反映事业单位本期财政补助收入与财政补助支出相抵后的余额。其中，"财政补助收入"项目，反映事业单位本期从同级财政部门取得的各类财政拨款。"事业支出（财政补助支出）"项目，反映事业单位本期使用财政补助发生的各项事业支出。

"本期事业结转结余"项目，反映事业单位本期除财政补助收支、经营收支以外的各项收支相抵后的余额。其中,"事业类收入"项目,反映事业单位本期事业收入、上级补助收入、附属单位上缴收入、其他收入的合计数。其中,"事业收入"项目,反映事业单位开展专业业务活动及其辅助活动取得的收入。"上级补助收入"项目,反映事业单位从主管部门和上级单位取得的非财政补助收入。"附属单位上缴收入"项目,反映事业单位附属独立核算单位按照有关规定上缴的收入。"其他收入"项目,反映事业单位除财政补助收入、事业收入、上级补助收入、附属单位上缴收入、经营收入以外的其他收入。"捐赠收入"项目,反映事业单位接受现金、存货捐赠取得的收入。作为"事业类收入"项目的扣减项目,"事业类支出"项目,反映事业单位本期事业支出(非财政补助支出)、上缴上级支出、对附属单位补助支出、其他支出的合计数。其中,"事业支出(非财政补助支出)"项目,反映事业单位使用财政补助以外的资金发生的各项事业支出。"上缴上级支出"项目,反映事业单位按照财政部门和主管部门的规定上缴上级单位的支出。"对附属单位补助支出"项目,反映事业单位用财政补助收入之外的收入对附属单位补助发生的支出。"其他支出"项目,反映事业单位除事业支出、上缴上级支出、对附属单位补助支出、经营支出以外的其他支出。

"本期经营结余"项目,反映事业单位本期经营收支相抵后的余额。其中,"经营收入"项目,反映事业单位在专业业务活动及其辅助活动之外开展非独立核算经营活动取得的收入。"经营支出"项目,反映事业单位在专业业务活动及其辅助活动之外开展非独立核算经营活动发生的支出。

"弥补以前年度亏损后的经营结余"项目,反映事业单位本年度实现的经营结余扣除本年初未弥补经营亏损后的余额。

"本年非财政补助结转结余"项目,反映事业单位本年除财政补助结转结余之外的结转结余金额。其所扣减"非财政补助结转"项目,反映事业单位本年除财政补助收支外的各项专项资金收入减去各专项资金支出后的余额。

"本年非财政补助结余"项目,反映事业单位本年除财政补助之外的其他结余金额。其所扣减"应缴企业所得税"项目,反映事业单位按照税法规定应缴纳的企业所得税金额。所扣减"提取专用基金"项目,反映事业单位本年按规定提取的专用基金金额。

"转入事业基金"项目,反映事业单位本年按规定转入事业基金的非财政补助结余资金。

(3)事业单位收入支出表的填列。

编制年度收入支出表时,应当将"本月数"改为"上年数"栏,反映上年度各项目的实际发生数；如果本年度收入支出表规定的各个项目的名称和内容同上年度不一致，应对上年度收入支出表各项目的名称和数字按照本年度的规定进行调整，填入本年度收入支出表的"上年数"栏。

收入支出表各项目中，有的根据总账科目发生额直接填列，有的根据表内项目合计而得，有的根据表内项目相减才能得到。一般可归纳为六类方法。

①根据相关总账科目的本期发生额直接填列。按这种方法填列的收入项目有6个：财政补助收入、事业收入、上级补助收入、附属单位上缴收入、经营收入和其他收入。按这种方法填列的支出项目有4个：上缴上级支出、对附属单位补助支出、经营支出和其他支出。

例题161：某高等教育事业单位"财政补助收入"、"事业收入"、"经营收入"、"其他收入"科目的本年发生额分别为1 192 590元、1 063 902元、47 886元、9 046 618元；"对附属单位补助支出"、"经营支出"、"其他支出"本年发生额为64 000元、1 083 814元、87 470元。

该事业单位应在的收入支出表中如下项目填列的金额分别如下："财政补助收入"项目1 192 590元；"事业收入"项目1 063 902元；"经营收入"项目47 886元；"其他收入"项目9 046 618元；"对附属单位补助支出"项目64 000元；"经营支出"项目1 083 814元；"其他支出"项目87 470元。

②根据明细科目本期发生额或明细科目本期发生额的合计数填列。按这种方法填列的主要有两个支出项目。一是"事业支出（财政补助支出）"项目，根据"事业支出——财政补助支出"明细科目的本期发生额填列，或者根据"事业支出——基本支出——财政补助支出"明细科目的本期发生额与"事业支出——项目支出——财政补助支出"明细科目的本期发生额合计填列。二是"事业支出（非财政补助支出）"项目，根据"事业支出——非财政专项资金支出"和"事业支出——其他资金支出"明细科目的本期发生额合计填列，或者根据"事业支出——基本支出——其他资金支出""事业支出——项目支出——非财政专项资金支出""事业支出——项目支出——其他资金支出"科目的本期发生额合计填列。

例题162：某报刊杂志事业单位2016年度"事业支出"科目发生额如表35所示。

该事业单位应在收入支出表中如下项目填列的金额分别如下："事业支出（财政补助支出）"项目1 934 000元；"事业支出（非财政补助支出）"项目1 728 000元。

③根据明细科目本期发生额分析填列。按这种方法填列的只有"捐赠收入"

表35　　　　　某报刊杂志事业单位事业支出科目发生额　　　　　　单位：元

类级科目	款级科目	项级科目	借方发生额
事业支出	财政补助支出	基本支出	1 644 000
		项目支出	290 000
	非财政专项资金支出	项目支出	1 390 000
	其他资金支出	基本支出	68 000
		项目支出	270 000

项目，即根据"其他收入"科目所属相关明细科目的本期发生额填列。

④根据表中具体项目的合计数直接填列。按这种方法填列的有下列3个项目："事业类收入"项目，按表中"事业收入"、"上级补助收入"、"附属单位上缴收入"、"其他收入"项目金额的合计数填列。"事业类支出"项目，按表中"事业支出（非财政补助支出）"、"上缴上级支出"、"对附属单位补助支出"、"其他支出"项目金额的合计数填列。"本年非财政补助结转结余"项目，按表中"弥补以前年度亏损后的经营结余"项目为正数时，应按照表中"本期事业结转结余""弥补以前年度亏损后的经营结余"项目金额的合计数填列；如为负数，以"-"号填列。当表中"弥补以前年度亏损后的经营结余"项目为负数时，则应按照表中"本期事业结转结余"项目金额填列；如为负数，以"-"号填列。

⑤根据表内项目的差额填列。按照这种方法填列的项目有5个项目。"本期财政补助结转结余"项目，按表中"财政补助收入"项目金额减去"事业支出（财政补助支出）"项目金额后的余额填列。"本期事业结转结余"项目，按照表中"事业类收入"项目金额减去"事业类支出"项目金额后的余额填列；如为负数，以"-"号填列。"本期经营结余"项目，按照表中"经营收入"项目金额减去"经营支出"项目金额后的余额填列；如为负数，以"-"号填列。"本年非财政补助结余"项目，按照表中"本年非财政补助结转结余"项目金额减去"非财政补助结转"项目金额后的金额填列；如为负数，以"-"号填列。"转入事业基金"项目，按照表中"本年非财政补助结余"项目金额减去"应缴企业所得税""提取专用基金"项目金额后的余额填列；如为负数，以"-"号填列。

⑥其他填列方法。归入这种类型的，是无法采用前述5种方法中的任何一种进行填列的项目，具体包括如下4个项目："弥补以前年度亏损后的经营结余"项目，应当根据"经营结余"科目年末转入"非财政补助结余分配"科目前的余额填列；如该年末余额为借方余额，以"-"号填列。"非财政补助结转"项

目,应当根据"非财政补助结转"科目本年贷方发生额中专项资金收入转入金额合计数减去本年借方发生额中专项资金支出转入金额合计数后的余额填列。"应缴企业所得税"项目,根据"非财政补助结余分配"科目的本年发生额分析填列。"提取专用基金"项目,根据"非财政补助结余分配"科目的本年发生额分析填列。

例题163:某园林绿化事业单位"经营结余"年初借方余额为44 690元,"经营结余"本年贷方发生额为4 290 766元。

该事业单位应在收入支出表中"弥补以前年度亏损后的经营结余"项目填列的金额为4 246 076元。

69

事业单位财政补助收入支出表的编制说明

事业单位财政补助收入支出表反映事业单位某一会计年度财政补助收入、支出、结转及结余情况,其格式如表36所示。

表36　　　　　　　　　财政补助收入支出表　　　　　　　会事业03表

编制单位:　　　　　　　　　　　　年度　　　　　　　　　　　　单位:元

项　目	本 年 数	上 年 数
一、年初财政补助结转结余		
(一)基本支出结转		
1. 人员经费		
2. 日常公用经费		
(二)项目支出结转		
**项目		
(三)项目支出结余		
二、调整年初财政补助结转结余		
(一)基本支出结转		
1. 人员经费		
2. 日常公用经费		
(二)项目支出结转		
**项目		
(三)项目支出结余		
三、本年归集调入财政补助结转结余		

续表

项 目	本 年 数	上 年 数
（一）基本支出结转		
1. 人员经费		
2. 日常公用经费		
（二）项目支出结转		
＊＊项目		
（三）项目支出结余		
四、本年上缴财政补助结转结余		
（一）基本支出结转		
1. 人员经费		
2. 日常公用经费		
（二）项目支出结转		
＊＊项目		
（三）项目支出结余		
五、本年财政补助收入		
（一）基本支出		
1. 人员经费		
2. 日常公用经费		
（二）项目支出		
＊＊项目		
六、本年财政补助支出		
（一）基本支出		
1. 人员经费		
2. 日常公用经费		
（二）项目支出		
＊＊项目		
七、年末财政补助结转结余		
（一）基本支出结转		
1. 人员经费		
2. 日常公用经费		
（二）项目支出结转		
＊＊项目		
（三）项目支出结余		

　　事业单位用于人员经费、日常办公经费和购置、建造设施、设备或开展专项活动的财政补助资金是财政监控的重点公共预算资金。财政补助收入支出表全面反映了财政补助资金的来源、运用和结余情况。

财政补助收入支出表"上年数"栏内各项目，应当根据上年度财政补助收入支出表"本年数"栏内数字填列。财政补助收入支出表"本年数"栏各项目的内容和填列方法如下：

"年初财政补助结转结余"项目及其所属各明细项目，反映事业单位本年初财政补助结转和结余余额。各该项目根据上年度财政补助收入支出表中"年末财政补助结转结余"项目及其所属各明细项目"本年数"栏的数字填列。

"调整年初财政补助结转结余"项目及其所属各明细项目，反映事业单位因本年发生需要调整以前年度财政补助结转结余的事项，而对年初财政补助结转结余的调整金额。各该项目根据"财政补助结转""财政补助结余"科目及其所属明细科目的本年发生额分析填列。如调整减少年初财政补助结转结余，以"－"号填列。

"本年归集调入财政补助结转结余"项目及其所属各明细项目，反映事业单位本年度取得主管部门归集调入的财政补助结转结余资金或额度金额。各该项目根据"财政补助结转""财政补助结余"科目及其所属明细科目的分析填列。

"本年上缴财政补助结转结余"项目及其所属各明细项目，反映事业单位本年度按规定实际上缴的财政补助结转结余资金或额度金额。各该项目应当根据"财政补助结转""财政补助结余"科目及其所属明细科目的本年发生额分析填列。

"本年财政补助收入"项目及其所属各明细项目，反映事业单位本年度从同级财政部门取得的各类财政拨款金额。各该项目应当根据"财政补助收入"科目及其所属明细科目的本年发生额填列。

"本年财政补助支出"项目及其所属各明细项目，反映事业单位本年度发生的财政补助支出金额。各该项目应当根据"事业支出"科目所属明细科目本年发生额中的财政补助支出数填列。

"年末财政补助结转结余"项目及其所属各明细项目，反映事业单位截至本年末的财政补助结转和结余余额。各该项目应当根据"财政补助结转""财政补助结余"科目及其所属明细科目的年末余额填列。

70

民间非营利组织的特征及其组织形式

民间非营利组织是指由民间出资举办的、不以营利为目的，从事教育、科技、文化、卫生、宗教等社会公益活动的社会服务组织。民间非营利组织具有以下三个方面的基本特征：第一，民间非营利组织不以营利为宗旨和目的。民间非营利组织的设立和从事业务活动的最终目标不以营利为目的，而是按照资金提供者的期望和要求，为社会带来更多的服务或产品。这一特征将民间非营利组织的非营利性与企业经营的营利性相区别，但并不排除其因提供产品或者社会服务而获得相应的收入或者收取合理的费用，只要这些活动的取得最终是用于组织的非营利事业。第二，资源的提供者不以取得经济性回报为目标。民间非营利组织资金的提供者，其出资的目的不是期望得到同等或成比例的出资回报，而是期望组织为整个社会或特定团体提供更多的产品或者服务。换句话说，这些出资者并不指望获取对非营利组织净资产予以分享的权利。如果现实中出资者可以从组织中获得回报，则应当将其作为企业看待。第三，资源提供者不会享有民间非营利组织的所有权。民间非营利组织的净资产既不属于组织所有，也不属于出资者所有。任何单位或个人不因为出资而拥有民间非营利组织的所有权，当然也不具备组织所有权相关的资源出售、转让的处置权利，更不存在对该组织清算时的剩余财产的分配权。非营利组织一旦进入清算阶段，其清算后的剩余财产只能交给政府或者其他的非营利组织，或者继续服务社会的公益事业。

民间非营利组织的形式主要有社会团体、基金会、民办非企业单位和宗教活动场所。其中，社会团体是指中国公民自愿组成、为实现会员共同意愿、按照其章程开展活动的非营利性社会组织。但是，以下团体除外：第一是参加中国人民政治协商会议的人民团体；第二是由国务院机关编制管理机关核定，并由国务院批准免于登记的团体；第三是机关、团体、企业事业内部经本单位批准成立，在本单位内部活动的团体。基金会是指利用自然人、法人或者其他组织捐赠的资产，以从事公益事业为目的，按照规定成立的非营利性法人。基金会作为非营利性法人，应当为特定的公益目的而设立。民办非企业单位是指企业事业单位、社会团体和其他社会力量以及公民个人利用非国有资产举办的，从事非营利性社会服务活动的社会组织。其中有从事科学、教育、文艺、卫生、体育等非企业单位，像民办诊所、民办学校、民办剧团、各类体育俱乐部、各类民办研究所；也有从事各种社会救济的非企业单位，像民办孤儿院、养老院；还有从事民间公证鉴定、法律服务、咨询服务等社会性质的社会中介组织，像商务咨询、法律服务机构。宗教活动场所是指寺院、宫观、清真寺、教堂等由宗教信仰和热心宗教的公民在国家支持下兴办的开展宗教活动的场所。

71

民间非营利组织的会计要素及其内容

民间非营利组织的会计要素包括有资产、负债、净资产、收入和费用五大要素。

资产是指过去的交易或者事项形成并由民间非营利组织拥有或者控制的资源，该资源预期会给民间非营利组织带来经济利益或者服务潜力。资产应当按其流动性分为流动资产、长期投资、固定资产、无形资产和受托代理资产等。流动资产是指预期可在1年内（含1年）变现或者耗用的资产，主要包括现金、银行存款、短期投资、应收款项、预付账款、存货、待摊费用等。长期投资是指除短期投资以外的投资，包括长期股权投资和长期债权投资等。固定资产是指同时具有以下特征的有形资产：为行政管理、提供服务、生产商品或者出租目的而持有的；预计使用年限超过1年；单位价值较高。无形资产是指民间非营利组织为开展业务活动、出租给他人或为管理目的而持有的且没有实物形态的非货币性长期资产，包括专利权、非专利技术、商标权、著作权、土地使用权等。受托代理资产是指民间非营利组织接受委托方委托从事受托代理业务而收到的资产。在受托代理过程中，民间非营利组织通常只是从委托方收到受托资产，并按照委托人的意愿将资产转赠给指定的其他组织或者个人，或者按照有关规定将资产转交给指定的其他组织或者个人。民间非营利组织本身只是在委托代理过程中起中介作用，无权改变受托代理资产的用途或者变更受益人。

负债是指过去的交易或者事项形成的现时义务，履行该义务预期会导致含有经济利益或者服务潜力的资源流出民间非营利组织。负债应当按其流动性分为流动负债、长期负债和受托代理负债等。流动负债是指将在1年内（含1年）偿还的负债，包括短期借款、应付款项、应付工资、应交税金、预收账款、预提费用和预计负债等。长期负债是指偿还期限在1年以上（不含1年）的负债，包括长期借款、长期应付款和其他长期负债。受托代理负债是指民间非营利组织因从事受托代理业务、接受受托代理资产而产生的负债。受托代理负债应当按照相对应的受托代理资产的金额予以确认和计量。

民间非营利组织的净资产是指资产减去负债后的余额。净资产应当按照其是否受到限制，分为限定性净资产和非限定性净资产等。如果资产或者资产所产生的经济利益（如资产的投资收益和利息等）的使用受到资产提供者或者国家有关法律、行政法规所设置的时间限制或（和）用途限制，则由此形成的净资产即为限定性净资产，国家有关法律、行政法规对净资产的使用直接设置限制的，该受限制的净资产亦为限定性净资产；除此之外的其他净资产，即为非限定性净资产。

收入是指民间非营利组织开展业务活动取得的、导致本期净资产增加的经济利益或者服务潜力的流入。收入应当按照其来源分为捐赠收入、会费收入、提供服务收入、政府补助收入、投资收益、商品销售收入等主要业务活动收入和其他收入等。其中，捐赠收入是指民间非营利组织接受其他单位或者个人捐赠所取得的收入。会费收入是指民间非营利组织根据章程等的规定向会员收取的会费。提供服务收入是指民间非营利组织根据章程等的规定向其服务对象提供服务取得的收入，包括学费收入、医疗费收入、培训收入等。政府补助收入是指民间非营利组织接受政府拨款或者政府机构给予的补助而取得的收入。商品销售收入是指民间非营利组织销售商品（如出版物、药品等）等所形成的收入。投资收益是指民间非营利组织因对外投资取得的投资净损益。其他收入是指除上述主要业务活动收入以外的其他收入，如固定资产处置净收入、无形资产处置净收入等。

费用是指民间非营利组织为开展业务活动所发生的、导致本期净资产减少的经济利益或者服务潜力的流出。费用应当按照其功能分为业务活动成本、管理费用、筹资费用和其他费用等。其中，业务活动成本，是指民间非营利组织为了实现其业务活动目标、开展其项目活动或者提供服务所发生的费用。如果民间非营利组织从事的项目、提供的服务或者开展的业务比较单一，可以将相关费用全部归集在"业务活动成本"项目下进行核算和列报；如果民间非营利组织从事的项目、提供的服务或者开展的业务种类较多，民间非营利组织应当在"业务活动成本"项目下分别项目、服务或者业务大类进行核算和列报。管理费用，是指民间非营利组织为组织和管理其业务活动所发生的各项费用，包括民间非营利组织董事会（或者理事会或者类似权力机构）经费和行政管理人员的工资、奖金、福利费、住房公积金、住房补贴、社会保障费、离退休人员工资与补助，以及办公费、水电费、邮电费、物业管理费、差旅费、折旧费、修理费、租赁费、无形资产摊销费、资产盘亏损失、资产减值损失、因预计负债所产生的损失、聘请中介机构费和应偿还的受赠资产等。其中，福利费应当依法根据民间非营利组织的管理权限，按照董事会、理事会或类似权力机构等的规定据实列支。筹资费用，是指民间非营利组织为筹集业务活动所需资金而发生的费用，包括民间非营利组织为了获得捐赠资产而发生的费用以及应当计入当期费用的借款费用、汇兑损失（减汇兑收益）等。民间非营利组织为了获得捐赠资产而发生的费用包括举办募款活动费，准备、印刷和发放募款宣传资料费以及其他与募款或者争取捐赠资产有关的费用。其他费用，是指民间非营利组织发生的、无法归属到上述业务活动成本、管理费用或者筹资费用中的费用，包括固定资产处置净损失、无形资产处置净损失等。

72

民间非营利组织会计核算的基本原则及其会计科目设置

民间非营利组织的会计核算应当以权责发生制为基础，会计记账应当采用借贷记账法。民间非营利组织在会计核算时，应当遵循以下基本原则：会计核算应当以实际发生的交易或者事项为依据，如实反映民间非营利组织的财务状况、业务活动情况和现金流量等信息。会计核算所提供的信息应当能够满足会计信息使用者（如捐赠人、会员、监管者等）的需要。会计核算应当按照交易或者事项的实质进行，而不应当仅仅按照它们的法律形式作为其依据。会计政策前后各期应当保持一致，不得随意变更。如有必要变更，应当在会计报表附注中披露变更的内容和理由、变更的累积影响数，以及累积影响数不能合理确定的理由等。会计核算应当按照规定的会计处理方法进行，会计信息应当口径一致、相互可比。会计核算应当及时进行，不得提前或延后。会计核算和编制的财务会计报告应当清晰明了，便于理解和使用。在会计核算中，所发生的费用应当与其相关的收入相配比，同一会计期间内的各项收入和与其相关的费用，应当在该会计期间内确认。资产在取得时应当按照实际成本计量，但本制度有特别规定的，按照特别规定的计量基础进行计量。其后，资产账面价值的调整，应当按照本制度的规定执行；除法律、行政法规和国家统一的会计制度另有规定外，民间非营利组织一律不得自行调整资产账面价值。会计核算应当遵循谨慎性原则。会计核算应当合理划分应当计入当期费用的支出和应当予以资本化的支出。会计核算应当遵循重要性原则，对资产、负债、净资产、收入、费用等有较大影响，并进而影响财务会计报告使用者据以做出合理判断的重要会计事项，必须按照规定的会计方法和程序进行处理，并在财务会计报告中予以充分披露；对于非重要的会计事项，在不影响会计信息真实性和不至于误导会计信息使用者做出正确判断的前提下，可适当简化处理。

《民间非营利组织会计制度》统一规定会计科目的编号，以便于编制会计凭证，登记账簿，查阅账目，实行会计电算化。民间非营利组织不得随意打乱重编。某些会计科目之间留有空号，是供增设会计科目之用。民间非营利组织应当按照《民间非营利组织会计制度》的规定，设置和使用会计科目。在不影响会计核算要求和会计报表指标汇总，以及对外提供统一的财务会计报告的前提下，可以根据实际情况自行增设、减少或合并某些会计科目。明细科目的设置，除《民间非营利组织会计制度》已有规定者外，在不违反统一会计核算要求的前提下，民间非营利组织可以根据需要自行确定。对于会计科目名称，民间非营利组织可以根据本组织的具体情况，在不违背会计科目使用原则的基础上，确定适合于本组织的会计科目名称。民间非营利组织在填制会计凭证、登记会计账簿时，应当填列会计科目的名称，或者同时填列会计科目的名称和编号，不得只填科目编号，不填列科目名称。民间非营利组织设置的会计科目分为资产、负债、净资产和收入费用四个大类，其具体内容如表37所示。

表37　　　　　　　　　民间非营利组织会计科目表

科目类别	科目编号	科目名称	科目类别	科目编号	科目名称
资产类	1001	现金	负债类	2101	短期借款
	1002	银行存款		2201	应付票据
	1009	其他货币资金		2202	应付账款
	1101	短期投资		2203	预收账款
	1102	短期投资跌价准备		2204	应付工资
	1111	应收票据		2206	应交税金
	1121	应收账款		2209	其他应付款
	1122	其他应收款		2301	预提费用
	1131	坏账准备		2401	预计负债
	1141	预付账款		2501	长期借款
	1201	存货		2502	长期应付款
	1202	存货跌价准备		2601	受托代理负债
	1301	待摊费用	净资产类	3101	非限定性净资产
	1401	长期股权投资		3102	限定性净资产
	1402	长期债权投资	收入费用类	4101	捐赠收入
	1421	长期投资减值准备		4201	会费收入
	1501	固定资产		4301	提供服务收入
	1502	累计折旧		4401	政府补助收入
	1505	在建工程		4501	商品销售收入
	1506	文物文化资产		4601	投资收益
	1509	固定资产清理		4901	其他收入
	1601	无形资产		5101	业务活动成本
	1701	受托代理资产		5201	管理费用
				5301	筹资费用
				5401	其他费用

73

民间非营利组织资产业务的核算

民间非营利组织资产是指过去的交易或者事项形成并由民间非营利组织拥有或者控制的资源,该资源预期会给民间非营利组织带来经济利益或者服务潜力。资产应当按其流动性分为流动资产、长期投资、固定资产、无形资产和受托代理资产等。

民间非营利组织应当定期或者至少于每年年度终了,对短期投资、应收款项、存货、长期投资等资产是否发生了减值进行检查,如果这些资产发生了减值,应当计提减值准备,确认减值损失,并计入当期费用。对于固定资产、无形资产等其他资产,如果发生了重大减值,也应当计提减值准备,确认减值损失,并计入当期费用。如果已计提减值准备的资产价值在以后会计期间得以恢复,则应当在该资产已计提减值准备的范围内部分或全部转回已确认的减值损失,冲减当期费用。

(1) 接受捐赠资产的核算。

对于民间非营利组织接受捐赠的现金资产,应当按照实际收到的金额入账。对于民间非营利组织接受捐赠的非现金资产,如接受捐赠的短期投资、存货、长期投资、固定资产和无形资产等,应当按照以下方法确定其入账价值:如果捐赠方提供了有关凭据(如发票、报关单、有关协议等)的,应当按照凭据上标明的金额作为入账价值。如果凭据上标明的金额与受赠资产公允价值相差较大,受赠资产应当以其公允价值作为其入账价值。如果捐赠方没有提供有关凭据的,受赠资产应当以其公允价值作为入账价值。对于民间非营利组织接受的劳务捐赠,不予确认,但应当在会计报表附注中作相关披露。

《民间非营利组织会计制度》中所称的公允价值是指在公平交易中,熟悉情况的交易双方自愿进行资产交换或者债务清偿的金额。公允价值的确定顺序如下:如果同类或者类似资产存在活跃市场的,应当按照同类或者类似资产的市场价格确定公允价值。如果同类或者类似资产不存在活跃市场,或者无法找到同类或者类似资产的,应当采用合理的计价方法确定资产的公允价值。在《民间非营利组织会计制度》规定应当采用公允价值的情况下,如果有确凿的证据表明资产的公允价值确实无法可靠计量,则民间非营利组织应当设置辅助账,单独登记所取得资产的名称、数量、来源、用途等情况,并在会计报表附注中作相关披露。

在以后会计期间，如果该资产的公允价值能够可靠计量，民间非营利组织应当在其能够可靠计量的会计期间予以确认，并以公允价值计量。

民间非营利组织接受捐赠的资产时，按照所接受捐赠资产的属性及其公允价值，借记"固定资产"科目、"无形资产"科目、"短期投资"科目、"长期投资"科目或者"存货"科目，贷记"捐赠收入"科目。对于支付的相关税费，应借记相关资产科目，贷记"银行存款"科目。

例题164：某家民办医院接受某医疗器诫制造有限责任公司捐赠的医疗设备一台，目前的市场价格100 000元、增值税进项税额17 000元。医疗设备的运输费630.63元、增值税进项税额69.37元。相关手续已经办妥。编制会计分录如下：

借：固定资产——医疗设备　　　　　　　　　117 700.00
　　贷：捐赠收入　　　　　　　　　　　　　　　117 000.00
　　　　银行存款　　　　　　　　　　　　　　　　　 700.00

（2）受托代理资产的核算。

受托代理资产是指民间非营利组织接受委托方委托从事受托代理业务而收到的资产。在受托代理过程中，民间非营利组织通常只是从委托方收到受托资产，并按照委托人的意愿将资产转赠给指定的其他组织或者个人，或者按照有关规定将资产转交给指定的其他组织或者个人。民间非营利组织本身只是在委托代理过程中起中介作用，无权改变受托代理资产的用途或者变更受益人。民间非营利组织应当对受托代理资产比照接受捐赠资产的原则进行确认和计量，但在确认一项受托代理资产时，应当同时确认一项受托代理负债。

受托代理资产

民间非营利组织受托代理资产应使用"受托代理资产"科目进行核算。该科目核算民间非营利组织接受委托方委托从事受托代理业务而收到的资产。本科目期末借方余额，反映民间非营利组织期末尚未转出的受托代理资产价值。民间非营利组织应当设置"受托代理资产登记簿"，并根据具体情况设置明细账，进行明细核算。

民间非营利组织收到受托代理资产时，按照应确认的入账金额，借记"受托代理资产"科目，贷记"受托代理负债"科目。民间非营利组织转赠或者转出受托代理资产，按照转出受托代理资产的账面余额，借记"受托代理负债"科目，贷记"受托代理资产"科目。民间非营利组织收到的受托代理资产如果为现金、银行存款或其他货币资金，可以不通过"受托代理资产"科目核算，而在"现金"科目、"银行存款"科目、"其他货币资金"科目下设置"受托代理资产"明细科目进行核算。即在取得这些受托代理资产时，借记"现金——受托代理资产"明细科目、"银行存款——受托代理资产"明细科目、"其他货币资金——受托代理资产"明细科目，贷记"受托代理负债"科目；在转赠或者转出受托代理资产时，借记"受托代理负债"科目，贷记"现金——受托代理资产"明细科目、"银行存款——受托代理资产"明细科目、"其他货币资金——受托代理资产"明细科目。

例题 165：2016 年 12 月 5 日，甲、乙两家民间非营利性组织与丙企业签署捐赠协议。协议规定，丙通过甲向乙下属的儿童福利院捐赠全新的台式电脑设备 60 台，每台电脑含税价值 3 510 元。丙在协议签署后的 10 日内日将台式电脑运至甲，甲随后派出志愿者将电脑送至儿童福利院并安装调试完毕。

2016 年 12 月 25 日，甲收到电脑时，根据相关捐赠凭证编制会计分录如下：

借：受托代理资产——台式电脑　　　　　　　210 600.00
　　贷：受托代理负债　　　　　　　　　　　　　210 600.00

同日，甲对于安装台式电脑需要携带的耗材，根据材料出库单所列成本 300 元，编制会计分录如下：

借：业务活动成本　　　　　　　　　　　　　　　300.00
　　贷：存货——耗品　　　　　　　　　　　　　　300.00

2016 年 12 月 25 日，甲将台式电脑送至儿童福利院时，编制会计分录如下：

借：受托代理负债　　　　　　　　　　　　　　210 600.00
　　贷：受托代理资产——台式电脑　　　　　　　210 600.00

（3）文物文化资产的核算。

文物文化资产是指用于展览、教育或研究等目的的历史文物、艺术品以及其他具有文化或者历史价值并作长期或者永久保存的典藏等。

为了核算民间非营利组织文物文化资产的价值，应设置"文物文化资产"科目。核算民间非营利组织用于展览、教育或研究等目的的历史文物、艺术品以及其他具有文化或者历史价值并作长期或者永久保存的典藏价值。本科目期末借方余额，反映民间非营利组织期末文物文化资产的价值。民间非营利组织应当设置文物文化资产登记簿和文物文化资产卡片，按文物文化资产类别等设置明细账，进行明细核算。

民间非营利组织在取得文物文化资产时，应当按照取得时的实际成本入账。取得时的实际成本包括买价、包装费、运输费、交纳的有关税金等相关费用，以及为使文物文化资产达到预定可使用状态前所必要的支出。具体如下：外购的文物文化资产，按照实际支付的买价、相关税费以及为使文物文化资产达到预定可使用状态前发生的可直接归属于该文物文化资产的其他支出（如运输费、安装费、装卸费等），借记"文物文化资产"科目，贷记"银行存款"科目或"应付账款"科目。如果以一笔款项购入多项没有单独标价的文物文化资产，按照各项文物文化资产公允价值的比例对总成本进行分配，分别确定各项文物文化资产的入账价值。接受捐赠的文物文化资产，按照所确定的成本，借记"文物文化资产"科目，贷记"捐赠收入"科目。民间非营利组织出售文物文化资产，文物文化资产毁损或者以其他方式处置文物文化资产时，按照所处置文物文化资产的账面余额，借记"固定资产清理"科目，贷记"文物文化资产"科目。

民间非营利组织对文物文化资产应当定期或者至少每年实地盘点一次。对盘盈、盘亏的文物文化资产，应当及时查明原因，并根据管理权限，报经批准后，在期末前结账处理完毕。其中，如为文物文化资产盘盈，按照其公允价值，借记"文物文化资产"科目，贷记"其他收入"科目。如为文物文化资产盘亏，按照固定资产账面余额扣除可以收回的保险赔偿和过失人的赔偿等后的金额，借记"管理费用"科目，按照可以收回的保险赔偿和过失人赔偿等，借记"现金"科目、"银行存款"科目或者"其他应收款"科目，按照文物文化资产的账面余额，贷记"文物文化资产"科目。

例题166：某个民间非营利组织接受捐赠的名人书画作品一件，最低保本估价600 000元。后将其出售得到价款900 000元存入银行存款账户。编制会计分录如下：

  借：文物文化资产   600 000.00
    贷：捐赠收入   600 000.00
  借：固定资产清理   600 000.00
    贷：文物文化资产   600 000.00
  借：银行存款   900 000.00
    贷：固定资产清理   900 000.00
  借：固定资产清理   300 000.00
    贷：其他收入   300 000.00

74

民间非营利组织负债和净资产业务的核算

民间非营利组织负债是指过去的交易或者事项形成的现时义务，履行该义务预期会导致含有经济利益或者服务潜力的资源流出民间非营利组织。负债应当按其流动性分为流动负债、长期负债和受托代理负债。而依照相关会计制度的规定，各项流动负债应当按实际发生额入账。各项长期负债应当按实际发生额入账。受托代理负债应当按照相对应的受托代理资产的金额予以确认和计量。

民间非营利组织的净资产是指资产减去负债后的余额。净资产应当按照其是否受到限制，分为限定性净资产和非限定性净资产。如果资产或者资产所产生的经济利益（如资产的投资收益和利息等）的使用受到资产提供者或者国家有关法律、行政法规所设置的时间限制或（和）用途限制，则由此形成的净资产即为限定性净资产，国家有关法律、行政法规对净资产的使用直接设置限制的，该受限制的净资产亦为限定性净资产；除此之外的其他净资产，即为非限定性净资产。《民间非营利组织会计制度》所称的时间限制，是指资产提供者或者国家有关法律、行政法规要求民间非营利组织在收到资产后的特定时期之内或特定日期之后使用该项资产，或者对资产的使用设置了永久限制。《民间非营利组织会计制度》所称的用途限制，是指资产提供者或者国家有关法律、行政法规要求民间非营利组织将收到的资产用于某一特定的用途。

需要强调的是，民间非营利组织的董事会、理事会或类似权力机构对净资产的使用所作的限定性决策、决议或拨款限额等，属于民间非营利组织内部管理上对资产使用所作的限制，不属于《民间非营利组织会计制度》所界定的限定性净资产。当然，如果限定性净资产的限制已经解除，应当对净资产进行重新分类，将限定性净资产转为非限定性净资产。当存在下列情况之一时，可以认为限定性净资产的限制已经解除：所限定净资产的限制时间已经到期；所限定净资产规定的用途已经实现（或者目的已经达到）；资产提供者或者国家有关法律、行政法规撤销了所设置的限制。如果限定性净资产受到两项或两项以上的限制，应当在最后一项限制解除时，才能认为该项限定性净资产的限制已经解除。

民间非营利组织拥有的限定性净资产应使用"限定性净资产"科目进行核算。本科目核算民间非营利组织的限定性净资产。民间非营利组织应当在期末将当期限定性收入的实际发生额转为限定性净资产。本科目期末贷方余额，反映民间非营利组织历年积存的限定性净资产。

期末，将各收入类科目所属"限定性收入"明细科目的余额转入本科目，借记"捐赠收入——限定性收入"明细科目或者"政府补助收入——限定性收入"明细科目，贷记"限定性净资产"科目。如果限定性净资产的限制已经解除，应当对净资产进行重新分类，将限定性净资产转为非限定性净资产，借记"限定性净资产"科目，贷记"非限定性净资产"科目。如果资产提供者或者国家有关法律、行政法规要求民间非营利组织在特定时期之内或特定日期之后将限定性净资产或者相关资产用于特定用途，该限定性净资产应当在相应期间之内或相应日期之后按照实际使用的相关资产金额或者实际发生的相关费用金额转为非限定性净资产。如果因调整以前期间收入、费用项目而涉及调整限定性净资产的，应当就需要调整的金额，借记或贷记有关科目，贷记或借记"限定性净资产"科目。

民间非营利组织应当在期末将当期非限定性收入的实际发生额、当期费用的实际发生额和当期由限定性净资产转为非限定性净资产的金额转入非限定性净资产。"非限定性净资产"科目核算民间非营利组织的非限定性净资产，或者说用来核算民间非营利组织净资产中除限定性净资产之外的其他净资产。本科目期末贷方余额，反映民间非营利组织历年积存的非限定性净资产。

期末，将各收入类科目所属"非限定性收入"明细科目的余额转入"非限定性收入"科目，借记"捐赠收入——非限定性收入"明细科目、"会费收入——非限定性收入"明细科目、"提供服务收入——非限定性收入"明细科目、"政府补助收入——非限定性收入"明细科目、"商品销售收入——非限定性收入"科目、"投资收益——非限定性收入"明细科目、"其他收入——非限定性收入"明细科目，贷记"非限定性收入"科目。同时，将各费用类科目的余额转入"非限定性收入"科目，借记"非限定性收入"科目，贷记"业务活动成本"、"管理费用"科目、"筹资费用"科目和"其他费用"科目。

如果限定性净资产的限制已经解除，应当对净资产进行重新分类，将限定性净资产转为非限定性净资产，借记"限定性净资产"科目，贷记"非限定性收入"科目。如果因调整以前期间收入、费用项目而涉及调整非限定性净资产的，应当就需要调整的金额，借记或贷记有关科目，贷记或借记"非限定性收入"科目。

例题 167：2017年5月，某慈善机构得到的一笔三年前的政府特定用途的补助款 400 000 元到期转作一般用途使用。同期发现本月一笔会费收入 6 000 元和 2016 年一笔会费收入 13 000 是有限定性用途，而当时都作为非限定性用途进行了处理。编制调整会计分录如下：

借：限定性净资产　　　　　　　　　　　　　400 000.00
　　贷：非限定性净资产　　　　　　　　　　　　400 000.00
借：会费收入——非限定性收入　　　　　　　　6 000.00
　　贷：会费收入——限定性收入　　　　　　　　6 000.00
借：非限定性净资产　　　　　　　　　　　　　13 000.00

贷：限定性净资产 13 000.00

例题 168：某个基金会 2016 年年末各收支科目余额资料如表 38 所示。

表 38　　　　　某基金会 2016 年各收支科目余额资料　　　　单位：元

总账科目	明细科目	借方余额	贷方余额
捐赠收入	非限定性收入		100 000
	限定性收入		400 000
会费收入	非限定性收入		50 000
	限定性收入		60 000
政府补助收入	非限定性收入		400 000
	限定性收入		300 000
商品销售收入			100 000
业务活动成本		804 000	
管理费用		10 000	
筹资费用		30 000	
其他费用		11 000	

根据有关收支科目借方贷方余额资料，编制结转会计分录如下：

借：捐赠收入——限定性收入　　　　　　　400 000.00
　　会费收入——限定性收入　　　　　　　 60 000.00
　　政府补助收入——限定性收入　　　　　300 000.00
　　贷：限定性净资产　　　　　　　　　　760 000.00
借：捐赠收入——非限定性收入　　　　　　100 000.00
　　会费收入——非限定性收入　　　　　　 50 000.00
　　政府补助收入——非限定性收入　　　　400 000.00
　　商品销售收入　　　　　　　　　　　　100 000.00
　　贷：非限定性净资产　　　　　　　　　650 000.00
借：非限定性净资产　　　　　　　　　　　855 000.00
　　贷：业务活动成本　　　　　　　　　　804 000.00
　　　　管理费用　　　　　　　　　　　　 10 000.00
　　　　筹资费用　　　　　　　　　　　　 30 000.00
　　　　其他费用　　　　　　　　　　　　 11 000.00

75

民间非营利组织收入的核算

民间非营利组织对于各项收入应当按是否存在限定区分为非限定性收入和限定性收入进行核算。如果资产提供者对资产的使用设置了时间限制或者（和）用途限制，则所确认的相关收入为限定性收入；除此之外的其他收入，为非限定性收入。民间非营利组织的会费收入、提供服务收入、商品销售收入和投资收益等一般为非限定性收入，除非相关资产提供者对资产的使用设置了限制。民间非营利组织的捐赠收入和政府补助收入，应当视相关资产提供者对资产的使用是否设置了限制，分别限定性收入和非限定性收入进行核算。期末，民间非营利组织应当将本期限定性收入和非限定性收入分别结转至净资产项下的限定性净资产和非限定性净资产。

民间非营利组织在确认收入时，应当区分交换交易所形成的收入和非交换交易所形成的收入。

交换交易是指按照等价交换原则所从事的交易，即当某一主体取得资产、获得服务或者解除债务时，需要向交易对方支付等值或者大致等值的现金，或者提供等值或者大致等值的货物、服务等的交易。如按照等价交换原则销售商品、提供劳务等属于交换交易。对于因交换交易所形成的商品销售收入，应当在下列条件同时满足时予以确认：已将商品所有权上的主要风险和报酬转移给购货方；既没有保留通常与所有权相联系的继续管理权，也没有对已售出的商品实施控制；与交易相关的经济利益能够流入民间非营利组织；相关的收入和成本能够可靠地计量。对于因交换交易所形成的提供劳务收入，应当按以下规定予以确认：在同一会计年度内开始并完成的劳务，应当在完成劳务时确认收入；如果劳务的开始和完成分属不同的会计年度，可以按完工进度或完成的工作量确认收入。对于因交换交易所形成的因让渡资产使用权而发生的收入应当在下列条件同时满足时予以确认：与交易相关的经济利益能够流入民间非营利组织；收入的金额能够可靠地计量。

非交换交易是指除交换交易之外的交易。在非交换交易中，某一主体取得资产、获得服务或者解除债务时，不必向交易对方支付等值或者大致等值的现金，或者提供等值或者大致等值的货物、服务等；或者某一主体在对外提供货物、服务等时，没有收到等值或者大致等值的现金、货物等。如捐赠、政府补助等属于非交换交易。对于因非交换交易所形成的收入，应当在同时满足下列条件时予以确认：与交易相关的含有经济利益或者服务潜力的资源能够流入民间非营利组织并为其所控制，或者相关的债务能够得到解除；交易能够引起净资产的增加；收入的金额能够可靠地计量。一般情况下，对于无条件的捐赠或政府补助，应当在捐赠或政府补助收到时确认收入；对于附条件的捐赠或政府补助，应当在取得捐赠资产或政府补助资产控制权时确认收入，但当民间非营利组织存在需要偿还全部或部分捐赠资产（或者政府补助资产）或者相应金额的现时义务时，应当根据需要偿还的金额同时确认一项负债和费用。

对于民间非营利组织接受其他单位或者个人捐赠所取得的收入的应使用"捐赠收入"科目进行核算。民间非营利组织因受托代理业务而从委托方收到的受托代理资产，不在本科目核算。民间非营利组织的捐赠收入应当按照是否存在限定区分为非限定性收入和限定性收入设置明细科目，进行明细核算。期末结转后，本科目应无余额。

对于民间非营利组织根据章程等的规定向会员收取的会费收入应使用"会费收入"科目进行核算。一般情况下，民间非营利组织的会费收入为非限定性收入，除非相关资产提供者对资产的使用设置了限制。本科目应当按照会费种类（如团体会费、个人会费等）设置明细账，进行明细核算。期末结转后，本科目应无余额。

对于民间非营利组织根据章程等的规定向其服务对象提供服务取得的收入，包括学杂费收入、医疗费收入、培训收入应使用"提供服务收入"科目进行核算。一般情况下，民间非营利组织的提供服务收入为非限定性收入，除非相关资产提供者对资产的使用设置了限制。本科目应当按照提供服务的种类设置明细账，进行明细核算。期末结转后，本科目应无余额。

对于民间非营利组织因为政府拨款或者政府机构给予的补助而取得的收入应使用"政府补助收入"科目进行核算。民间非营利组织的政府补助收入应当按照是否存在限定区分为非限定性收入和限定性收入设置明细科目，进行明细核算。如果资产提供者对资产的使用设置了时间限制或者（和）用途限制，则所确认的相关收入为限定性收入；除此之外的其他所有收入，为非限定性收入。期末结转后，本科目应无余额。

对于民间非营利组织销售商品（如出版物、药品）等所形成的收入应使用"商品销售收入"科目进行核算。一般情况下，民间非营利组织的提供服务收入为非限定性收入，除非相关资产提供者对资产的使用设置了限制。本科目应当按照商品的种类设置明细账，进行明细核算。期末结转后，本科目应无余额。

对于民间非营利组织因对外投资取得的投资收益及其损失应使用"投资收益"科目进行核算。一般情况下，民间非营利组织的投资收益为非限定性收入，除非相关资产提供者对资产的使用设置了限制。期末结转后，本科目应无余额。

对于民间非营利组织除捐赠收入、会费收入、提供服务收入、商品销售收入、政府补助收入、投资收益等主要业务活动收入以外的其他收入，如确实无法支付的应付款项、存货盘盈、固定资产盘盈、固定资产处置净收入、无形资产处置净收入应使用"其他收入"科目进行核算。一般情况下，民间非营利组织的其他收入为非限定性收入，除非相关资产提供者对资产的使用设置了限制。本科目应当按照其他收入种类设置明细账，进行明细核算。期末结转后，本科目应无余额。

民间非营利组织接受捐赠时，按照应确认的金额，借记"现金"科目、"银行存款"科目、"短期投资"科目、"存货"科目、"长期股权投资"科目、"长期债权投资"科目、"固定资产"科目或"无形资产"科目，贷记"捐赠收入"科目"限定性收入"或"非限定性收入"明细科目。而对于接受的附条件捐赠，如果存在需要偿还全部或部分捐赠资产或者相应金额的现时义务时（比如因无法满足捐赠所附条件而必须将部分捐赠款退还给捐赠人时），按照需要偿还的金额，借记"管理费用"科目，贷记"其他应付款"等科目。如果限定性捐赠收入的限制在确认收入的当期得以解除，应当将其转为非限定性捐赠收入，借记"捐赠收入"科目"限定性收入"明细科目，贷记"捐赠收入"科目"非限定性收入"明细科目。期末，将"捐赠收入"科目各明细科目的余额分别转入限定性净资产和非限定性净资产，借记"捐赠收入"科目"限定性收入"明细科目，贷记"限定性净资产"科目，借记"捐赠收入"科目"非限定性收入"明细科目，贷记"非限定性净资产"科目。

对于向会员收取会费，在满足收入确认条件时，借记"现金"科目、"银行存款"科目或"应收账款"科目，贷记"会费收入"科目"非限定性收入"明细科目，如果存在限定性会费收入，应当贷记"会费收入"科目"限定性收入"明细科目。期末，将"会费收入"科目的余额转入非限定性净资产，借记"会费收入"科目"非限定性收入"明细科目，贷记"非限定性净资产"科目。如果存在限定性会费收入，则将其金额转入限定性净资产，借记"会费收入"科目"限定性收入"明细科目，贷记"限定性净资产"科目。

民间非营利组织提供服务取得收入时，按照实际收到或应当收取的价款，借记"现金"科目、"银行存款"科目或"应收账款"科目，按照应当确认的提供服务收入金额，贷记"提供服务收入"科目，按照预收的价款，贷记"预收账款"科目。在以后期间确认提供服务收入时，借记"预收账款"科目，贷记"提供服务收入"科目"非限定性收入"明细科目，如果存在限定性提供服务收入，应当贷记"提供服务收入"科目"限定性收入"明细科目。期末，将"提供服务收入"科目的余额转入非限定性净资产，借记"提供服务收入"科目"非限定性收入"明细科目，贷记"非限定性净资产"科目。如果存在限定性提供服务收入，则将其金额转入限定性净资产，借记"提供服务收入"科目"限定性收入"明细科目，贷记"限定性净资产"科目。

民间非营利组织接受的政府补助，按照应确认的金额，借记"现金"科目或"银行存款"科目，贷记"政府补助收入"科目"限定性收入"或"非限定性收入"明细科目。对于接受的附条件政府补助，如果民间非营利组织存在需要偿还全部或部分政府补助资产或者相应金额的现时义务时（比如因无法满足政府补助所附条件而必须退还部分政府补助时），按照需要偿还的金额，借记"管理费用"科目，贷记"其他应付款"等科目。如果限定性政府补助收入的限制在确认收入的当期得以解除，应当将其转为非限定性捐赠收入，借记"政府补助收入"科目"限定性收入"明细科目，贷记"政府补助收入"科目"非限定性收入"明细科目。期末，将"政府补助收入"科目各明细科目的余额分别转入限定性净资产和非限定性净资产，借记"政府补助收入"科目"限定性收入"明细科目，贷记"限定性净资产"科目，借记"政府补助收入"科目"非限定性收入"明细科目，贷记"非限定性净资产"科目。

民间非营利组织销售商品取得收入时，按照实际收到或应当收取的价款，借记"现金"科目、"银行存款"科目、"应收票据"科目或者"应收账款"科目，按照应当确认的商品销售收入金额，贷记"商品销售收入"科目"非限定性收入"明细科目（如果存在限定性商品销售收入，应当贷记"商品销售收入"科目"限定性收入"明细科目），按照预收的价款，贷记"预收账款"科目。在以后期间确认商品销售收入时，借记"预收账款"科目，贷记"商品销售收入"科目"非限定性收入"明细科目，如果存在限定性商品销售收入，应当贷记"商品销售收入"科目"限定性收入"明细科目。民间非营利组织售出的商品，由于质量、品种不符合要求等原因而发生的退货应当分别情况处理：未确认收入的已发出商品的退回，不需要进行会计处理。已确认收入的销售商品退回，一般情况下直接冲减退回当月的商品销售收入、商品销售成本等；按照应当冲减的商品销售收入，借记"商品销售收入"科目，按照已收或应收的金额，贷记"银行存款"科目、"应收账款"科目或者"应收票据"科目，按照退回商品的成本，借记"存货"科目，贷记"业务活动成本"科目。如果该项销售发生现金折扣，应当在退回当月一并处理。报告期间资产负债表日至财务报告批准报出日之间发生的报告期间或以前期间的销售退回，应当作为资产负债表日后事项的调整事项处理，调整报告期间会计报表的相关项目：按照应冲减的商品销售收入，借记"非限定性净资产"科目（如果所调整收入属于限定性收入，应当借记"限定性净资产"科目），按照已收或应收的金额，贷记"银行存款"科目、"应收账款"科目或"应收票据"科目；按照退回商品的成本，借记"存货"科目，贷记"非限定性净资产"科目。如果该项销售已发生现金折扣，应当一并处理。民间非营利组织为了尽快回笼资金而发生的现金折扣在实际发生时直接计入当期筹资费用：按照实际收到的金额，借记"银行存款"等科目，按照应给予的现金折扣，借记"筹资费用"科目，按照应收的账款，贷记"应收账款"、"应收票据"等科目。购买方实际获得的现金折扣，冲减取得当期的筹资费用：按照应付的账款，借记"应付账款"科目、"应付票据"科目，按照实际获得的现金折扣，贷记"筹资费用"科目，按照实际支付的价款，贷记"银行存款"科目。民间非营利组织在商品销售时直接给予购买方的折让应当在实际发生时直接从当期实现的销售收入中抵减。期末，将本科目的余额转入非限定性净资产，借记"商品销售收入"科目，贷记"非限定性净资产"科目。如果存在限定性商品销售收入，则将其金额转入限定性净资产，借记"商品销售收入"科目，贷记"限定性净资产"科目。

民间非营利组织对于出售短期投资或到期收回债券本息，按照实际收到的金额，借记"银行存款"科目，按照已计提的减值准备，借记"短期投资跌价准备"科目，按照所出售或收回短期投资的账面余额，贷记"短期投资"科目，按照未领取的现金股利或利息，贷记"其他应收款"科目，按照其差额，借记或贷记"投资收益"科目。长期股权投资采用成本法核算的，被投资单位宣告发放现金股利或利润时，按照宣告发放的现金股利或利润中属于民间非营利组织应享有的部分，确认当期投资收益，借记"其他应收款"科目，贷记"投资收益"科目。长期股权投资采用权益法核算的，在期末，按照应当享有或应当分担的被投资单位当年实现的净利润或发生的净亏损的份额，调整长期股权投资账面价值，如被投资单位实现净利润，借记"长期股权投资"科目，贷记本科目，如被投资单位发生净亏损，借记本科目，贷记"长期股权投资"科目，但以长期股权投资账面价值减记至零为限。处置长期股权投资时，按照实际取得的价款，借记"银行存款"等科目，按照已计提的减值准备，借记"长期投资减值准备"科目，按照所处置长期股权投资的账面余额，贷记"长期股权投资"科目，按照未领取的现金股利，贷记"其他应收款"科目，按照其差额，借记或贷记"投资收益"科目。长期债权投资持有期间，应当按照票面价值与票面利率按期计算确认利息收入，如为到期一次还本付息的债券投资，借记"长期债权投资——债券投资（应收利息）"明细科目，贷记"投资收益"科目，如为分期付息、到期还本的债权投资，借记"其他应收款"科目，贷记"投资收益"科目。长期债券投资的初始投资成本与债券面值之间的差额，应当在债券存续期间，按照直线法于确认相关债券利息收入时摊销，如初始投资成本高于债券面值，按照应当分摊的金额，借记"投资收益"科目，贷记"长期债权投资"科目，如初始投资成本低于债券面值，按照应当分摊的金额，借记"长期股权投资"科目，贷记"投资收益"科目。处置长期债权投资时，按照实际取得的价款，借记"银行存款"等科目，按照已计提的减值准备，借记"长期投资减值准备"科目，按照所处置长期债券投资的账面余额，贷记"长期债权投资"科目，按照未领取的现金股利，贷记"其他应收款"科目或"长期债权投资——债券投资（应收利息）"科目，按照其差额，借记或贷记"投资收益"科目。期末，将本科目的余额转入非限定性净资产，借记"投资收益"科目，贷记"非限定性净资产"科目。如果存在限定性投资收益，则将其金额转入限定性净资产，借记"投资收益"科目，贷记"限定性净资产"科目。

民间非营利组织的现金、存货、固定资产盘盈的，根据管理权限报经批准后，借记"现金"科目、"存货"科目、"固定资产"科目、"文物文化资产"科目，贷记"其他收入"科目"非限定性收入"明细科目，如果存在限定性其他收入，应当贷记"其他收入"科目"限定性收入"明细科目。对于固定资产处置净收入，借记"固定资产清理"科目，贷记"其他收入"科目。对于无形资产处置净收入，按照实际取得的价款，借记"银行存款"科目，按照该项无形资产的账面余额，贷记"无形资产"科目，按照其差额，贷记"其他收入"科目。确认无法支付的应付款项，借记"应付账款"等科目，贷记"其他收入"科目。在非货币性交易中收到补价情况下应确认的损益，借记有关科目，贷记"其他收入"科目。期末，将"其他收入"科目的余额转入非限定性净资产，借记"其他收入"科目，贷记"非限定性净资产"科目。如果存在限定性的其他收入，则将其金额转入限定性净资产，借记"其他收入"科目，贷记"限定性净资产"科目。

例题 169：某民间非营利组织享受免征增值税和所得税待遇。2017 年 4 月 5 日销售商品价款 5 150 元。为了及早收回款项，规定对方如在 10 日内付款，可以享受 2% 的现金折扣。该民间非营利组织于商品销售时编制会计分录如下：

借：应收账款　　　　　　　　　　　　　　　　5 150.00

  贷：商品销售收入   5 150.00

  收到购货方提前承付的款项时，按照规定给予对方现金折扣100元。编制会计分录如下：

  借：银行存款   5 047.00
    筹资费用   103.00
    贷：应收账款   5 150.00

  例题170：某民间非营利组织享受免征增值税和所得税待遇。2017年3月处置一项设备原值200 000元，累计折旧120 000元，出售收入100 000元。设备净值转入固定资产清理时，编制会计分录如下：

  借：固定资产清理   80 000.00
    累计折旧   120 000.00
    贷：固定资产   200 000.00

  出售价款存入银行存款账户，编制会计分录如下：

  借：银行存款   100 000.00
    贷：固定资产清理   100 000.00

  结转固定资产清理净收益，编制会计分录如下：

  借：固定资产清理   20 000.00
    贷：其他收入——非限定性收入   20 000.00

  例题171：某民间非营利组织2017年4月末盘点库存材料时，发现甲材料多出10件，价值50元。经批准作为其他收入处理，编制会计分录如下：

  借：存货   50.00
    贷：其他收入——非限定性收入   50.00

76

民间非营利组织费用的核算

  费用是指民间非营利组织为开展业务活动所发生的、导致本期净资产减少的经济利益或者服务潜力的流出。费用应当按照其功能分为业务活动成本、管理费用、筹资费用和其他费用。民间非营利组织的某些费用如果属于多项业务活动或者属于业务活动、管理活动和筹资活动等共同发生的，而且不能直接归属于某一类活动，应当将这些费用按照合理的方法在各项活动中进行分配。民间非营利组织发生的业务活动成本、管理费用、筹资费用和其他费用，应当在实际发生时按其发生额计入当期费用。

民间非营利组织为了实现其业务活动目标、开展其项目活动或者提供服务所发生的费用应使用"业务活动成本"科目进行核算。如果民间非营利组织从事的项目、提供的服务或者开展的业务比较单一，可以将相关费用全部归集在"业务活动成本"项目下进行核算和列报；如果民间非营利组织从事的项目、提供的服务或者开展的业务种类较多，民间非营利组织应当在"业务活动成本"项目下分别项目、服务或者业务大类进行核算和列报。期末结转后，本科目应无余额。

民间非营利组织为组织和管理其业务活动所发生的各项费用，包括民间非营利组织董事会（或者理事会或者类似权力机构）经费和行政管理人员的工资、奖金、津贴、福利费、住房公积金、住房补贴、社会保障费、离退休人员工资与补助，以及办公费、水电费、邮电费、物业管理费、差旅费、折旧费、修理费、无形资产摊销费、存货盘亏损失、资产减值损失、因预计负债所产生的损失、聘请中介机构费和应偿还的受赠资产应使用"管理费用"科目进行核算。本科目应当按照管理费用种类设置明细账，进行明细核算。民间非营利组织可以根据具体情况编制管理费用明细表，以满足内部管理等有关方面的信息需要。期末结转后，本科目应无余额。

民间非营利组织为筹集业务活动所需资金而发生的费用，包括民间非营利组织获得捐赠资产而发生的费用以及应当计入当期费用的借款费用、汇兑损失（减汇兑收益）应使用"筹资费用"科目进行核算。民间非营利组织为了获得捐赠资产而发生的费用包括举办募款活动费，准备、印刷和发放募款宣传资料费以及其他与募款或者争取捐赠有关的费用。本科目应当按照筹资费用种类设置明细账，进行明细核算。期末结转后，本科目应无余额。

民间非营利组织发生的、无法归属到上述业务活动成本、管理费用或者筹资费用中的费用，包括固定资产处置净损失、无形资产处置净损失应使用"其他费用"科目进行核算。本科目应当按照费用种类设置明细账，进行明细核算。期末结转后，本科目应无余额。

民间非营利组织发生的业务活动成本，借记"业务活动成本"科目，贷记"现金"科目、"银行存款"科目、"存货"科目或"应付账款"科目。期末，将本科目的余额转入非限定性净资产，借记"非限定性净资产"科目，贷记"业务活动成本"科目。

民间非营利组织发生的现金、存货、固定资产盘亏，根据管理权限报经批准后，按照相关资产账面价值扣除可以收回的保险赔偿和过失人的赔偿等后的金额，借记"管理费用"科目，按照可以收回的保险赔偿和过失人赔偿等，借记"现金"科目、"银行存款"科目或"其他应收款"科目，按照已提取的累计折旧，借记"累计折旧"科目，按照相关资产的账面余额，贷记相关资产科目。对于因提取资产减值准备而确认的资产减值损失，借记"管理费用"科目，贷记相关资产减值准备科目。冲减或转回资产减值准备，借记相关资产减值准备科目，贷记"管理费用"科目。提取行政管理用固定资产折旧，借记"管理费用"科目，贷记"累计折旧"科目。无形资产摊销时，借记"管理费用"科目，贷记"无形资产"科目。发生的应归属于管理费用的应付工资、应交税金等，借记"管理费用"科目，贷记"应付工资"或"应交税金"科目。对于因确认预计负债而确认的损失，借记"管理费用"科目，贷记"预计负债"科目。发生的其他管理费用，借记"管理费用"科目，贷记"现金"科目或"银行存款"科目。期末，将本科目的余额转入非限定性净资产，借记"管理费用"科目，贷记"非限定性净资产"科目。

民间非营利组织发生的筹资费用，借记"筹资费用"科目，贷记"预提费用"科目、"银行存款"科目或"长期借款"等科目。发生的应冲减筹资费用的利息收入、汇兑收益，借记"银行存款"科目或"长期借款"科目，贷记"筹资费用"科目。期末，将本科目的余额转入非限定性净资产，借记"非限定性净资产"科目，贷记"筹资费用"科目。

民间非营利组织发生的固定资产处置净损失，借记"其他费用"科目，贷记"固定资产清理"科目。发生的无形资产处置净损失，按照实际取得的价款，借记"银行存款"等科目，按照该项无形资产的账面余额，贷记"无形资产"科目，按照其差额，借记"其他费用"科目。期末，将本科目的余额转入非限定性净资产，借记"非限定性净资产"科目，贷记"其他费用"科目。

例题172：某个基金会于2016年12月9日收到一笔捐款100 000元，捐款人要求用于购买学生学习用品。2017年3月10日动用其中70 000元购买学生学习用品及其课外科普读物一批。3月16日该批学习用品及其课外科普读物一并赠送给某希望小学。该基金会于2016年11月9日收到捐款时，编制会计分录如下：

借：银行存款　　　　　　　　　　　　　　100 000.00
　　贷：捐款收入——限定性收入　　　　　　　　100 000.00

2016年12月31日，按照会计制度规定结转捐赠收入，编制会计分录如下：

借：捐款收入——限定性收入　　　　　　　100 000.00
　　贷：限定性净资产　　　　　　　　　　　　　100 000.00

2017年3月10日购买学生学习用品及其课外科普读物时，编制会计分录如下：

借：存货　　　　　　　　　　　　　　　70 000.00
　　贷：银行存款　　　　　　　　　　　　　　　70 000.00
借：限定性净资产　　　　　　　　　　　70 000.00
　　贷：非限定性净资产　　　　　　　　　　　　70 000.00

2017年3月16日将该批学生学习用品及其课外科普读物对学生捐出时，编制会计分录如下：

借：业务活动成本　　　　　　　　　　　70 000.00
　　贷：存货　　　　　　　　　　　　　　　　　70 000.00

2017年3月31日结转该笔捐赠支出时，编制会计分录如下：

借：非限定性净资产　　　　　　　　　　70 000.00
　　贷：业务活动成本　　　　　　　　　　　　　70 000.00

例题173：某民间非营利组织11月末盘亏固定资产1台，账面原价30 000元，累计折旧10 000元。报经批准后编制会计分录如下：

借：其他费用　　　　　　　　　　　　　20 000.00
　　累计折旧　　　　　　　　　　　　　10 000.00
　　贷：固定资产　　　　　　　　　　　　　　　30 000.00

77

民间非营利组织资产负债表的编制说明

资产负债表是反映民间非营利组织某一会计期末全部资产、负债和净资产情况的报表。通过资产负债表可以了解民间非营利组织的财务实力、资金配置结构及其筹资结构，了解民间非营利组织的资产变现能力和发展能力。民间非营利组织资产负债表的格式如表39所示。

本表反映民间非营利组织某一会计期末全部资产、负债和净资产的情况。本表"年初数"栏内各项数字，应当根据上年年末资产负债表"期末数"栏内数字填列。如果本年度资产负债表规定的各个项目的名称和内容同上年度不相一致，应对上年年末资产负债表各项目的名称和数字按照本年度的规定进行调整，填入本表"年初数"栏内。本表"期末数"各项目的内容和填列方法如下：

表39　　　　　　　　　　　　　　资产负债表　　　　　　　　　　会民非01表

编制单位：　　　　　　　　　　　　　年　月　日　　　　　　　　　　　　单位：元

资　产	行次	年初数	期末数	负债和净资产	行次	年初数	期末数
流动资产：				流动负债：			
货币资金	1			短期借款	61		
短期投资	2			应付款项	62		
应收款项	3			应付工资	63		
预付账款	4			应交税金	65		
存　货	8			预收账款	66		
待摊费用	9			预提费用	71		
一年内到期的长期债权投资	15			预计负债	72		
其他流动资产	18			一年内到期的长期负债	74		
流动资产合计	20			其他流动负债	78		
				流动负债合计	80		
长期股权投资	21			长期负债：			
长期债权投资	24			长期借款	81		
长期投资合计	30			长期应付款	84		
				其他长期负债	88		
固定资产：				长期负债合计	90		
固定资产原价	31						
减：累计折旧	32			受托代理负债：			
固定资产净值	33			受托代理负债	91		
在建工程	34						
文物文化资产	35			负债合计	100		
固定资产清理	38						
固定资产合计	40						
无形资产：							
无形资产	41			净资产：			
				非限定性净资产	101		
受托代理资产：				限定性净资产	105		
受托代理资产	51			净资产合计	110		
资产总计	60			负债和净资产总计	120		

（1）"货币资金"项目，反映民间非营利组织期末库存现金、存放银行的各类款项以及其他货币资金的合计数。本项目应当根据"现金"科目、"银行存

款"科目、"其他货币资金"科目的期末余额合计填列。如果民间非营利组织的受托代理资产为现金、银行存款或其他货币资金且通过"现金"科目、"银行存款"科目、"其他货币资金"科目核算，还应当扣减"现金"科目、"银行存款"科目、"其他货币资金"科目中"受托代理资产"明细科目的期末余额。

（2）"短期投资"项目，反映民间非营利组织持有的各种能够随时变现并且持有时间不准备超过1年（含1年）的投资，包括短期股票、债券投资和短期委托贷款、委托投资等。本项目应当根据"短期投资"科目的期末余额，减去"短期投资跌价准备"科目的期末余额后的金额填列。

（3）"应收款项"项目，反映民间非营利组织期末应收票据、应收账款和其他应收款等应收未收款项。本项目应当根据"应收票据"科目、"应收账款"科目、"其他应收款"科目的期末余额合计，减去"坏账准备"科目的期末余额后的金额填列。

（4）"预付账款"项目，反映民间非营利组织预付给商品或者服务供应单位等的款项。本项目应当根据"预付账款"科目的期末余额填列。

（5）"存货"项目，反映民间非营利组织在日常业务活动中持有以备出售或捐赠的，或者为了出售或捐赠仍处在生产过程中的，或者将在生产、提供服务或日常管理过程中耗用的材料、物资、商品等。本项目应当根据"存货"科目的期末余额，减去"存货跌价准备"科目的期末余额后的金额填列。

（6）"待摊费用"项目，反映民间非营利组织已经支出，但应当由本期和以后各期分别负担的、分摊期在1年以内（含1年）的各项费用，如预付保险费、预付租金等。本项目应当根据"待摊费用"科目的期末余额填列。

（7）"一年内到期的长期债权投资"项目，反映民间非营利组织将在1年内（含1年）到期的长期债权投资。本项目应当根据"长期债权投资"科目的期末余额中将在1年内（含1年）到期的长期债权投资余额，减去"长期投资减值准备"科目的期末余额中1年内（含1年）到期的长期债权投资减值准备余额后的金额填列。

（8）"其他流动资产"项目，反映民间非营利组织除以上流动资产项目外的其他流动资产。本项目应当根据有关科目的期末余额分析填列。如果其他流动资产价值较大的，应当在会计报表附注中单独披露其内容和金额。

（9）"长期股权投资"项目，反映民间非营利组织不准备在1年内（含1年）变现的各种股权性质的投资的可收回金额。本项目应当根据"长期股权投资"科目的期末余额，减去"长期投资减值准备"科目的期末余额中长期股权投资减值准备余额后的金额填列。

(10)"长期债权投资"项目，反映民间非营利组织不准备在 1 年内（含 1 年）变现的各种债权性质的投资的可收回金额。本项目应当根据"长期债权投资"科目的期末余额，减去"长期投资减值准备"科目的期末余额中长期债权投资减值准备余额，再减去本表"一年内到期的长期债权投资"项目金额后的金额填列。

(11)"固定资产"项目，反映民间非营利组织的各项固定资产的账面价值。本项目应当根据"固定资产"科目的期末余额，减去"累计折旧"科目的期末余额后的金额填列。

(12)"在建工程"项目，反映民间非营利组织期末各项未完工程的实际支出，包括交付安装的设备价值、已耗用的材料、工资和费用支出、预付出包工程的价款等。本项目应当根据"在建工程"科目的期末余额填列。

(13)"文物文化资产"项目，反映民间非营利组织用于展览、教育或研究等目的的历史文物、艺术品以及其他具有文化或者历史价值并作长期或者永久保存的典藏等。本项目应当根据"文物文化资产"科目的期末借方余额填列。

(14)"固定资产清理"项目，反映民间非营利组织因出售、毁损、报废等原因转入清理但尚未清理完毕的固定资产的账面价值，以及固定资产清理过程中发生的清理费用和变价收入等各项金额的差额。本项目应当根据"固定资产清理"科目的期末借方余额填列；如果"固定资产清理"科目期末为贷方余额，则以"－"号填列。

(15)"无形资产"项目，反映民间非营利组织拥有的为开展业务活动、出租给他人或为管理目的而持有的没有实物形态的非货币性长期资产，包括专利权、非专利技术、商标权、著作权、土地使用权等。本项目应当根据"无形资产"科目的期末余额填列。

(16)"受托代理资产"项目，反映民间非营利组织接受委托方委托从事受托代理业务而收到的资产。本项目应当根据"受托代理资产"科目的期末余额填列。如果民间非营利组织的受托代理资产为现金、银行存款或其他货币资金且通过"现金"科目、"银行存款"科目、"其他货币资金"科目核算，还应当加上"现金"科目、"银行存款"科目、"其他货币资金"科目中"受托代理资产"明细科目的期末余额。

(17)"短期借款"项目，反映民间非营利组织向银行或其他金融机构等借入的、尚未偿还的期限在 1 年以下（含 1 年）的各种借款。本项目应当根据"短期借款"科目的期末余额填列。

(18)"应付款项"项目，反映民间非营利组织期末应付票据、应付账款和其他应付款等应付未付款项。本项目应当根据"应付票据"科目、"应付账款"科目、"其他应付款"科目的期末余额合计填列。

（19）"应付工资"项目，反映民间非营利组织应付未付的员工工资。本项目应当根据"应付工资"科目的期末贷方余额填列；如果"应付工资"科目期末为借方余额，以"-"号填列。

（20）"应交税金"项目，反映民间非营利组织应交未交的各种税费。本项目应当根据"应交税金"科目的期末贷方余额填列；如果"应交税金"科目期末为借方余额，则以"-"号填列。

（21）"预收账款"项目，反映民间非营利组织向服务和商品购买单位等预收的各种款项。本项目应当根据"预收账款"科目的期末余额填列。

（22）"预提费用"项目，反映民间非营利组织预先提取的已经发生但尚未实际支付的各项费用。本项目应当根据"预提费用"科目的期末贷方余额填列。

（23）"预计负债"项目，反映民间非营利组织对因或有事项所产生的现时义务而确认的负债。本项目应当根据"预计负债"科目的期末贷方金额填列。

（24）"一年内到期的长期负债"项目，反映民间非营利组织承担的将于1年内（含1年）偿还的长期负债。本项目应当根据有关长期负债科目的期末余额中将在1年内（含1年）到期的金额分析填列。

（25）"其他流动负债"项目，反映民间非营利组织除以上流动负债之外的其他流动负债。本项目应当根据有关科目的期末余额填列。如果其他流动负债金额较大的，应当在会计报表附注中单独披露其内容和金额。

（26）"长期借款"项目，反映民间非营利组织向银行或其他金融机构等借入的期限在1年以上（不含1年）的各种借款本息。本项目应当根据"长期借款"科目的期末余额减去其中将于1年内（含1年）到期的长期借款余额后的金额填列。

（27）"长期应付款"项目，反映民间非营利组织承担的各种长期应付款，如融资租入固定资产发生的应付租赁款。本项目应当根据"长期应付款"科目的期末余额减去其中将于1年内（含1年）到期的长期应付款余额后的金额填列。

（28）"其他长期负债"项目，反映民间非营利组织除以上长期负债项目之外的其他长期负债。本项目应当根据有关科目的期末余额减去其中将于1年内（含1年）到期的其他长期负债余额后的金额分析填列。如果其他长期负债金额较大的，应当在会计报表附注中单独披露其内容和金额。

（29）"受托代理负债"项目，反映民间非营利组织因从事受托代理业务、接受受托代理资产而产生的负债。本项目应当根据"受托代理负债"科目的期末余额填列。

（30）"非限定性净资产"项目，反映民间非营利组织拥有的非限定性净资产期末余额。本项目应当根据"非限定性净资产"科目的期末余额填列。

（31）"限定性净资产"项目，反映民间非营利组织拥有的限定性净资产期末余额。本项目应当根据"限定性净资产"科目的期末余额填列。

78

民间非营利组织业务活动表的编制说明

业务活动表示反映民间非营利组织在某一会计期间内开展业务活动实际情况的会计报表，是一定会计期间民间非营利组织收入与同一会计期间相关成本费用进行配比的结果。业务活动表的格式如表40所示。

表 40　　　　　　　　　业务活动表　　　　　　　　会民非02表

编制单位：　　　　　　　　　年　　月　　　　　　　　　单位：元

项目	行次	本月数			本年累计数		
		非限定性	限定性	合计	非限定性	限定性	合计
一、收入							
其中：捐赠收入	1						
会费收入	2						
提供服务收入	3						
商品销售收入	4						
政府补助收入	5						
投资收益	6						
其他收入	9						
收入合计	11						
二、费用							
（一）业务活动成本	12						
其中：	13						
	14						
	15						
	16						

续表

项　目	行次	本月数			本年累计数		
		非限定性	限定性	合计	非限定性	限定性	合计
（二）管理费用	21						
（三）筹资费用	24						
（四）其他费用	28						
费用合计	35						
三、限定性净资产转为非限定性净资产	40						
四、净资产变动额（若为净资产减少额，以"－"号填列）	45						

本表"本月数"栏反映各项目的本月实际发生数；在编制季度、半年度等中期财务会计报告时，应当将本栏改为"本季度数"、"本半年度数"等本中期数栏，反映各项目本中期的实际发生数。在提供上年度比较报表时，应当增设可比期间栏目，反映可比期间各项目的实际发生数。如果本年度业务活动表规定的各个项目的名称和内容同上年度不相一致，应对上年度业务活动表各项目的名称和数字按照本年度的规定进行调整，填入本表上年度可比期间栏目内。本表"本年累计数"栏反映各项目自年初起至报告期末止的累计实际发生数。本表"非限定性"栏反映本期非限定性收入的实际发生数、本期费用的实际发生数和本期由限定性净资产转为非限定性净资产的金额；本表"限定性"栏反映本期限定性收入的实际发生数和本期由限定性净资产转为非限定性净资产的金额（以"－"号填列）。在提供上年度比较报表项目金额时，限定性和非限定性栏目的金额可以合并填列。本表各项目的内容和填列方法如下：

（1）"捐赠收入"项目，反映民间非营利组织接受其他单位或者个人捐赠所取得的收入总额。本项目应当根据"捐赠收入"科目的发生额填列。

（2）"会费收入"项目，反映民间非营利组织根据章程等的规定向会员收取的会费总额。本项目应当根据"会费收入"科目的发生额填列。

（3）"提供服务收入"项目，反映民间非营利组织根据章程等的规定向其服务对象提供服务取得的收入总额。本项目应当根据"提供服务收入"科目的发生额填列。

（4）"商品销售收入"项目，反映民间非营利组织销售商品等所形成的收入总额。本项目应当根据"商品销售收入"科目的发生额填列。

（5）"政府补助收入"项目，反映民间非营利组织接受政府拨款或者政府机构给予的补助而取得的收入总额。本项目应当根据"政府补助收入"科目的发生额填列。

（6）"投资收益"项目，反映民间非营利组织以各种方式对外投资所取得的投资净损益。本项目应当根据"投资收益"科目的贷方发生额填列；如果为借方发生额，则以"-"号填列。

（7）"其他收入"项目，反映民间非营利组织除上述收入项目之外所取得的其他收入总额。本项目应当根据"其他收入"科目的发生额填列。

上述各项收入项目应当区分"限定性"和"非限定性"分别填列。

（8）"业务活动成本"项目，反映民间非营利组织为了实现其业务活动目标、开展其项目活动或者提供服务所发生的费用。本项目应当根据"业务活动成本"科目的发生额填列。

民间非营利组织应当根据其所从事的项目、提供的服务或者开展的业务等具体情况，按照"业务活动成本"科目中各明细科目的发生额，在本表第12行至第21行之间填列业务活动成本的各组成部分。

（9）"管理费用"项目，反映民间非营利组织为组织和管理其业务活动所发生的各项费用总额。本项目应当根据"管理费用"科目的发生额填列。

（10）"筹资费用"项目，反映民间非营利组织为筹集业务活动所需资金而发生的各项费用总额，包括利息支出（减利息收入）、汇兑损失（减汇兑收益）以及相关手续费等。本项目应当根据"筹资费用"科目的发生额填列。

（11）"其他费用"项目，反映民间非营利组织除以上费用项目之外发生的其他费用总额。本项目应当根据有关科目的发生额填列。

（12）"限定性净资产转为非限定性净资产"项目，反映民间非营利组织当期从限定性净资产转入非限定性净资产的金额。本项目应当根据"限定性净资产"、"非限定性净资产"科目的发生额分析填列。

（13）"净资产变动额"项目，反映民间非营利组织当期净资产变动的金额。本项目应当根据本表"收入合计"项目的金额，减去"费用合计"项目的金额，再加上"限定性净资产转为非限定性净资产"项目的金额后填列。

79

民间非营利组织现金流量表的编制说明

现金流量表是反映民间非营利组织一定会计期间内有关现金及其现金等价物

的流入和流出情况的会计报表。本表所称"现金"是指民间非营利组织的库存现金以及可以随时用于支付的存款,包括现金、可以随时用于支付的银行存款和其他货币资金。而"现金等价物"是指民间非营利组织持有的期限短、流动性强、易于转换为已知金额现金、价值变动风险很小的投资。民间非营利组织应当根据实际情况确定现金等价物的范围,并且一贯性地保持其划分标准,如果改变划分标准,应当视为会计政策变更。民间非营利组织确定现金等价物的原则及其变更,应当在会计报表附注中披露。

现金流量表应当按照业务活动产生的现金流量、投资活动产生的现金流量和筹资活动产生的现金流量分别反映。本表所指的现金流量,是指现金的流入和流出。

民间非营利组织应当采用直接法编制业务活动产生的现金流量。采用直接法编制业务活动现金流量时,有关现金流量的信息可以从会计记录中直接获得,也可以在业务活动表收入和费用数据基础上,通过调整存货和与业务活动有关的应收应付款项的变动、投资以及固定资产折旧、无形资产摊销等项目后获得。现金流量表的基本格式如表41所示。

表41 现金流量表 会民非03表

编制单位:　　　　　　　　　年度　　　　　　　　　单位:元

项目	行次	金额
一、业务活动产生的现金流量:		
接受捐赠收到的现金	1	
收取会费收到的现金	2	
提供服务收到的现金	3	
销售商品收到的现金	4	
政府补助收到的现金	5	
收到的其他与业务活动有关的现金	8	
现金流入小计	13	
提供捐赠或者资助支付的现金	14	
支付给员工以及为员工支付的现金	15	
购买商品、接受服务支付的现金	16	
支付的其他与业务活动有关的现金	19	
现金流出小计	23	
业务活动产生的现金流量净额	24	
二、投资活动产生的现金流量:		

续表

项目	行次	金额
收回投资所收到的现金	25	
取得投资收益所收到的现金	26	
处置固定资产和无形资产所收回的现金	27	
收到的其他与投资活动有关的现金	30	
现金流入小计	34	
购建固定资产和无形资产所支付的现金	35	
对外投资所支付的现金	36	
支付的其他与投资活动有关的现金	39	
现金流出小计	43	
投资活动产生的现金流量净额	44	
三、筹资活动产生的现金流量：		
借款所收到的现金	45	
收到的其他与筹资活动有关的现金	48	
现金流入小计	50	
偿还借款所支付的现金	51	
偿付利息所支付的现金	52	
支付的其他与筹资活动有关的现金	55	
现金流出小计	58	
筹资活动产生的现金流量净额	59	
四、汇率变动对现金的影响额	60	
五、现金及现金等价物净增加额	61	

本表各项目的内容和填列方法如下：

（1）"接受捐赠收到的现金"项目，反映民间非营利组织接受其他单位或者个人捐赠取得的现金。本项目可以根据"现金"、"银行存款"、"捐赠收入"等科目的记录分析填列。

（2）"收取会费收到的现金"项目，反映民间非营利组织根据章程等的规定向会员收取会费取得的现金。本项目可以根据"现金"科目、"银行存款"科目、"应收账款"科目、"会费收入"科目的记录分析填列。

（3）"提供服务收到的现金"项目，反映民间非营利组织根据章程等的规定向其服务对象提供服务取得的现金。本项目可以根据"现金"科目、"银行存款"科目、"应收账款"科目、"应收票据"科目、"预收账款"科目、"提供服务收入"等科目的记录分析填列。

（4）"销售商品收到的现金"项目，反映民间非营利组织销售商品取得的现金。本项目可以根据"现金"科目、"银行存款"科目、"应收账款"科目、"应收票据"科目、"预收账款"科目、"商品销售收入"科目的记录分析填列。

（5）"政府补助收到的现金"项目，反映民间非营利组织接受政府拨款或者政府机构给予的补助而取得的现金。本项目可以根据"现金"科目、"银行存款"科目、"政府补助收入"科目的记录分析填列。

（6）"收到的其他与业务活动有关的现金"项目，反映民间非营利组织收到的除以上业务之外的现金。本项目可以根据"现金"科目、"银行存款"科目、"其他应收款"科目、"其他收入"科目的记录分析填列。

（7）"提供捐赠或者资助支付的现金"项目，反映民间非营利组织向其他单位和个人提供捐赠或者资助支出的现金。本项目可以根据"现金"科目、"银行存款"科目、"业务活动成本"科目的记录分析填列。

（8）"支付给员工以及为员工支付的现金"项目，反映民间非营利组织开展业务活动支付给员工以及为员工支付的现金。本项目可以根据"现金"科目、"银行存款"科目、"应付工资"科目的记录分析填列。民间非营利组织支付的在建工程人员的工资等，在本表"购建固定资产、无形资产所支付的现金"项目中反映。

（9）"购买商品、接受服务支付的现金"项目，反映民间非营利组织购买商品、接受服务而支付的现金。本项目可以根据"现金"科目、"银行存款"科目、"应付账款"科目、"应付票据"科目、"预付账款"科目、"业务活动成本"科目的记录分析填列。

（10）"支付的其他与业务活动有关的现金"项目，反映民间非营利组织除上述项目之外支付的其他与业务活动有关的现金。本项目可以根据"现金"科目、"银行存款"科目、"其他应付款"科目、"管理费用"科目、"其他费用"科目的记录分析填列。

（11）"收回投资所收到的现金"项目，反映民间非营利组织出售、转让或者到期收回除现金等价物之外的短期投资、长期投资而收到的现金。不包括长期投资收回的股利、利息，以及收回的非现金资产。本项目可以根据"现金"科目、"银行存款"科目、"短期投资"科目、"长期股权投资"科目、"长期债权投资"科目的记录分析填列。

（12）"取得投资收益所收到的现金"项目，反映民间非营利组织因对外投资而取得的现金股利、利息，以及从被投资单位分回利润收到的现金；不包括股票股利。本项目可以根据"现金"科目、"银行存款"科目、"投资收益"科目的记录分析填列。

（13）"处置固定资产和无形资产所收回的现金"项目，反映民间非营利组织处置固定资产和无形资产所取得的现金，减去为处置这些资产而支付的有关费用之后的净额。由于自然灾害所造成的固定资产等长期资产损失而收到的保险赔款收入，也在本项目反映。本项目可以根据"现金"科目、"银行存款"科目、"固定资产清理"等科目的记录分析填列。

（14）"收到的其他与投资活动有关的现金"项目，反映民间非营利组织除上述各项之外收到的其他与投资活动有关的现金。其他现金流入如果金额较大的，应当单列项目反映。本项目可以根据"现金"科目、"银行存款"等有关科目的记录分析填列。

（15）"购建固定资产和无形资产所支付的现金"项目，反映民间非营利组织购买和建造固定资产，取得无形资产和其他长期资产所支付的现金。不包括为购建固定资产而发生的借款利息资本化的部分，以及融资租入固定资产支付的租赁费。借款利息和融资租入固定资产支付的租赁费，在筹资活动产生的现金流量中反映。本项目可以根据"现金"科目、"银行存款"科目、"固定资产"科目、"无形资产"科目、"在建工程"科目的记录分析填列。

（16）"对外投资所支付的现金"项目，反映民间非营利组织进行对外投资所支付的现金，包括取得除现金等价物之外的短期投资、长期投资所支付的现金，以及支付的佣金、手续费等附加费用。本项目可以根据"现金"科目、"银行存款"科目、"短期投资"科目、"长期股权投资"科目、"长期债权投资"科目的记录分析填列。

（17）"支付的其他与投资活动有关的现金"项目，反映民间非营利组织除上述各项之外，支付的其他与投资活动有关的现金。如果其他现金流出金额较大的，应当单列项目反映。本项目可以根据"现金"科目、"银行存款"等有关科目的记录分析填列。

（18）"借款所收到的现金"项目，反映民间非营利组织举借各种短期、长期借款所收到的现金。本项目可以根据"现金"科目、"银行存款"科目、"短期借款"科目、"长期借款"科目的记录分析填列。

（19）"收到的其他与筹资活动有关的现金"项目，反映民间非营利组织除上述项目之外，收到的其他与筹资活动有关的现金。如果其他现金流入金额较大的，应当单列项目反映。本项目可以根据"现金"科目、"银行存款"有关科目的记录分析填列。

（20）"偿还借款所支付的现金"项目，反映民间非营利组织以现金偿还债务本金所支付的现金。本项目可以根据"现金"科目、"银行存款"科目、"短期借款"科目、"长期借款"科目、"筹资费用"科目的记录分析填列。

（21）"偿付利息所支付的现金"项目，反映民间非营利组织实际支付的借款利息、债券利息等。本项目可以根据"现金"科目、"银行存款"科目、"长期借款"科目、"筹资费用"科目的记录分析填列。

（22）"支付的其他与筹资活动有关的现金"项目，反映民间非营利组织除上述项目之外，支付的其他与筹资活动有关的现金，如融资租入固定资产所支付的租赁费。本项目可以根据"现金"科目、"银行存款"科目、"长期应付款"有关科目的记录分析填列。

（23）"汇率变动对现金的影响额"项目，反映民间非营利组织外币现金流量及境外所属分支机构的现金流量折算为人民币时，所采用的现金流量发生日的汇率或期初汇率折算的人民币金额与本表"现金及现金等价物净增加额"中外币现金净增加额按期末汇率折算的人民币金额之间的差额。

（24）"现金及现金等价物净增加额"项目，反映民间非营利组织本年度现金及现金等价物变动的金额。本项目应当根据本表"业务活动产生的现金流量净额"、"投资活动产生的现金流量净额"、"筹资活动产生的现金流量净额"和"汇率变动对现金的影响额"项目的金额合计填列。